交通群体协同决策理论及应用

张 毅 裴华鑫 姚丹亚 葛宏伟 著

人民交通出版社股份有限公司

北 京

内 容 提 要

本书主要介绍车路协同环境下，复杂混合交通群体智能协同决策与优化控制理论与方法，并结合作者研究中的应用实践给出了可借鉴的应用实例。本书主要内容包括：绪论、国内外交通群体协同决策技术发展现状与趋势、交通群体协同决策机制、局部优化模型构建及应用、集中式路权分配模型构建及应用、分布式路权分配模型构建及应用、交通群体轨迹规划模型构建及应用、大规模异构交通群体协同决策计算模型。

本书可供从事交通规划、交通工程、交通控制和交通管理的高等学校师生使用，也可供科研院所研究人员、企事业单位技术人员以及政府管理人员参考。

图书在版编目(CIP)数据

交通群体协同决策理论及应用/张毅等著. —北京：人民交通出版社股份有限公司，2022.5

（车路协同环境下车辆群体智能控制理论与测试验证系列丛著/张毅主编）

ISBN 978-7-114-17861-0

Ⅰ.①交… Ⅱ.①张… Ⅲ.①公路运输—交通运输管理—研究 Ⅳ.①U491

中国版本图书馆 CIP 数据核字(2022)第 028280 号

车路协同环境下车辆群体智能控制理论与测试验证系列丛著

Jiaotong Qunti Xietong Juece Lilun ji Yingyong

书　　名：交通群体协同决策理论及应用

著 作 者：张　毅　裴华鑫　姚丹亚　葛宏伟

责任编辑：王金霞　张　琼　邵京京

责任校对：席少楠

责任印制：刘高彤

出版发行：人民交通出版社股份有限公司

地　　址：(100011)北京市朝阳区安定门外外馆斜街 3 号

网　　址：http://www.ccpcl.com.cn

销售电话：(010)59757973

总 经 销：人民交通出版社股份有限公司发行部

经　　销：各地新华书店

印　　刷：北京建宏印刷有限公司

开　　本：787×1092　1/16

印　　张：13.75

字　　数：300 千

版　　次：2022 年 5 月　第 1 版

印　　次：2022 年 5 月　第 1 次印刷

书　　号：ISBN 978-7-114-17861-0

定　　价：88.00 元

(有印刷、装订质量问题的图书由本公司负责调换)

SERIES PREFACE | 丛著序

交通运输是国民经济重要的基础性、先导性和服务性行业。建设交通强国是国家立足国情、着眼全局、面向未来的重大战略决策，是新时代交通系统建设和发展的重要过程，也是全面建成现代化强国的重要支撑，更是建设现代化经济体系的先行领域。为全面推进我国交通系统的建设，继 2019 年 9 月发布《交通强国建设纲要》后，国家又于 2021 年 2 月颁布了《国家综合立体交通网规划纲要》，明确和完善了我国建设交通强国的战略定位和规划，由此形成了交通强国建设的系统性任务。

现代智能交通涉及跨学科理论、跨领域技术、跨平台应用，是现代信息技术、先进通信技术、智能控制技术和人工智能技术等发展与应用的绝佳载体。作为当今国际智能交通领域的前沿技术，智能车路协同技术的产生和应用，正在从根本上改变着我们对传统道路交通的认识和实践，也极大地影响了交通系统的发展模式；同时，基于智能车、智慧路和智能网的集成所构建的智能车路协同平台，形成了发展与实践智能驾驶的中国模式。

本丛著是由清华大学自动化系张毅教授牵头、联合国内 18 家优势单位组成的项目组，顺应国家交通强国建设需要，依托国家“十三五”重点研发计划“综合交通运输与智能交通”重点专项“车路协同环境下车辆群体智能控制理论与测试验证”（2018YFB1600600）项目，经过 4 年来的不懈研究和不断实践，获得的主要创新性研究成果的结晶，具有重要的理论价值和广泛的应用前景。

丛著面向未来车路协同环境下人、车、路、异构交通主体构成的新型混合交通系统，以车路协同环境为基础平台，围绕复杂混合交通群体智能决策机理与协同控制理论关键科学问题，系统性地呈现了车路协同环境下新型混合交通群体协同决策、信息安全可信交互、群体运动态势识别、智能决策协同控制、大规模硬件在环仿真和虚实结合集成验证等理论方法和关键技术，全面地反映了国际智能交通系统在该领域的最新发展，涉及的基础理论、方法以及相关关键技术具有创新性、前瞻性，可有效推进现代智能交通系统的建设和发展。

丛著研究的车路协同环境下的交通群体，是目前可以观察到的最大的典型网络化复杂系统，对其协同决策与智能控制机理的分析和研究以及由此形成的优化控制策略，契合了现代控制理论提升的需要，顺应了被控对象从单体发展到多体，再发展到相互协同的多智能体的发展过程，开辟了探讨有智能行为且存在协同作用的群体决策控制与优化问题的研究方向，是群体协同决策与智能控制理论的有益探索与实践。

希望丛著的出版能够引起学术界和产业界的广泛关注，为推进车路协同的规模化应用和交通强国的系统性建设贡献力量。

中国工程院院士 戴琼海

2022 年 4 月

FOREWORD | 前言

智能交通系统概念提出以来,交通安全、出行效率和节能环保就一直是其发展面临的三个重大挑战。传统意义上的交通系统已不能很好地满足现代交通系统的需求与发展,取而代之的是将交通参与者(人)、运载工具(车)和交通基础设施(路)有机结合起来,从而形成的人、车、路一体化的交通协同系统。

智能车路协同系统(Intelligent Vehicle-Infrastructure Cooperation Systems,i-VICS)是当今国际智能交通领域的前沿技术,正在从根本上改变传统道路交通的发展模式。它采用先进的无线通信、新一代互联网、群体协同和人工智能等技术,全方位实施车车、车路动态实时信息交互,并在全时空动态交通信息采集与融合的基础上,开展车辆协同安全控制和道路协同优化管理,充分实现人、车、路的有效协同,保证交通安全,提高通行效率,从而形成安全、高效和环保的现代道路交通系统。

车路协同环境下任何时间、任何地点的任何交通主体均可实现信息的实时交互,改变了传统交通系统只拥有断面信息的现状,使传统交通系统的结构实现重构成为可能。同时,全时空交通信息的获取凸显了交通系统的自组织、网络化、非线性、强耦合、泛随机和异粒度等特征,需要从全新的角度重新探究新型交通系统中复杂混合交通群体智能协同决策机理与优化控制策略。因此,面向智能网联支撑的人工驾驶、自动驾驶及自主驾驶不同渗透率条件下的未来交通系统,研究复杂混合交通群体智能协同决策与优化控制理论与方法,成为当今国际智能交通领域的热点和难点问题。

本书依托国家"十三五"重点研发计划"综合交通运输与智能交通"重点专项"车路协同环境下车辆群体智能控制理论与测试验证"(2018YFB1600600)项目研究成果进行编写,主要采用了子课题"群体协同控制系统设计与信息可信交互机制研究"的研究内容。全书重点围绕车路协同环境下交通群体协同决策与智能控制的机制设计、协同决策普适模型构建和在典型交通系统中的应用,系统和全面地介绍了复杂混合交通群体的智能协同决策、优化控制理论与方法方面的研究成果,包括交通群体协同决策机制、局部优化模型构建及应用、集中式和分布式路权分配模型构建及应用、交通群体轨迹规划模型构建及应用,以及大规模异构交通群体协同决策计算模型构建,并结合研究过程中的应用实践,给出了可借鉴的应用实例。

本书相关内容反映了我国智能交通系统领域的最新发展成果,涉及的基础理论和方法以及相关关键技术均属国际前沿水平,符合国家《交通强国建设纲要》和交通运输领域新型基础设施建设确定的战略发展要求。针对我国智能车路协同系统应用过程中面临的挑战,本书可加深读者对智能车路协同技术内涵的理解,使其把握智能车路协同技术实质;可推动提升智能车路协同系统服务体验,适度加快智能车路协同技术的规模化应用,有效推进现代智能交通系统的发展。此外,本书对国家和行业相关管理部门在智能车路协同系统的建设和应用方面具有借鉴作用,对高等院校和科研单位开展相关研究和教学工作具有理论意义和应用价值。

本书第1章至第7章由清华大学张毅教授、裴华鑫博士、姚丹亚研究员撰写,第8章由大连理工大学葛宏伟教授撰写。

本书撰写过程中,还得到了清华大学自动化系李力副教授、胡坚明副研究员、裴欣副研究员及晏松博士后的大力支持和帮助,博士生许惠乐、丁季时雨、封硕以及硕士生田野、杨敬轩等也参与了相关研究工作,在此一并表示感谢。同时,衷心感谢项目各承担单位在本书研究工作中所给予的支持和帮助。

本书可供从事交通规划、交通工程、交通控制和交通管理的高等学校师生,科研院所研究人员,企事业单位技术人员以及政府管理人员等使用。

由于作者的水平和能力有限,本书难免存在不足或不妥之处,衷心希望得到广大读者的批评和指正。

作　者

2021 年 11 月

CONTENTS | 目录

第1章

CHAPTER 1

绪论

1.1 智能交通系统及其发展

1.1.1 智能交通系统

智能交通系统(Intelligent Transportation Systems,ITS)产生于20世纪50年代后期,从起步发展至今已有60多年历史。

智能交通系统是在较完善的交通基础设施(包括道路、港口、机场和轨道等)之上,将先进的感知融合技术、数据通信技术、信息处理技术、决策控制技术与人工智能技术等有效地集成并运用于交通运输和管理,从而建立起来的一种在大范围内全方位发挥作用的实时、准确、高效的综合交通运输系统。

进入21世纪后,新一代互联网、无线传感器网络和移动通信技术等新技术的出现,为ITS的快速发展与广泛应用带来了新的活力,使得在大范围内采集、传输和处理交通信息成为现实,由此形成的全时空交通信息环境可支持新型交通系统的诸多协同功能,进而必将催生从低维传感器信息融合向全息多维网联协同感知、从离散交通主体主被动协同控制向大规模群体智能群策群控、从智能网联支持的实时信息交互向混合交通主体间的可信交互、从小规模运行效能仿真分析向大规模虚实结合与硬件在环仿真验证的衍化趋势,为更深入地研究和推广ITS及其技术创造了有利条件。

近20年来,随着社会和经济的快速发展,交通运输所涉及的范围和规模也得到进一步扩大。交通安全、出行效率和节能环保已成为世界范围内交通系统发展面临的重大挑战,传统意义上的交通系统已远不能很好地满足交通运输发展的需要,取而代之的是将交通参与者(人)、运载工具(车)和交通基础设施(路)有机结合起来,从而形成的人、车、路一体化的交通协同系统,以保障在复杂交通环境下车辆行驶的协同安全,并实现道路交通管理的协同控制,有效提升基于道路智能管理的通行效率。车路协同技术的发展使交通参与者、运载工具和交通基础设施的信息获取与交互手段、内容和范围产生了革命性变化,引发了交通安全保障、道路智能管理和高效出行服务的深层次变革,使交通更安全,出行更畅通。

纵观ITS发展过程的特点、功能和应用情况,其发展可大致划分为三个阶段。

第一阶段:概念孕育和功能集成阶段,即20世纪50~80年代。此阶段ITS的早期研究开始出现,如日本的汽车综合控制系统(Comprehensive Automobile Control System,CACS)、美国的电子路径导向系统(Electronic Route Guidance System,ERGS)以及德国的类似系统,为日后ITS

的发展奠定了良好的基础。20 世纪 60 年代后在美国出现的 ERGS 以及初步具有系统性效果的交通控制技术,是 ITS 在功能集成上的最早尝试;20 世纪 80 年代末,ITS 逐渐得到世界各国的重视,有了较为快速的发展。该阶段的核心特征是建立了智能交通系统的基本概念和框架,所建成的系统结构简单、数据静态和功能集成,具体表现为相关基础理论体系简单并可展现一定的物理属性,系统松散或独立,可实现相关基本功能的集成,以达到分散控制的效果,所涉及的通信数据量少,实时性欠佳。

第二阶段:规模应用和系统集成阶段,即 20 世纪 80 年代 ~21 世纪初期。在这个时期,以互联网和智能技术为代表的信息技术,对传统交通系统的发展产生了重要影响。1994 年在日本召开的第二届智能交通系统世界大会上,智能交通系统被正式提出,并很快在世界范围内形成可统一使用并具有特定含义的术语。随后,美国、欧洲、日本等发达国家和地区先后加大了智能交通研发力度,并根据自身特点确立了一系列重点项目和计划,形成具备规模应用的技术研发体系;尤其是进入 21 世纪后,ITS 更以惊人的速度得到发展,许多国家争先恐后投入巨资进行 ITS 系统集成的规划、研究、建设和应用。该阶段的核心特征是各国建立 ITS 体系框架,所建成的系统结构复杂、数据动态和系统集成,具体表现为在基础理论体系方面引入系统集成技术,可通过复杂性分析理论与方法研究交通系统的随机和复杂特性,系统集成得到规模化应用,所涉及的通信数据量大大增加,但交通信息所反映的时空特性不明显,数据质量不够高,系统全局优化能力有限。

第三阶段:协同管控和服务集成阶段,即 2006 年之后。这个时期,随着交通管理与服务需求的更高层次提升,基于协同管控和服务的交通系统建设引起了各国政府和企业的重视,在进一步提升已有系统和功能的同时,全力推进交通系统的协同管控并形成面向服务的系统建设成为各国竞相努力的方向,如美国的车路集成(Vehicle Information Infrastructure,VII)、日本的智慧道路(Smartway)及智慧车辆(Smartcar)和欧盟的车辆—基础设施协作系统(Cooperative Vehicle-Infrastructure Systems,CVIS)等。这些都是近年来各国全力推进智能车路协同系统和计划的前身,随后产生了如美国的智能驾驶(IntelliDrive)、日本的 ITS 安全(ITS-Safety)示范和欧盟的 ITS 行动计划(ITS Action Plan),而中国智能车路协同(Intelligent Vehicle-Infrastrcture Cooperation Systems,i-VICS)关键技术与系统的发展正是顺应未来交通系统发展的产物。现阶段的核心特征是建立包括交通参与者、运载工具和交通基础设施在内的人、车、路一体化的交通协同管控系统,所建设的系统数据实时、管控协同和服务集成,具体表现为借助无线通信、云计算和大数据平台,完成实时交通信息的提取、融合和交互,从而在未来的交通发展过程中,实现全景交通信息环境下智能交通管理和服务的集成与协同。

1.1.2 现代智能交通系统的特征

随着多种模式的现代无线通信技术的快速发展,已产生出支持智能交通系统信息交互和系统功能的有效解决方案。这些无线通信模式包括专用短程通信技术(Dedicated Short Range

Communication，DSRC）、超高速移动通信技术（Enhanced Ultra High Throughput，EUHT）、无线网络通信技术（Wireless Fidelity，Wi-Fi）、无线自组织网络（Wireless Ad-hoc Network，WANET）、红外、蓝牙（Bluetooth）、码分多址（Code Division Multiple Access，1X）、第二/三/四代移动通信系统（2G/3G/4G）、车辆长期演进技术（Long Term Evolution for Vehicle，LTE-V）和第五代移动通信技术（5G）等。这些无线通信模式的有机组合可支持交通系统各主体间的智能网联（V2X，Vehicle to Everything，包括 V2V：Vehicle to Vehicle，V2I：Vehicle to Infrastructure 以及 V2P：Vehicle to Persons），从而构成应用于现代智能交通系统的智能网联技术，实现现代交通系统中人、车、路之间实时信息共享，并支撑车辆驾驶协同安全、道路管理协同控制等功能，是保障车辆驾驶安全、提高道路通行效率的有效手段，有效改变传统车辆与道路交通的发展模式，进而构建新一代智能交通系统。

在智能网联环境下，任何时间和任何地点的任何交通主体均可实现信息的实时交互，改变了传统交通系统只拥有断面信息的现状，使传统交通系统的结构实现重构成为可能；同时，全时空交通信息的获取使交通系统原本隐形的特征凸显出来。交通系统原来就有、但在智能网联环境下凸显的特征包括自组织、网络化、非线性、强耦合、泛随机和异粒度等。

（1）自组织：交通系统中的所有驾驶人、智能车辆和具有特定功能的子系统都是独立的个体，具有自组织特性和能力，可以按照自身的意识、需求或显现、潜在的规则形成特定的行为或功能。自组织特性是交通系统的固有特性，在智能交通的不同发展阶段其表现存在很大的差异性，随着智能网联和智能协同的进一步推广应用，交通系统的自组织特性将愈发凸显。

（2）网络化：智能网联技术的引入，使得交通系统的各类交通主体可以通过各种通信模式实现任何时间、任何地点和任何主体彼此间的互通互联，进而实现全时空实时交通信息的采集、融合和共享。网络化是智能交通系统的重要内容，是交通系统进入现代发展阶段的标志，随着智能网联技术的广泛应用，必将使得现代智能交通系统成为目前世界范围内可量化的最大规模的网络化系统。

（3）非线性：包括交通参与者（人）、运载工具（车）和交通基础设施（路）在内的所有交通主体都表现出非线性特性，如驾驶人的操控行为、行人出行行为、车辆行驶特性和信号系统特性等都具有非线性特性。交通系统存在的非线性特性，增加了系统的复杂性，使得采用常规的线性理论和方法难以分析和求解交通个体和系统的解决方案，尤其是随着系统规模的增大，更难以找到具有普适性的求解模型和方法。

（4）强耦合：交通系统不是人、车、路的简单集成，而是人、车、路深度融合的综合体，交通参与者（人）操控运载工具（车），管理者设置和管理交通基础设施（路），而交通基础设施又反过来约束交通参与者和运载工具，彼此间的强耦合关系维持了交通系统的运行和平衡。各交通主体彼此间的强耦合关系也同时给交通系统的控制与管理增加了难度，简化的分析过程大大减弱了系统的真实性。

（5）泛随机：交通系统组成要素的基本属性是具有随机性。这些随机性，在驾驶人身上表现为操控的随机性;在行人身上表现为出行行为的随机性;在车辆上表现为行驶参数的随机性,如车头时距、车辆到达时刻和车辆速度等;在交通特征方面则表现为参数的随机性,如交通流量和平均速度等。这些随机性的无所不在,决定了交通系统的泛随机特征,因此可以说只有在微观层面才能更为深入和细致地分析交通系统的特性。

(6)异粒度:异粒度是现代智能交通系统的一个重要特征。智能交通系统规模巨大、主体构成繁杂,不同功能子系统相对独立地进行设计、实施和运营,各自具有自己的时间粒度,如运行周期、采样周期和交互周期等。随着智能网联和车路协同技术的应用,将使得交通系统规模进一步扩大,子系统数量呈现指数级增长,因而异粒度将成为现代智能交通系统的一个常态。

智能网联技术在智能交通系统中的规模化应用,促成了上述特征的凸显,而在此基础上发展形成的智能车路协同系统与技术,表征着现代智能交通系统在规模上出现了指数级增长,构成了目前可量化的最大的网络化系统;在相互关系上呈现了复杂耦合性,需要引入复杂网络化系统的复杂性分析理论和方法,以解决复杂系统的特性分析与控制;在系统组织和功能上表现出极强的协作性,系统科学理论和系统工程方法成为了解决现代智能交通系统必不可少的理论和工具;在系统群体行为和效应上体现了智能的协作性和协作的智能性,群体智能的理论与技术成为了解决该挑战性问题的一种选择,这使得复杂混合交通群体智能协同决策与优化控制理论与方法成为新的研究热点。

随着智能车辆与智能驾驶技术的发展,也使交通系统中的各类交通主体发生了根本性的变化,出现了人工驾驶车辆与智能网联车辆混行,进而发展到与不同自动化程度的自动驾驶车辆混行,并最终出现人工驾驶、智能网联、自动驾驶和无人驾驶车辆共存的局面。因此基于智能网联平台实现智能车路协同是世界范围内智能交通系统的必然发展方向。同时,伴随人工智能技术的发展和其在智能交通系统中的可期应用,深入开展车路协同环境下的群体智能决策与协同控制理论方法、关键技术和测试验证研究,将对解决复杂混合交通群体优化协同问题起到重要的支撑作用。

1.2 智能车路协同系统概述

1.2.1 智能车路协同系统的产生与发展

智能车路协同是当今国际智能交通领域的前沿技术,正在从根本上改变我们对传统道路交通的认识和实践,同时也将极大地影响交通系统的发展模式。

智能车路协同系统(i-VICS)采用先进的无线通信和新一代互联网等技术,全方位实施车车、车路动态实时信息交互,并在全时空动态交通信息采集与融合的基础上开展车辆驾驶协同安全和道路管理协同控制，充分实现人、车、路的有效协同，保证交通安全，提高通行效率，从而形成安全、高效和环保的道路交通系统。它是由智能车、智能路、智能网和智能交通功能有机集成形成的新一代智能交通系统。

简言之，i-VICS 就是借助现存的所有无线通信模式，将包括交通参与者（人）、运载工具（车）和交通基础设施（路）在内的所有交通主体联接起来，提供全时空实时交通信息的采集、融合和共享；在此基础上，借助智能决策与控制、大数据、人工智能和云计算等技术，实现全景交通信息环境下的交通安全和管理的协同，包括交通环境协同感知、车辆行驶协同安全和道路交通协同管控等。基于 V2X 的智能车路协同系统智能网联环境如图 1-1 所示。

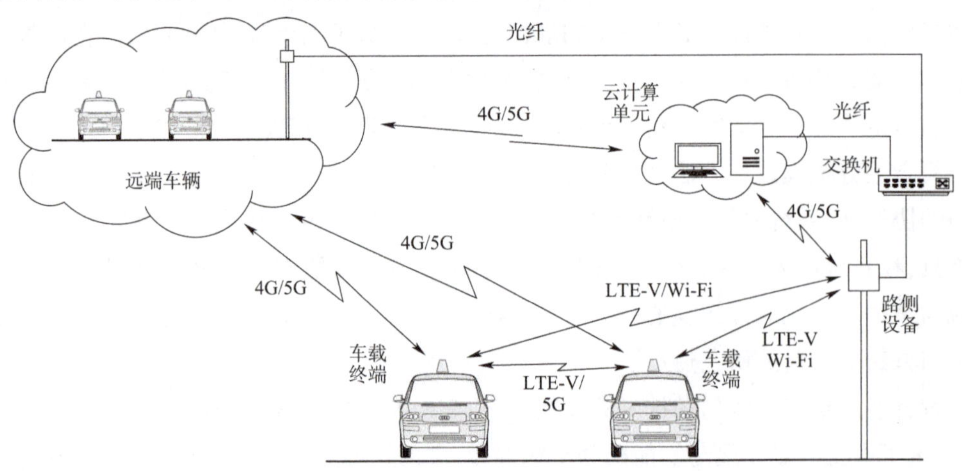

图 1-1　基于 V2X 的智能车路协同系统智能网联环境示意图

在发达国家，车路协同概念产生于 21 世纪初。为减少在一些特殊场景中车辆驾驶的碰撞事故，美国提出了车车通信（V2V Communication）技术，随后得到美国、日本和欧洲一些国家和地区政府的高度重视，先后启动了国家研究计划。经过十几年的发展，基于车路协同的行车安全技术被公认为是继安全带、安全气囊后的新一代交通安全技术，基于此理念形成的示范系统有美国的 MCity、荷兰的 ETPC、瑞典的 AstaZero 和日本的 Jtown 等。为加快车路协同技术的应用，美国密歇根大学、明尼苏达大学等提出并建立了针对智能网联车辆评价的硬件在环仿真测试环境；2015 年美国交通部还在纽约市、坦帕市和怀俄明州三地启动了智能网联车辆测试示范应用。

结合新一代互联网和传感器网络技术，从获取人、车、路、环境的全时空交通信息出发，我国科学家在 21 世纪初同步提出了车路协同概念，并于 2011 年得到国家立项支持开始全面推进相关研究。2011 年，科技部在国家高技术研究发展计划（“863”计划）中设立了我国首个车路协同关键技术研究项目，2014 年，清华大学牵头的项目团队完成了智能车路协同集成测试验证实验系统的研发，随后国家分别在上海、重庆等地建立了智能网联车辆测试示范区。继首个“863 计划”主题项目“智能车路协同关键技术研究”完成以来，我国又在“十三五”国家重点研发计划中设立了车路协同相关基础理论研究、关键技术研发和示范应用建设等多个项目，在基于车路协同的智能交通系统体系框架、多模式无线通信、交通环境协同感知、群体智能决策与控制、车路协同的自动驾驶和“五跨”（跨通信模组、跨用户终端、跨汽车企业、跨地图厂商、跨安全平台）互通互联功能集成等方面取得了整体国际先进、部分国际领先的卓越成果。

随着智能车路协同系统的进一步发展和推广应用，基于全时空交通信息的协同感知、融合和交互，实现车辆群体协同决策与智能控制，并推进基于车路协同的自动驾驶中国发展路线，已成为我国智能交通战略发展的重要内容。国外近年来逐渐开始关注以智能网联车辆为对象的新型混合交通协同管控问题，但较少关注“智能的路”在提升交通管控性能中的重要作用，相关研究仍处在初级阶段，尚未形成系统的理论与方法体系；而国内依托在智能车路协同技术及其系统建设方面的发展优势，在基于车路协同的智能交通系统体系框架，在由多模通信、智能网联、信息安全和系统集成形成的智能车路协同系统构建关键技术，以及由大数据融合、协同感知、协同决策与控制和仿真测试验证形成的智能车路协同系统应用关键技术方面，开展了一系列相关研究工作，尤其是在交通群体协同决策与控制方面提出了较国内外现有方法效果更优的策略。本书将智能车路协同系统的构建技术与应用技术分开，旨在说明两者的区别，并强调基于应用技术的功能服务才是智能车路协同系统的根本所在。

尽管我国在上述方面取得了有目共睹的成果，但智能车路协同技术与系统在应用过程中也面临诸多挑战。智能车路协同系统的建设与应用是一个系统工程，需要分阶段、分层次进行，要较好地发挥其核心功能的作用，建成的系统和参与应用的实体应达到一定的规模。在智能车路协同系统的初始期应用阶段，由于道路基础设施智能化不够、智能汽车的网联化不足，可供共享的信息主要限于道路交通系统管控信息，能较好支撑诸如交通信息共享、在途危险状态预警和单车速度引导等初级应用。目前，车路协同的核心功能应用有限，公众出行体验感欠缺，社会经济效益体现不明显，甚至还给相关管理部门和项目设施单位带来疑惑，质疑智能车路协同系统建设的必要性。针对目前的现状和问题，我们需要加深对智能车路协同内涵的理解，把握智能车路协同技术实质，提升智能车路协同系统服务体验，并适度尽快推进智能车路协同技术的规模化应用。

总之，纵观世界范围内车路协同技术的发展和应用过程，智能车路协同系统将成为道路交通系统的基础性公共平台，在此基础上实现大范围的车辆协同安全驾驶和道路交通协同管控，其基础理论研究、关键技术开发和实际系统应用，对未来智能交通系统建设和相关学科发展都具有重要作用。

1.2.2　智能车路协同系统体系结构

智能车路协同系统由以信息为核心的、提供不同层次功能的五层平台和一个支撑体系组成，如图 1-2 所示。智能车路协同系统五个层次的功能平台，从下至上依次为信息采集融合平台、信息交互共享平台、信息协同处理平台、信息安全保障平台和信息功能服务平台，它们分别完成不同层次下以信息为中心的层次化功能，即信息采集融合、信息交互共享、信息协同处理、信息安全保障和信息功能服务等。同时，智能车路协同系统通过统一的系统标准与管理支撑体系对接外部系统。

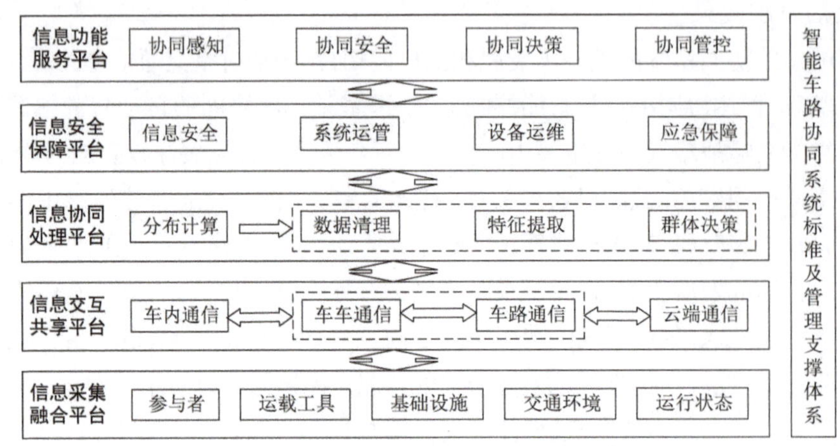

图 1-2　智能车路协同系统体系结构示意图

（1）信息采集融合平台：是智能车路协同系统的基础平台，负责完成所有交通数据的采集与信息融合。它通过综合应用多类传感技术，获取交通参与者（行人、驾驶人、乘客）、运载工具（人工、网联或自动驾驶车辆）、交通基础设施（道路、设备、标识等）、交通环境（天气、温度、湿度等）、事件（事故、管制等）等交通要素的基础数据、身份信息和运行状态等。

（2）信息交互共享平台：是智能车路协同系统的通信平台，负责完成所有交通要素间交通数据的实时交互和共享。它依托多模式无线通信手段，包括无线通信、无线网络和专程通信等，完成所有交通要素间的实时、动态联网，实现车路协同环境下的车内通信、车车通信、车路通信和云端通信等，从而构建起有效的信息交互平台，支持人、车、路和环境的实时状态和信息的有效交互。

（3）信息协同处理平台：是智能车路协同系统实现任务协同的重要平台，负责实现系统级的各类交通信息的协同处理，提供系统运行所必需的基础性功能。它将整个交通系统看作交通参与者、运载工具、交通基础设施、交通环境所构成的整体，通过数据清理、数据融合、数据预测、数据补偿和数据挖掘等方法，对交互平台提供的交通信息实施协同处理，为系统相关功能服务的开发奠定数据基础。

（4）信息安全保障平台：是智能车路协同系统的辅助性平台，但却是不可或缺的重要平台，负责完成系统感知层、网络层和应用层的信息安全管理。它采用相关的认证技术、编码技术、容错技术和防灾技术，保证用户安全、数据安全、网络安全和系统安全，通过提供信息安全、系统运维、设备检修、应急保障等功能，为车路协同系统的正常工作提供必需的安全和服务支撑保障。

（5）信息功能服务平台：是智能车路协同系统得以应用的重要平台，负责支持系统所有功能的开发和实现，并在此基础上提供必需的车路协同功能和服务。它在信息平台、交互平台、协同平台和保障平台的基础上，采用统一的系统标准和管理协议，支持基于跨平台的服务功能开发，面向个人、企业和行业管理部门开放各类服务，并提供包括协同感知、协同安全、协同决策和协同管控等在内的相关服务。

(6)系统标准及管理支撑体系：是智能车路协同系统联系其他已有交通系统的重要纽带。它通过一系列的标准和协议，保证不同交通系统间的互通互联、信息交互、功能协同和服务集成等。

1.2.3　智能车路协同系统的主要特点

智能车路协同系统应用后，交通系统将具有如下显著特征：

(1)交通要素的信息化和智能化。智能车路协同系统中的交通参与者、运载工具、交通基础设施和交通环境不再被看成只是一个简单的对象，人、车、路和环境所对应的交通要素通过传感器实施信息采集和融合，成为具有自主身份且可具备信息交互功能的智能体，在交通系统实时数据的基础上，借助信息融合、无线通信和云计算等技术，实现复杂交通系统的实时信息再现，进而能够掌握交通参与者、运载工具、交通基础设施和交通环境的实际运行状态。

(2)海量信息的简明化和精确化。智能车路协同系统中交通参与者与车辆之间、车辆与车辆之间、车辆与基础设施之间、车辆与交通服务中心之间等可通过多种通信模式实现各类信息双向传输，系统可获得时间和空间上的高分辨度数据，同时将会产生表征复杂的交通系统各类特性海量信息，构成实现智能车路协同系统各种功能的基础信息，即交通大数据。在分布式云计算技术的支持下，通过基础设施或交通服务中心对信息处理、过滤和优化，海量信息变得更加简明和精确，并具有智能和自适应性，从而保证系统用户能够接收到更精确和更简明的相关信息。

(3)用户参与的主动化和协同化。智能车路协同系统不再简单地以基于功能的信息采集模式构建整个交通体系，而是通过协作方式将整个交通系统看作是交通参与者、运载工具、交通基础设施和交通环境所构成的有机整体，用户不仅能够在原先单一功能性的服务基础上获得具有更具综合性的服务功能，从而实现不同程度的协同服务；而且更能主动地参与对交通对象的感知、优化和管控的所有过程，如车辆行驶过程中的协同安全控制等，同时还可以根据自己的具体需求或偏好设置适合自身特殊需求的个性化服务，如出行模式和诱导的偏好设置等。

(4)服务组织的柔性化和绿色化。智能车路协同系统改变了传统智能交通系统从信息到功能服务的简单应用模式，有效地建立了以系统海量信息的采集、交互和应用为主线，全面实现交通参与者、运载工具、交通基础设施和交通环境的协同功能，从而构成了更加突出不同层次的内容，为交通参与者提供更为丰富多样的服务平台，提供针对不同交通出行需求的系统级和自定义的解决方案。同时，通过引入智能化的信息技术手段，改变了传统的交通管理和运行模式,实现了整个交通系统的智能化管理服务和最优化运行,并使其变得更加安全、高效和环保。

1.2.4 智能车路协同系统在我国交通发展中的作用

智能车路协同技术已经成为当今国际智能交通领域的前沿技术,是解决道路交通安全、提高通行效率和减少交通污染的有效途径。为保持与国际先进技术的同步发展,我国必须开展车辆协同关键技术研究,建立适合自身交通管理需求的智能车路协同系统,加快促进交通安全从被动到主动、最终到协同模式的转变,推动交通战略性新兴产业的跨越式发展,引领世界范围内智能车路协同系统的未来。因此,建立适合我国国情的智能车路协同技术体系,制定满足车路协同系统需要的多模式车车、车路自组织网络数据交互标准和通信协议,可最终指导我国智能车路协同关键技术与系统的发展,这具有重要的理论意义和长远的应用价值,具体有以下四个方面:

(1)建立服务型的交通运输行业。交通运输是我国的基础产业和服务性行业,智能车路协同作为智能交通发展的新阶段,将实现交通要素相关信息的动态采集、准确分析、统一管理、快速发布和共享交换,适应经济社会和人民群众对交通运输安全性、快捷性、多样新和个性化的发展需求,从而构筑现代化的综合运输体系,提高交通运输决策的科学化和民主化水平,提升交通运输行业的管理与服务水平。

(2)加快交通装备信息化过程。随着我国信息技术的快速发展,提升基础设施与运输装备信息化水平已成为亟待解决的问题,也是交通文明进步和现代化的要求。智能车路协同系统可有效地对现有设施装备进行更新改造和优化升级,将全面构建包括交通参与者、运载工具、交通基础设施和交通环境在内的全景信息化系统,使之成为具有特定身份、互联互通的智能体,从而保证在互通互联、相互协同环境下的高效运输和管理水平。

(3)促进交通行业发展模式的转变。智能车路协同系统通过协同方式将整个交通系统看作是交通参与者、运载工具、交通基础设施和交通环境所构成的有机整体,形成协同管控为基础、服务集成为目的的新型交通行业发展模式,实现整个综合交通系统的智能化管理、最优化运行和集成化服务,从而可以提高我国交通行业的整体效率,并构建面向服务、绿色柔性的应用架构,促进交通运输更加智能化、更加环境友好、更加节能减排。

(4)维护社会和谐稳定和长治久安。近年来,我国重特大自然灾害和重大疫情等突发性事件时有发生,对交通系统的安全运营构成了严重的影响和挑战。加强交通安全监管,防范重特大事故发生,提高交通运输应急保障能力,有效应对和处置突发事件,既是交通运输业科学发展的重要前提,也是转变发展模式,加快发展现代交通运输业的根本保障。智能车路协同系统在统一平台上完成对交通系统相关信息的获取,实现真实交通系统的"镜像化"虚拟再现,并从交通运输重大风险源的实时监测、运输过程全方位管理监控等方面,不断健全安全监管和应急保障体系,可切实维护社会和谐稳定和长治久安。

1.3 智能车路协同系统构建关键技术

智能车路协同系统构建关键技术主要包括多模通信技术、智能网联技术、信息安全技术和系统集成技术等。采用这些关键技术将完成智能车路协同系统的基本构建，是实现智能车路协同相关应用的基础，但仅仅采用这些技术并不等同于智能车路协同技术与系统的应用。

1.3.1 多模通信技术

考虑车辆的高移动性和道路交通所处的广域环境，采用单一的无线通信模式无法满足实际应用需求，需要采用多模无线通信技术，以保障所有交通主体能够实现任何时间、任何地点和任何交通主体基于现有通信模式的互联互通。这是构建智能车路协同系统的技术基础和必要条件。目前，可支持车路协同技术在不同场景、条件和功能下应用的无线通信模式有DSRC、EUHT、WANET、Wi-Fi、红外、蓝牙、1X、2G/3G/4G、LTE-V和5G等。

考虑目前实际应用中常用的无线通信模式，形成了可同时支持DSRC(802.11p)、LTE-V、EUHT、Wi-Fi(802.11n)和3G/4G/5G等通信模式的数据通信分层标准，其架构如图1-3所示。

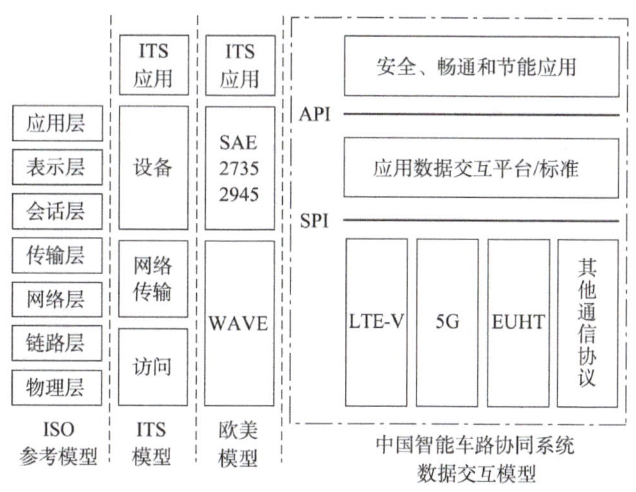

图1-3　车路协同数据通信分层标准架构

上述常用的通信模式主要可分归于移动通信平台、无线通信平台、专用通信平台和其他通信平台。根据目前的应用情况，这些通信平台对应的通信系统、通信模式及使用范围如表1-1所示，对应的应用场景如图1-1所示。

无线通信模式特性及应用范围比较　表 1-1

通信平台	通信系统	通信模式	可使用范围
移动	基于移动网络系统	3G/4G/5G……	车车、车路间通信
无线	基于无线网络系统	Wi-Fi	车车、车路间通信
专用	基于专用网络系统	RFID/DSRC……	车车、车路间通信
其他	基于其他通信系统	蓝牙/红外……	出行者、路间通信

1.3.2 智能网联技术

高速、可靠、双向和可集成多种通信模式的智能网联技术是智能车路协同系统实现的基础，同时还须能支持全景状态感知、信息交互与融合、协同控制与管理以及定制化的服务等功能，并根据不同层次的需求提供相应的通信保障与交通功能服务。智能车路协同系统的终端网络是传感器网络(Sensor Network，SN)，以无线组网为主，支持各类交通状态的感知；支持交通系统底层信息互联互通的是车联网(Internet of Vehicles，IoV)和物联网(Internet of Things，IoT)等功能性通信网络，属有线无线混合组网，但多为无线组网；互联网(Internet 或 Intranet)实现海量交通数据的传输和信息融合，属有线无线混合组网，但以有线组网为主；支持系统功能和服务集成的是高速互联网，如下一代互联网 Internet Ⅱ或第 6 版互联网协议(IPv6)，以有线组网为主。

由于不同网联方式提供的通信特性和支持的服务范围各不相同，为满足各类交通环境下的功能需求，需要建立通信和网联模式的自动选择和切换机制，支持应用终端根据不同应用功能对通信和网联模式进行自主选择与切换。如图 1-4a)所示，以智能网联车辆为例，考虑其主要服务于交通环境中车辆行驶状态的共享，故其首选的通信模式采用 4G/Wi-Fi 以支持车路(Vehicle to Infrastructure，V2I)网联；当服务应用需要车车(Vehicle to Vehicle，V2V)网联时通信模式即可自动切换到 LET-V/5G。同理，图 1-4b)展示了自动驾驶车辆的通信和网联模式自动切换机制。市场上多数产品可以支持两种或两种以上的通信和网联模式，国际范围内能够同时支持绝大多数现有通信和网联模式的设备为数不多。

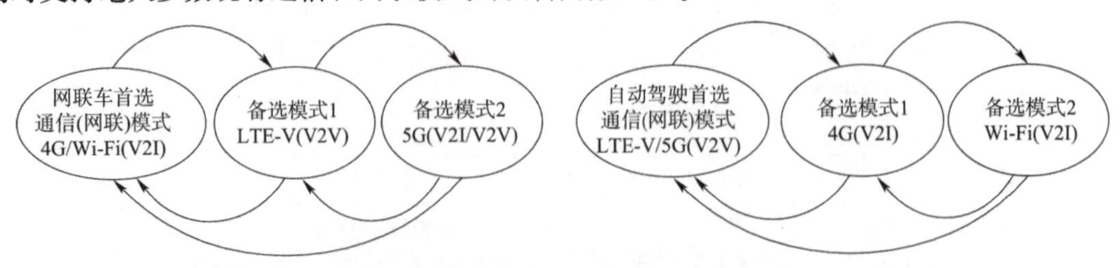

a) 智能网联车辆自动切换机制　b) 自动驾驶车辆自动切换机制

图 1-4　面向智能网联和自动驾驶车辆的通信和网联模式自动切换机制

目前，国内外针对车路协同系统的不同应用场景，对通信技术开展了深入和全面的研究工作。下面分别从车内通信、车车通信、车路通信和异构网络融合技术等方面，具体说明智能网联技术的相关研究和应用情况。

1)车内通信

近年来,随着智能网联车辆的快速发展,大量传感器和电子装置在新型汽车上得到广泛应用,使得车内通信技术成为智能汽车不可或缺的关键技术之一,其传输速率和可靠性都得到了大幅提升。

车内通信网络主要基于各种高速总线(Controller Area Network,CAN)展开,可实现汽车发动机管理系统、变速器控制器、仪表装备和电子主干系统等关键系统和部件间的有线组网。随着人们对汽车安全和舒适性的需求不断提高,要求配置的相关功能越来越多,支持这些功能的传感器、传输装置、电子控制单元(Electronic Control Unit,ECU)的数量也在持续上升。因此原有车载 CAN 总线必须进行改进和提升,要求新的车内通信协议不仅能够为各类功能提供高速且可靠的数据传输,而且还需支持具有容错保证的分布式网络系统。

同时,车内通信网络还可以支持部分无线通信组网,以保证在特定检测环境下稳定可靠地获得车辆速度、质量、温度、湿度和胎压等关键物理量。车载自动诊断系统(On Board Diagnostics,OBD)通过与胎压检测装置、车道偏离警示系统、后方碰撞预警系统、驾驶人状况监测装置整合,即可为驾乘者提供更舒适的驾驶体验、更安全的驾驶保障、更绿色和环保的出行。

2)车车通信

专用短程通信(DSRC)可以完成车与车间的点对点通信,但是只采用 DSRC 来构建车与车之间无缝联通的网络仍存在挑战。随着专用短程通信技术的提升,包括数据传输速度的提升、通信带宽的扩大和安全机制的完善,目前已形成了基于专用短程通信技术的车车自组织网络的协议与技术标准,解决了短程通信环境下车载通信单元数据量突发与带宽受限的矛盾,可提供专用短程通信自组织网络中的身份认证及隐私保护技术框架。

近年来,移动通信和无线通信技术的发展及其在交通领域中应用的拓展,为车车通信带来了新的发展空间,尤其是下一代互联网 IPv6 的推广和 5G 技术的逐步应用,使多模式通信环境下车车通信环境的构建得以实现,多模式通信成为智能车路协同系统中车车通信技术的一个崭新发展方向。

随着汽车的智能化水平越来越高,车载通信网络技术越来越成熟,车车通信将给人类出行带来一场全新的革命,对车辆安全、交通效率和个人娱乐服务的提升产生深远的影响。目前,车车通信已经进入实质推行阶段,制订了短、中、长期目标,形成了行业与行业之间、国家与国家之间的联盟。

3)车路通信

车路通信网络是建立在车载单元和路侧单元之间的无线通信网络,以高效的广播数据传输、端到端数据流存储、低延迟动态多跳路由协议、高速运动节点网络自组织传输控制、基于优先级的流量公平性控制和安全认证与信息加密为主要特征。基于该通信网络,由于其高效、标准、开放、安全和可自动维护与升级的特性，可在车载单元和路侧单元间进行高速和双向的数据传输，支持基于图像辨识的交通事件识别、交通信息查询、交通出行引导和电子收费等多种服务。

在智能车路协同系统环境下，车辆的相关信息包括工作状态、运行参数和报警信息等，可以通过车路通信通道传送到路侧设备，并可根据不同需求经融合处理后再集中传送到交通管控中心。同样地，道路及基础设施的相关信息包括静态信息、运行参数和管控指令等都需要实时地发送给道路上行驶的车辆和交通管控中心；而另一方面，交通管理中心的相关信息包括交通环境状态、交通管控指令和在途诱导信息等则需要及时地通过车路通信通道传送给在途车辆。

除专用短程通信外，目前有多种公共网络可用于车路通信，比如各种模式的2G/3G/4G/5G（全球移动通信系统 Global System for Mobile Communications，GSM）；码分多址（Code Division Multiple Access，CDMA）；时分同步码分多址（Time Division-Synchronous Code Division Multiple Access，TD-SCDMA）；CDMA2000（Code Division Multiple Access 2000）；宽带码分多址（Wideband Code Division Multiple Access，WCDMA）；时分双工长期演进技术（Long Term Evolution，Time-Division Duplex，LTE-TDD）；频分双工演进技术（Long Term Evolution，Frequency Division Duplexing，LTE-FDD）、宽带无线局域网（Wireless Local Area Network，WLAN）、基于多跳网络 MESH（Multi-Hop）和射频识别技术（Radio Frequency Identification，RFID）的车载自组网（Vehicular Ad-Hoc Network，VANET）以及无线广播网（Frequency Modulation，调频 FM）；地面数字多媒体电视广播（Terrestrial Digital Multimedia-Television Broadcasting，DMB-T）；中国移动多媒体广播（China Mobile Multimedia Broadcasting，CMMB）等。

4）异构网络融合技术

纵观国内外智能交通系统的发展过程，为全面发挥车路协同技术的优势，使未来交通系统实现安全、高效和环保的目的，必须将车车通信和车路通信集成起来形成一个有机的整体，即新开发的车载装置应该能够同时支持车车通信和车路通信，从而实现真正意义上的智能车路协同。

为使智能车路协同系统能够在不同的工作条件下，构建形成具有实时性和可靠性保证的通信环境，应尽量支持已经在日常生活中得到广泛应用的各种通信网络。目前，主流的无线通信异构网络有移动通信网络（2G、3G、4G 和 5G）、卫星网络、GPRS（General Packet Radio Service）、WLAN、移动自组织网络（WANET）、Wi-Fi 和无线传感器网络（Wireless Sensor Network，WSN）等。因此如何实现这些网络在智能网联环境下的无缝联接，是智能车路协同系统发展的必然要求。

事实上，以上异构无线网络的出现是面向不同应用场景和目标用户的，但其在车路协同环境下的融合必须采用通用且开放的技术，其融合包括接入网融合、核心网融合、终端融合、业务融合和运维融合等。这些异构无线网络技术融合的研究内容主要包括面向高速多媒体应用的服务质量(Quality of Service,QoS)和服务体验(Quality of Experience,QoE)保障技术、异构网络中的多无线电协作技术、异构无线网络互联安全技术、车路协同系统中的认知无线网络技术、面向海量数据的混合网络编码技术、车路协同系统中面向海量数据传输的绿色通信技术等。

1.3.3　信息安全技术

智能车路协同系统的信息安全包含移动通信信息安全、计算机信息安全和交通数据可信安全(基于交通业务信息的可信交互)三个层次。三层安全技术相互关系及其支撑环境如图1-5所示。

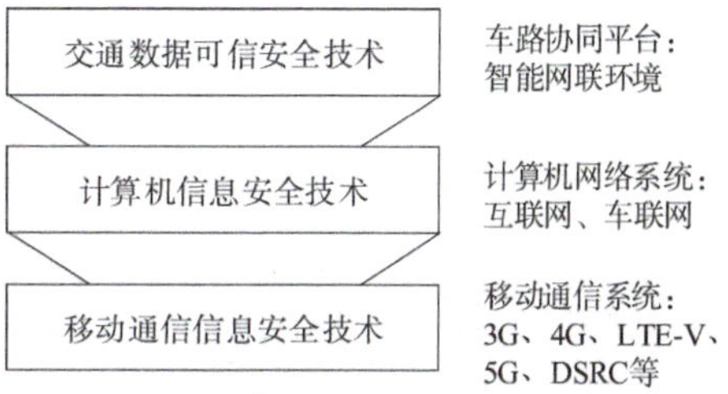

图1-5　基于车路协同的交通系统信息安全技术框架及其支撑环境

移动通信信息安全技术主要解决通过各类无线通信管道传输的信息安全保证问题;计算机信息安全技术主要解决由人、车和道路基础设施等交通主体在网联环境下形成的泛在计算机网络系统的信息安全保证问题;交通数据可信安全技术主要依托交通系统实时数据的业务特性,如位置信息的实时性、车辆行驶轨迹的连续性和驾驶行为的特质性等,实现对交通参与者提供的业务数据的可信甄别。

1)移动通信信息安全技术

当人、车和道路基础设施等交通主体通过移动通信平台实现其网络链接和信息交互时,需要保证移动通信平台实现网络链接和信息交互过程中的信息安全。移动通信信息安全技术是智能交通系统信息交互安全的基础。

由于移动通信完成信息交互的无线信道是开放的,第一代移动通信中信息以明文形式进行传送,其信息安全保证程度低。为提高信息交互的安全程度,在第二代数字移动通信系统中信息则改以加密的方式进行发送,并采用询问响应的方式对移动用户进行安全认证。随着通信技术的快速发展,现代移动通信网络面临更多更大的安全威胁,包括移动通信中交互信息被捕获、通信链路被入侵、敏感信息被窃、身份被假冒以及数据被篡改等。因此,移动通信中的信息安全性需要解决移动通信通道上交互信息的机密性、完整性和认证性。通过采用无线安全检测、安全态势感知和身份认证等技术,可为移动通信平台构建一套机动可靠、安全互联的安全防护体系和解决方案,既可防范来自移动通信系统内部的攻击,也可抵御外部入侵,防止敏感信息泄漏,从而实现移动通信网络的安全控制、用户可信入网和安全有效管控,并有效提高在复杂环境下移动通信平台的信息安全防护能力。实现移动通信信息安全需要以下5种技术。

(1)传输信息加密:采用网络加密技术,实现数据的传输保护策略。

(2)身份认证鉴权:基于公钥机制构建认证机构,建立身份认证鉴权体系。

(3)通信安全协议:提供密钥协商和控制,保证用户与网络间的安全会话。

(4)在线攻击检测:实现通信攻击检测,发现篡改、窃听和伪造等攻击行为。

(5)网络接入控制:支持用户可信访问控制,实现网络访问的安全管理。

2)计算机信息安全技术

计算机的信息安全本质上是指由有线和无线网络连接起来的计算机系统的信息安全,它是智能交通系统信息交互安全的第二层,其目的是保证在计算机系统(含网络)中原始信息的机密性、完整性和可用性。其中,信息的机密性是指能够保证信息不泄露给未授权者;信息的完整性是指能够保护信息的正确、完整和未被篡改;信息的可用性是指能够保证信息可被授权用户访问、并按其要求运行。实施过程中,计算机信息安全主要包括设备安全、数据安全、内容安全和行为安全。实现计算机信息安全的具体内容包括以下5个方面。

(1)防火墙。防火墙是建立在内外网络边界上的过滤机制,可以监控进出网络的访问,保证安全、核准的信息进入,同时抵制对系统构成威胁的数据。防火墙的主要实现技术有数据包过滤、应用网关和代理服务等。

(2)信息加密。信息加密是一种主动安全防御策略,是一种限制网上传输数据访问权的技术,其目的是保护网内的数据、文件、口令和控制信息,并保护网上传输的数据。信息加密技术主要分为数据存储加密和数据传输加密。

(3)身份认证。身份认证是系统核查用户身份的过程,其实质是查明用户是否具有请求资源的使用权,至少应包括验证协议和授权协议。身份认证技术除传统的静态密码认证技术以外,还包括动态密码认证技术、IC卡技术、数字证书、指纹识别认证技术等。

(4)安全协议。安全协议是计算机系统安全的规范和标准,是提供计算机信息安全的基本要素,通常涉及加密协议、密钥管理协议、数据验证协议和安全审计协议等。一个较为完善的内部网安全保密系统至少要提供加密机制、验证机制和保护机制。

(5)入侵检测。入侵检测是计算机系统实时检测未经授权者的非法访问和操作行为,是一种对网络活动进行实时监测的有效手段。该技术可完成网络上所有通信的监测和记录、相关网络活动的管理以及对外部进入系统恶意活动的检测等。

3)基于交通业务信息的可信交互安全技术

建立基于车路协同的车辆信任管理架构的主要机制有两种,集中式信任管理机制与分布式信任管理机制。

在移动通信信息安全技术的基础上,进一步采用计算机信息安全技术与系统,是当前保证智能交通系统信息交互安全的主要解决方案,已能满足常规交通功能和服务应用的需要。但随着现代交通系统智能化的快速发展,越来越多的系统功能和服务对信息安全提出了新的要求,包括更高的传输速率、更及时的信息交互要求等,尤其是为支撑车路协同的群体决策控制和自动驾驶功能的全方位实现,现有信息安全解决方案耗时长、成本高、代价大等缺点越发突出。因此,在采用移动通信信息安全技术和计算机信息安全技术的基础上,引入基于交通业务信息的可信交互安全技术,成为现代智能交通系统信息安全的有效解决方案,有望成为具有跨平台、低时延和高可靠的更高层次的安全措施。它是智能交通系统信息安全保证的第三层。

基于交通业务信息的可信交互安全技术是伴随现代智能交通系统的发展应运而生的新技术,许多研究工作刚刚开始,还未形成体系化和可规范应用的成果,但初步研究成果已展示了其广阔的应用前景。根据现有的研究工作及其初步成果,基于交通业务信息的可信交互安全技术由交通物理边界特征、车辆运动状态特征和驾驶行为特征三部分完成其信息可信的甄别工作。

(1)交通物理边界特征包括道路物理边界和车辆动力学边界两类特征。利用该特征可对交互过程中超出物理边界的交通数据和信息进行有效辨识,检测出被篡改后的异常数据。其中,道路物理边界特征包括车路相对位置、道路限高和轨迹特征等;车辆动力学物理边界包括最大速度、最大加速度和最小转弯半径等。

(2)车辆运动状态特征可划分为单车运动状态特征和多车运动状态特征。车辆运动状态特征可用基于车路协同环境下交通业务固有属性提取的车辆行驶状态特征模型表示,如根据车路协同环境下交通运行的基本规律提取的具有统计规律的交通流基本特性、符合微观运动规律的行车模型等。基于这些特征,可以对交通主体间交互的信息是否符合这些规律进行甄别,从而确保交互数据的可信。其中,单车运动状态特征包括转向、速度和加速度特征;多车运动状态特征包括路段、匝道和交叉口场景下跟驰、换道和超车的驾驶特征。

(3)驾驶行为特征包括基于实时和非实时信息交互的驾驶行为模式等。具体包括基于基础数据分析、数据融合和机器学习方法获得的三类驾驶行为特征。驾驶行为特征可用基于个体驾驶操控数据提取的特征模型来表示,它是微观的驾驶人驾驶特征,是对驾驶行为特征更加精准的刻画,可作为个体身份辨识的依据。基于基础数据分析方法获得的特征模型包括中线偏移模型、行车速度模型和高加速度模型等;基于数据融合分析的特征模型包括速度滞后模型、非对称驾驶模型、跟车驾驶模型和速度分布模型等;基于机器学习的特征模型包括基于机器学习的速度预测模型和基于特征向量的驾驶特征模型等。

1.3.4 系统集成技术

全面发挥智能车路协同系统作用的关键是能够实现智能车、智能路和智能网的集成,并进而实现智能协同的交通服务。这里的系统集成涉及通信模式的集成、网联方式的集成、可信交互的集成和云端计算的集成等,从而支持包括人、车、路在内的所有交通主体在智能网联环境下的系统集成。

在智能车上增加车载单元(On-board Unit,OBU)支持网联功能就形成了智能网联车,在道路上增加路侧单元(Road-side Unit,RSU)支持网联并提供智能处理能力就形成了智能路。基于 OBU 和 RSU 实现智能网联的车路协同系统结构如图 1-1 所示,在此基础上建立云计算(Cloud Computing)平台,即可完成车路协同诸多功能的计算和实现。

云计算是分布式计算的一种实现形式,即通过分布在网络上的数据处理服务设备("云"

服务设备)，将巨大的数据计算处理任务分解成无数小任务，由多个计算服务设备分别完成单个任务的处理和分析，然后再协调集成形成完整的计算结果并返回给用户。云计算又称为网格计算，可以在很短的时间(几秒钟)内完成数以万计的数据处理任务，从而提供强大的网络计算服务能力。因此，云计算不是一种全新的网络技术，而是网络应用的一种新概念，其核心就是以互联网为中心，在网络上提供快速且安全的云计算服务与数据存储，并使每个互联网用户都可以使用网络上的庞大计算资源与数据中心。同时，基于云计算的云服务已经不仅是一种分布式计算，更重要的是效用计算、负载均衡、并行计算、网络存储、热备份冗杂和虚拟化等计算机技术的交叉应用，由此也促成了云计算的演进和跃迁。

云计算是建立在先进的互联网技术基础之上的，与传统的网络应用模式相比，云计算具有可虚拟化、动态可扩展、按需部署、灵活性高、可靠性高、性价比高和可扩展等特点，其实现形式多样。目前，云计算服务主要通过三类服务形态即基础设施即服务(Infrastructure as a Service, IaaS)、平台即服务(Platform as a Service, PaaS)和软件即服务(Software as a Service, SaaS)实现其功能应用。因此，云计算技术是智能车路协同系统实现的重要载体和手段。

典型的基于车路协同的云计算系统结构如图1-6所示，是以边缘计算、中心计算和云端计算构成的三层网联计算平台系统。其中边缘计算由智能辅助驾驶终端构成，借助车辆运行和显示系统，完成安全预警、通行引导、信息服务和支持自动驾驶等功能；中心计算由智能路侧平台构成，依托交通信号、交通检测和交通提示等系统，实现检测、通信、计算和决策等功能；云端计算则由交通监测与管控平台构成，提供交通状态实时监控、交通管理在线优化、交通违章自动检测等服务。

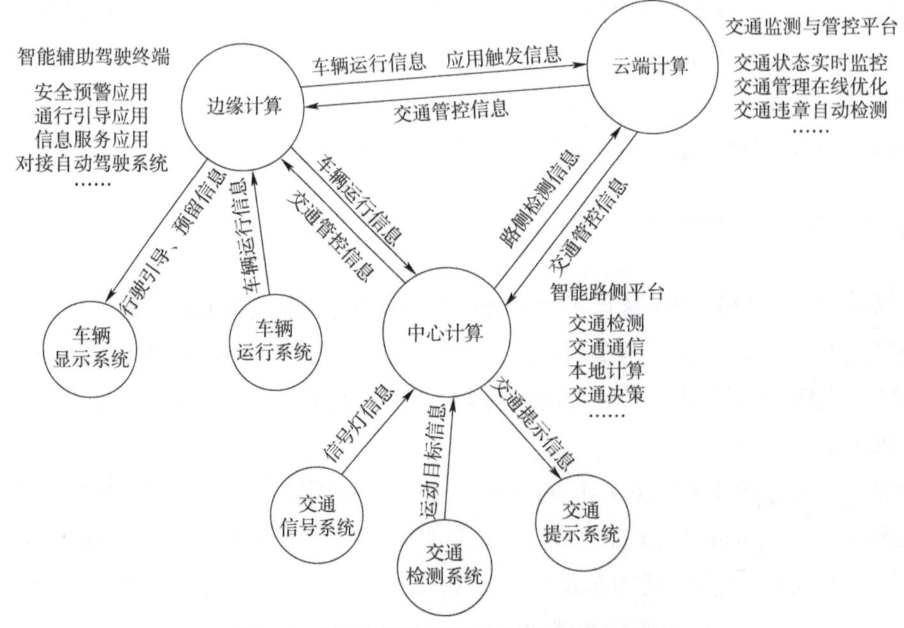

图1-6　基于车路协同的云计算系统结构示意图

1.4 智能车路协同系统应用关键技术

基于构建的智能车路协同系统可以实现现代智能交通的高层次应用。在智能车路协同系统发展的现阶段，这些应用主要体现在为保证车辆行驶协同安全和道路交通协同管控的大数据融合处理技术、交通环境协同感知和交通群体协同决策与控制，以及对智能车路协同技术大规模应用前的仿真测试验证上。

1.4.1 大数据融合处理技术

随着交通状态感知手段和信息交互技术的不断更新，可获得的交通信息呈现出丰富、海量和异构等特点，如何对这些数据进行协同处理和综合分析并最终形成决策信息，对于智能车路协同系统具有非常重要的意义。

在智能车路协同系统中，数据融合和协同处理是整个系统的基础，其绝大部分功能的实现都需要建立在完备的交通信息之上。由于智能车路协同系统的服务都是基于各类异构、动态、海量数据的处理为核心的应用集合，即都是基于对所谓的交通大数据实施的协同处理的应用集合，且由于这些海量数据存在异构性、规模性与复杂关联特征，其处理需要具有高度灵活的协同机制，需要综合有效地利用复杂环境下的多源异构数据，融合相互互补的数据并消除数据冗余，即需要目前所谓的基于云计算的信息融合方法，从而实现交通数据的多层融合与协同处理。

交通数据的融合与协同处理主要包括数据级、特征级和决策级三个层次的工作。

(1)数据级。数据级信息融合与协同处理主要实现基础交通数据的融合与处理，包括交通系统的异常数据筛选、海量数据存储、缺失数据修复、多传感器融合以及数据格式配准与统一等。

(2)特征级。特征级信息融合与协同处理主要实现断面交通数据即各类交通状态的融合与处理，包括单路段交通信息的特征提取、状态感知、模式复现、交通监管以及事件检测等。

(3)决策级。决策级信息融合与协同处理主要实现针对交通状态预测以及决策支持的融合与处理，主要包括路段或路网的短时交通流预测、旅行时间预测、交通时间预测以及起点终点(Origin-Destination，OD)预测等。

在现阶段智能车路协同系统的研究和发展过程中，发展交通数据融合与协同处理技术，实现包括交通参与者、运载工具、交通基础设施和交通环境等在内的多源交通数据融合与协同处理，研究包括安全状态、道路状态、混合交通和尾气排放等在内的交通数据融合与协同处理新技术与方法，并实现面向效率与环保的多模式绿色出行诱导，将是我国未来智能车路协同系统发展的重要内容之一。

1.4.2 交通环境协同感知技术

随着传感器网络技术、无线通信技术、车联网、物联网和智能信息处理技术的快速发展，自动感知和泛在感知技术的出现，极大地改变了传统交通系统的检测方法和手段。有效拓展了交通状态和信息的获取途径和手段。宽覆盖、长寿命、高精度、网络化和移动性的多维状态感知已成为智能车路协同系统的重要且基础的内容。

现代交通状态的感知内容，包含实施对道路环境如干线公路和城市路网等不同交通环境的感知，也包含协同路侧设备和车载终端实现对各类交通实体的感知，还包含对交通方式如步行、骑行、公交、地铁和私家车等不同出行模式的感知。因此，智能车路协同系统借助新型的智能感知新技术和新装备，可提供面向交通控制与管理的综合交通状态感知体系和方法。

根据交通信息的获取过程和发展阶段，交通状态的感知可分为直接感知、间接感知、泛在感知和协同感知四个阶段。下面分别介绍各个阶段常见的交通状态感知手段和方法。

1）直接感知

纵观智能交通系统的发展过程，传统的交通信息采集手段和方法即是我们所说的交通状态直接感知。传统的交通信息采集大多依靠分布在各个道路断面上的交通参数检测器实现，如线圈和超声波、红外及微波类检测器等，但这些手段一方面只能获取道路交通断面信息，另一方面传统手段获取的信息种类有限，大多仅以车辆检测为主。

基于视频的交通状态感知也是一种直接感知手段，是对其他传统感知手段的提升，大大扩展了能够感知信息的范围和种类。它利用视频拥有的丰富信息，可以实现包括基于车辆模型的运动估计、基于行人微观行为的轨迹识别等。

此外，新的交通状态感知手段还包括采用传感器网络和专用无线自组织网络（WANET），采用车载传感器采集交通信息并通过网络传输与融合得到较为全面和准确的网络交通状态等。

2）间接感知

浮动车（Floating Car Detection，FCD）技术的应用是实现交通状态间接感知的一种有效手段。通过采集交通系统中具有特定用途的车辆，如出租汽车和公交车等的运行信息，可以推算出对应交通系统的整体运行状态，包括畅通、拥堵状态和交通事件等。

随着传感器网络技术和多种无线通信技术的出现和快速发展，原本与交通系统并无关联的系统和技术（如移动通信和蓝牙技术）成为交通状态感知的有效途径。由于世界范围内智能移动终端的大量普及，手机和具备蓝牙通信功能的个人智能终端已成为人们日常生活的重要工具，分析这些智能移动终端的移动和变迁，即可有效地感知不同人群的迁移过程和特性，结合交通出行特征即可计算出交通状态及其变化过程。

3)泛在感知

交通状态的泛在感知是在直接感知和间接感知的基础上,基于传感网、大数据、云计算、云存储等主动感知和泛在感知技术得以实现的。它可完成对交通基础设施、运载工具运行状态、行人出行需求和货物运输需求进行实时感知,为构建全景环境下的道路交通运输协同系统提供完整全面的信息保障。

智能车路协同系统将交通参与者、运载工具、交通基础设施与交通环境紧密地联系起来,通过"泛在、可视、可信"的智能体系,使得交通的管理方式和服务方式得到提升,其核心是对交通要素的实时感知。通过传感器网络的协作将各个传感器模块作为节点,全面感知车辆的运行状态(如车辆当前的速度、加速度,车辆在车道中的相对位置,车辆行驶的轨迹与方向等)、车辆的控制状态(加速踏板力度、转向盘变化、是否打转向灯等)、周边道路交通环境状态(一定范围内周边车辆与本车的相对距离、方位、速度或相对速度,行人及前方车辆位置,障碍物的距离与方位、道路交通标志标线等),实现全域环境信息的共享和协同融合。

基于智能车路协同系统的交通状态泛在感知,即在获取全景交通系统信息的条件下,通过分析交通环境的内在特征,实现全景信息环境下的交通环境重构及特性再现,这是智能车路协同系统的基础,也是重要的研究内容。

4)协同感知

随着智能网联技术的进一步发展和预期可见的广泛应用,协同感知技术成为了近期智能交通领域颇受关注的一种新型感知技术。协同感知是基于车路协同技术平台,可丰富交通状态全局感知的体系架构,将车载单元、路侧单元和多传感器集成于一体,实现多模态、多视角、超视距的感知理解;可融合跨平台的同类或异类、同构或异构传感器实施感知,提升协同平台的感知能力与效果;可有效提高系统感知可靠性与精确性,尤其是满足自动驾驶操控的需要;可引入边缘计算、中心计算和云端计算为一体的分布式计算体系,以满足协同感知对计算实时性的要求。

有别于传统交通状态感知,车路协同环境提供的全时空动态交通信息实时共享,使位于不同平台、不同场景下的多传感器实施信息融合成为了可能,由此可实现复杂交通场景下跨平台多传感器的多视角和超视距的协同感知。这里所说的超视距感知,是指对传感器感知范围之外或无线通信直联范围之外的交通环境的感知。

面向车路协同环境下车端感知设备与路侧感知系统构成的各种感知场景,交通环境协同感知技术需考虑车载与路侧、运动与静止、同构与异构、同类与异类、同步与异步等不同条件下的多传感器协同感知方法,并使用统一的描述模型来刻画交通状态。如在超视距感知场景中,前车完成对周边环境的感知后,利用网联平台及两车间的时空关系,使后车获取后车感知范围以外的环境状态。智能车路协同环境下交通状态协同感知实现过程如图 1-7 所示。

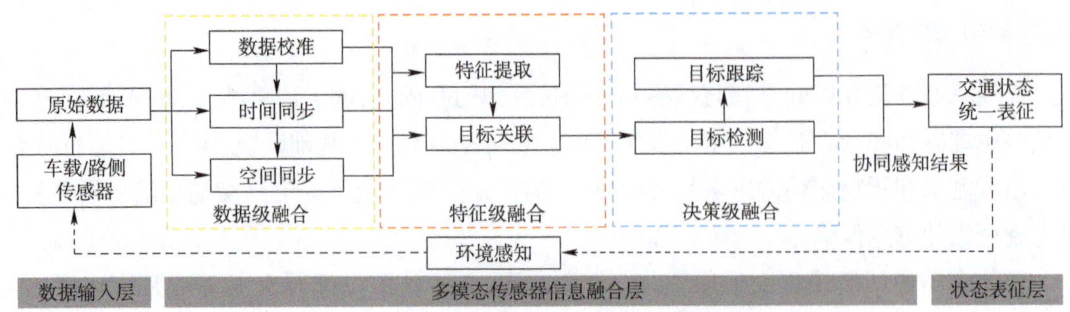

图 1-7　车路协同环境下交通状态协同感知框架

交通状态协同感知主要由原始数据输入层、多模态传感器信息融合层和交通状态统一表征层构成，其中多模态传感器信息融合层包含对多模态的感知信息在数据级、特征级和决策级的融合。基于多模态传感器的数据输入，在信息融合并对交通状态进行统一表征的基础上，实现对交通环境多视角、超视距的全局感知，为后端的决策控制提供可靠的信息来源。

1.4.3　交通群体协同决策与控制技术

交通群体协同决策与控制是智能车路协同系统应用的核心内容。在智能网联环境下，交通系统自身拥有的自组织、网络化、非线性、强耦合、泛随机和异粒度等系统特性开始凸显出来，尤其是交通主体拥有的智能决策与行为，催生了交通群体的协同决策与智能控制。

任意的道路交通场景均可看成是路口、匝道和路段三种基本场景的组合，简化的组合形式如图 1-8 所示。

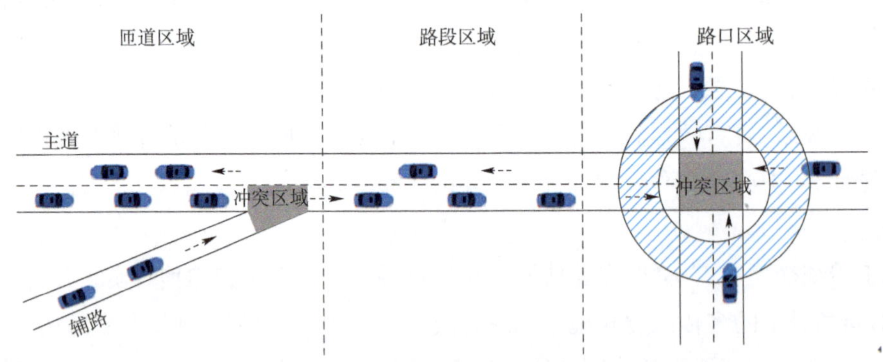

图 1-8　由基本场景构成的实际交通应用环境

针对智能车路协同环境下新型交通系统的复杂性和开放性（无主次之分、无统一目标和无系统边缘）等问题，引入泛在分布式与情景驱动下动态集中式相结合的协同决策与控制机制。泛在分布式体现在道路上的每辆车或等效体被看作是独立的智能体，无主次之分，独立自主决策与控制，此时的管控目标是实现自身单个或多个优化目标的最优。情景驱动下的动态集中式应用在典型的交通瓶颈区域（如高速公路匝道和城市交叉路口等），通过路侧设备的集中协调实现局部区域的系统最优。在实际交通系统中，车辆行驶安全与道路交通管控均可分解为系统优化、路权分配和轨迹规划三个层次的任务，其主要内容如图1-9所列。

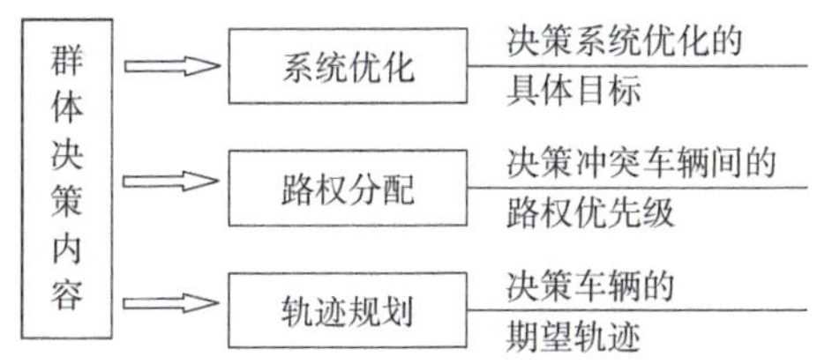

图1-9　群体决策任务分解与对应的主要内容

不失一般性，以道路交叉口应用场景为例，车路协同环境下交通群体协同决策与控制均可用普适性的模型进行表征，如图1-10所示。

(1)系统优化模型

行驶安全—安全距离

$$p_i(t)-p_j(t)\geqslant\delta, j\in S_i, \forall t$$

$$p_i(t)\neq p_j(t), , j\in L_i, \forall t$$

需要保证同一车道上行驶的车辆不得发生追尾碰撞，即任何时候两车间距须大于安全距离；不同车道车辆之间轨迹不相交

通行效率—通行时间

$$J=\omega_1\cdot T_{\text{pass}}+\omega_2\sum_{i=1}^{N}D_i$$

需要保证总的通行时间和各车通行延迟的加权和最优

能耗排放—加速度

$$A=\sum_{i=1}^{N}\sum_{k=1}^{T_i}u_i^2(k)$$

车辆的能耗排放和舒适度均与加速度相关，需要保证加速度综合指标最优

(2)路权分配模型

$$\min\left(\omega_1\cdot T_{\text{pass}}+\omega_2\sum_{i=1}^{N}D_i\right)$$

需要保证通过路口的所有车辆在特定路权分配策略的条件下通行时间最优

(3)轨迹规划模型

$$\min\frac{1}{2}\int_{k=1}^{T_i}u_i^2(k)$$

需要保证所有车辆在具备良好舒适性的条件下实现轨迹控制

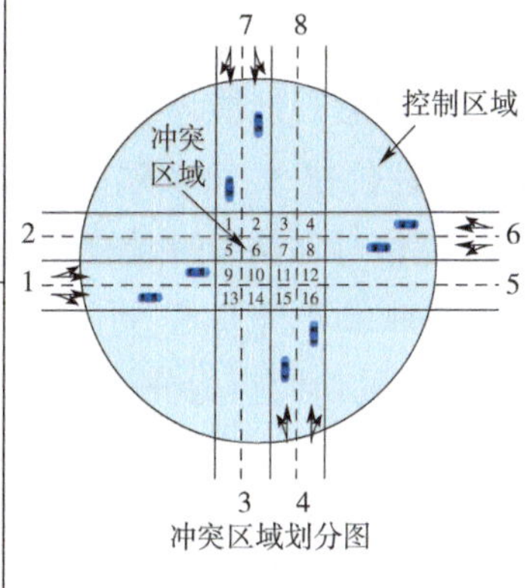

冲突区域划分图

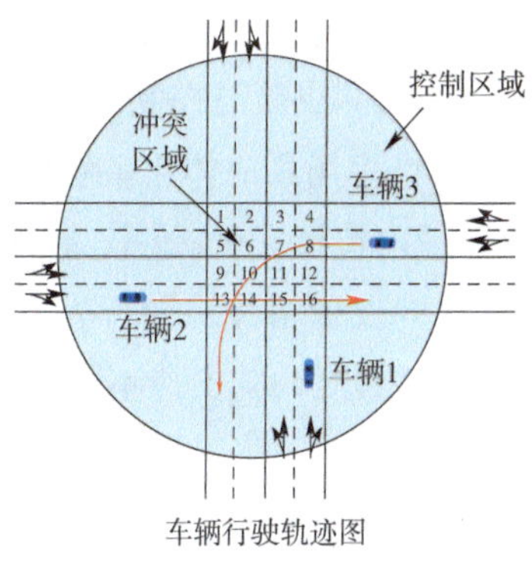

车辆行驶轨迹图

参数定义：$p_i(t)$：车辆i在t时刻的位置；

$p_j(t)$：车辆j在t时刻的位置；

δ：最小的安全距离；

J：目标函数；

D_i：车辆i的延迟时间；

ω_1,ω_2：权重变量；

$u_i(k)$：车辆i在k时刻的加速度；

S_i：与车辆i在同一车道的前车集合；

L_i：与车辆i不在同一车道但与车辆i存在冲突的车辆集合；

T_{pass}：冲突区附近所有车辆通过路口的总通行时间；

N：冲突区附近的车辆总数；

A：总能耗值；

T_i：车辆i通过冲突区的时间

图1-10　车路协同环境下交通群体协同决策与控制普适模型

将上述模型分别应用于快速路和城市道路的交通管控，并采用基于树搜索、动态规划、启发式规则等方法实现路权分配，即可实现包括快速路可变限速协同控制、公交优先场景下道路

车辆群体协同控制和新型道路交通信号灯与通行车辆间的协同控制等应用。

现阶段,智能车路协同环境下典型的交通群体协同决策与控制应用场景包括:无交通信号灯控制场景下的交叉口通行、匝道协同汇流和路段编队、借道超车,有交通信号灯控制场景下的匝道和路口协同通行,以及信号灯-车辆协同控制、快速路-交通信号灯控制路口一体化协同控制和多匝道快速路一体化协同控制等。

1.4.4 虚实结合的仿真测试验证技术

车路协同技术的引入有效提升了交通系统的仿真分析与测试验证能力。除常规仿真分析与测试验证内容外,虚实结合的仿真测试验证技术还可支持新型混合、异构交通系统的仿真测试、群体行为仿真与分析、群体协同与控制的微观性能分析等。

车路协同环境下新型混合交通系统的仿真测试验证主要包含以下技术。

(1)群体硬件在环仿真技术:可实现多交通主体在环的仿真与分析,包括多辆实车、多种硬件设备和多个真实区域场景等同时在环,而非单一类型车辆或设备的在环。

(2)虚实结合的大规模异构交通主体仿真测试与智能分析技术:可实现包括人工驾驶、智能网联、自动驾驶、无人驾驶车辆共存的虚实结合仿真测试,并融合虚拟仿真测试机制的高效性和真实测试模式的准确性。

(3)智能车路协同系统微观性能分析与验证技术:可实现车路协同环境下各种交通场景中实施协同决策与控制的各类交通主体的微观性能分析与功能验证。

(4)多场景一体化系统性能分析与评价技术:可实现多个特定交通应用场景的集成,并完成区域内包括安全、效率、能耗、减排、通信可靠性和时延等在内的系统性能分析与评价。

(5)交通群体协同行为分析与控制效果评价技术:可实现不同协同行为与控制策略的分析与效果评价,并支持不同渗透率条件下的协同行为分析与控制效果评价。

1.5 车路协同环境下的现代混合交通

1.5.1 现代混合交通系统形成

基于无线通信 V2X 技术构成的智能车路协同技术,是当今智能交通领域的国际前沿技术和发展趋势,可实现现代交通系统中人、车、路之间实时信息的共享,并支撑车辆协同安全驾驶、道路协同管理控制等功能,是保障车辆行驶安全、提高道路通行效率的有效手段。

车路协同技术和系统的应用推广,使得车路协同环境下的交通系统已经呈现出多种交通主体参与、多种通信模式共存、多种交通场景重叠的新型交通环境和模式。这里的交通主体是指交通系统中交通特性的主要载体,包括各类人、各类车和各类路侧设备等。每个人、每辆车或每台路侧设备就是一个交通主体。

随着智能车辆与智能驾驶技术的发展,也使交通系统中的各类交通主体发生了根本性的变化,出现了人工驾驶车辆与智能网联车辆混行,进而发展到与不同自动化程度的自动驾驶车辆混行,并最终出现人工驾驶、智能网联、自动驾驶、无人驾驶车辆共存的局面。

因此,本书所述的混合交通系统,是指由人工驾驶的传统车辆、智能网联车辆和智能驾驶车辆与提供不同等级自动驾驶的车辆混合而构成的交通系统。它有别于传统意义上的机动车与非机动车构成的混合交通系统。

1.5.2 现代混合交通主要特征

车路协同环境下,由人工驾驶、智能网联、自动驾驶、无人驾驶车辆混合构成的现实交通环境将长期存在,现代混合交通系统具有如下的主要特征。

(1)主体间信息共享不对称。传统的人工驾驶车辆没有安装车载终端(OBU),无法接入共享交通状态信息的网联交通系统,其能够获得的交通状态和环境信息非常有限。与安装有 OBU 并支持智能处理能力的自动驾驶车辆相比,人工驾驶车辆存在信息共享的高度不对称,造成自身无法感知智能网联车辆,也令智能网联车辆无法有效获知人工驾驶车辆的存在。

(2)智能驾驶实现程度迥异。混合交通系统中拥有人工驾驶车辆和智能网联车辆,其智能化水平非常有限,最多只能归于智能辅助驾驶层级,因此这些车辆的智能驾驶实现程度很低。而配备了自动驾驶功能的车辆,由于 L1 ~ L5 不同级别的自动驾驶车辆具有的智能驾驶能力差异很大,使得混合交通系统中车辆主体的智能驾驶实现程度无法达到相对统一的程度。

(3)车辆可控操作性相差大。车辆的可控操作性随着人工驾驶、智能网联、自动驾驶、无人驾驶车辆的顺序逐渐增加,具备自动驾驶功能的车辆也是随着自动化程度的增加其可控操作性相应增加。由于可控操作性存在差异,使得即便在车路协同环境下交通系统共享了实时的交通状态和环境信息,不同类型的车辆也无法实现统一的控制策略,造成系统优化策略的实施难以保证实时性和有效性。

(4)交通协同管控响应不均。不同类型车辆在接收到交通系统协同管控指令后响应程度不同,人工驾驶车辆由于无法获得协同管控指令,不能作出直接响应;智能网联车辆只能提供提醒、预警服务,对车辆的操作依旧需要驾驶人自己执行,无法保证对协同管控指令的及时响应;配备了高级自动驾驶功能的车辆,则可以根据系统发布的管控指令,自动且智能地实施相关操作,能够保证响应的及时性。

(5)各类车辆相互影响不定。混合交通系统中人工驾驶、智能网联、自动驾驶、无人驾驶车辆是混合存在的,各类车辆的占比动态变化,彼此之间的影响将随着占比的变化而发生变化。显然,当人工驾驶车辆的占比较大时,智能车辆对交通特性的影响受到很大的限制;而只有当智能车辆的占比达到一定程度后,其协同效益才会对交通系统特性的改善发挥作用。

1.5.3 现代混合交通管控任务

考虑现代混合交通的以上特征以及智能网联条件下的信息共享与融合需求,车路协同环境下复杂混合交通管控任务的实现,需要引入全息交通状态重构、交通信息可信交互、交通群体决策控制、混合交通测试验证等技术,因此可以构筑交通状态计算空间、安全可信交互空间、协同决策控制空间、虚实结合验证空间四大层次化空间。以车路协同环境下感知的人车状态交通大数据为基础,以全息交通状态重构为计算处理方法,以群体运动态势为智能决策与协同控制依据,以车辆群体决策和交通管理控制为实施手段,形成如图 1-11 所示的复杂混合交通群体协同控制系统体系架构,并在此基础上构建大规模异构交通主体协同行为仿真分析与验证平台,建设虚实场景混合的异构车辆群体协同控制集成与测试环境,最终实现保障信息交互安全、提升交通协同水平、验证群策群控效果的目标。

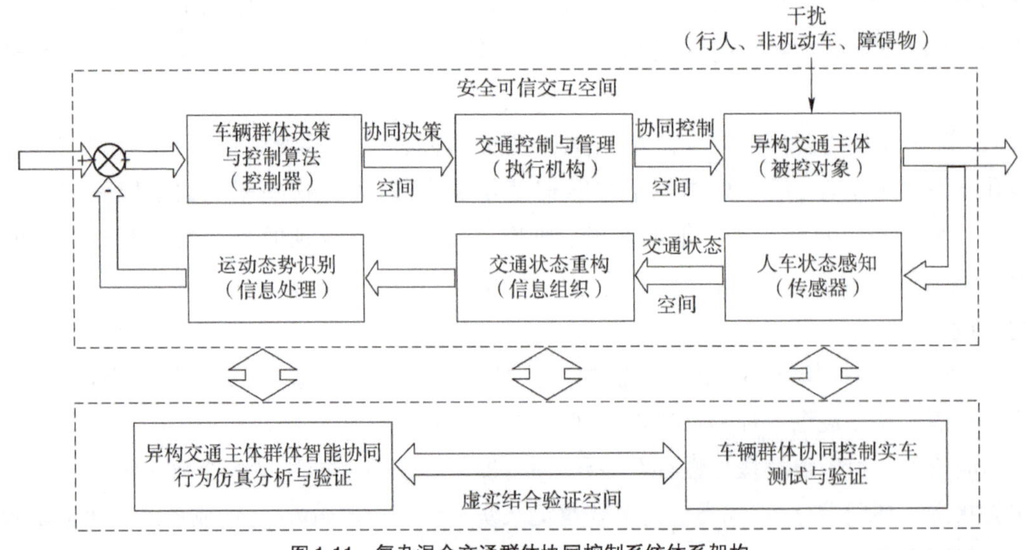

图 1-11　复杂混合交通群体协同控制系统体系架构

在交通状态计算空间,构建交通状态紧致化空间。基于构建的交通状态紧致化空间,实现复杂交通环境下人车运动感知、行为理解、状态识别、态势分析和演化预测等,进而实现群体运动态势识别,并提供超高维交通状态的降维计算处理手段。

在安全可信交互空间,构建交通信息可信交互共享平台。基于交通信息多模式可信交互机制,提供支持多交通主体协同运行的多模式交通信息可信交互和共享,以保证混合交通群体智能决策与协同控制的实施。

在协同决策控制空间,构建复杂混合交通协同管控平台。基于解析的复杂混合交通群体决策与控制关系,实现道路交通智能决策与协同控制,尤其是面向人工驾驶、智能网联、自动驾驶、无人驾驶车辆混合构成的系统特性,支持多模式车辆混合交通群体决策及协同控制理论与方法。

在虚实结合验证空间,构建大规模协同行为仿真分析和虚实混合的实车测试验证环境。基于构建的测试验证环境,提供大规模异构交通主体行为仿真建模与资源协同仿真优化分析平台、复杂交通条件下的场景测试集以及建设要素齐全、功能完整、可柔性灵活配置的测试验证环境。

1.6 车路协同环境下交通群体协同决策机制

1.6.1 道路交通多目标管控任务

从智能交通系统概念提出以来,交通安全、出行效率和节能环保就一直是其发展面临的三个重大挑战。传统意义上的智能交通系统已不能很好地满足现代交通系统的需求与发展,取而代之的是将交通参与者(人)、运载工具(车)和交通基础设施(路)有机结合起来,从而形成的人、车、路一体化的交通协同系统。车路协同技术的出现和应用从根本上改变了人们对传统交通系统的认识,也在改变着交通系统的发展模式。

智能车路协同技术为解决上述重大挑战提供了全新的解决手段。智能车路协同技术的实施可保障复杂交通环境下车辆的行驶安全,以实现道路交通安全前提下的协同控制,提高基于道路智能管理的通行效率,并达到节能减排的目标。

1.6.2 协同决策层次化管控任务

根据智能交通系统的应用实践可以看到,任何一个交通管控问题在实际应用中均可细分为局部优化、路权分配和轨迹规划三部分。

所谓局部优化就是要解决重点冲突区域局部区域交通群体决策的优化问题,通常以一个或多个优化目标的求解来描述。路权分配是根据设定的局部优化目标,建立路权分配模型,以得到所有车辆通过该区域的最优路权分配方案。轨迹规划则是根据路权分配的结果,对参与优化的所有车辆进行轨迹计算,最终在车辆行驶层面保证预定优化目标的实现。

在传统的交通系统中,由于缺乏实时的交通环境状态和车辆运动信息,局部优化、路权分配和轨迹规划的研究和实施只能在中观或宏观层面进行,因而难以将其截然分开。在车路协同环境下,可做到全时空实时交通环境状态和车辆行驶信息的采集、融合和共享,因而可以实现微观层面的交通群体协同决策与智能控制的系统分析和优化,从而使得局部优化、路权分配和轨迹规划得以相对独立、分层实施。

1.6.3 交通群体协同决策机制

针对智能车路协同环境下的新型混合交通系统的复杂性和开放性等问题,传统的系统结构和决策模型难以满足交通群体协同决策的需要。

本书面向具有自组织、网络化、非线性、泛随机、强耦合和异粒度等特殊属性的车路协同环境下的新型混合交通系统,针对交通群体协同决策问题,提出了泛在分布式、情景驱动下的动态集中式交通群体协同决策与智能控制机制。该机制由指导思想层、普适模型层和典型场景层三层构成,其中顶层为泛在分布式、情景驱动下的动态集中式指导思想;中间层为具有普适性意义的交通群体决策模型;下层为一系列典型的应用场景。

第2章

CHAPTER 2

国内外交通群体协同决策技术发展现状与趋势

2.1 美国交通群体协同决策技术发展现状与趋势

2.1.1 美国交通群体协同决策技术发展简述

21 世纪以来,美国进一步推动智能交通技术的研究和应用,特别是在车路互联和协同方面取得了长足进步,并开始在交通群体协同决策与控制研究方面布局。

2002 年,美国交通部(United States Department of Transportation,USDOT)提出 ITS 发展十年计划。期间,研究人员提出 V2I、V2V 通信技术是实现道路交通车路协同应用的关键技术,可为提升交通安全与解决复杂交通管控提供解决方案,于是美国交通部于 2004 年组织启动了车路集成系统(Ⅶ)研究项目,并针对车路集成技术研发制定了具体的发展目标。2008 年,美国交通部借第十五届智能交通系统世界大会在纽约召开之际,在纽约城市道路上开展了车路集成系统综合演示,展示了车路集成方法及其技术的先进成果。该演示吸引了国际上众多汽车厂商的参与,实现了不同品牌车辆的集成,展示了未来实现车路、车车数据实时交互、安全让行与避撞、自动驾驶等技术后可能拥有的应用蓝图。其后,针对车路协同技术对实时交通数据的迫切需求,美国交通部在总结车路集成系统开发和测试成果的基础上,于 2009 年 12 月推出了《美国智能交通系统战略计划(2010—2014)》即 IntelliDrive 项目,继续推进已有的车路、车车通信研究与实用化测试,开发和试验车载安全辅助系统,以期更好地获取和共享交通系统实时的运行、管理和应用数据,并进一步推进车路协同技术的发展和应用。

2012 年 8 月,美国交通部发布了《智能交通系统战略计划(2010—2014):2012 年进展》报告,对 2010 年版的智能交通系统战略五年计划进行了调整。在新版计划中不再使用名称“IntelliDrive”,而是改用“Connected Vehicle”作为车路协同相关技术的总称。战略计划中提到,“Connected Vehicle”总体研究已经进入示范阶段,面向安全的、基于 DSRC 的车路协同技术初步取得成效并建立了典型应用,需要将移动数据通信技术纳入智能车路协同系统构架中,并推进研究成果实现更大规模的产业应用。

2014 年 2 月,《美国智能交通系统战略计划(2010—2014)》宣告完成。在总结智能车路协同技术已有成果的基础上,美国交通部提出在全国范围内推动 V2V 通信与协同决策技术在轻型车辆上的应用,同时指出研究协同决策技术的重点是减少车辆行驶过程中的碰撞风险,以最大限度提高行车安全。同期,时任美国交通部部长的 Anthony Foxx 指出,“V2V 是继安全带、安全气囊之后的第三代安全技术,是维持美国处于全球汽车工业领导者地位的重要技术;目前可实现冲突预警,但未来将融合 V2V 和自车传感技术实现车辆驾驶的自动制动”。同年,美国交通部还发布了《智能交通系统战略计划(2015—2019)》,其发布标志着美国智能交通系统的发展战略,已从单纯的车辆网联化升级为车辆网联化与自动控制智能化并重的双重发展目标,包括提高车辆与道路安全性、增强交通移动性、降低环境影响、促进技术创新、支持信息共享等。由此,智能网联车辆正式成为智能车与智能交通系统的纽带,为车辆群体协同决策与控制的发展与应用做好了初步准备。

随着自动驾驶技术在美国的快速发展,2016 年 9 月,美国交通部联合美国国家公路交通安全管理局发布了《联邦自动驾驶汽车政策指南》,规定新的自动驾驶汽车必须满足安全评估要求的 15 个要点,旨在通过对自动驾驶汽车研究的引导与规范,为自动驾驶汽车的研发和应用提供必要的技术保障。同年,美国开始在多州积极推进无人驾驶车辆上路测试法规的制定,随后加利福尼亚州、密歇根州、俄亥俄州、佛罗里达州、亚利桑那州、宾夕法尼亚州、弗吉尼亚州、马萨诸塞州、内华达州等先后颁布了无人驾驶车辆上路的相关法规。在随后的三年间,美国多州开展了智能网联条件下的车辆自动驾驶与协同控制的概念设计、系统建造和测试分析,并开始了小范围内典型运营应用的测试验证。在此基础上,2018 年 10 月,美国交通部发布了新版联邦自动驾驶车辆指导文件《自动驾驶汽车 3.0:为未来交通做准备》。该文件以《自动驾驶汽车 2.0:安全愿景》提供的指南为基础,支持将自动驾驶的安全、高效、可靠和经济集成到多联式跨界的地面运输系统中,致力于推动自动驾驶技术与地面交通多种运输模式的安全融合。

2.1.2 典型项目任务、建设与实施

1)车路集成系统(Ⅶ)与智能驾驶(IntelliDrive)项目

车路集成系统(Ⅶ)由美国联邦公路局、美国州公路与运输官员协会(American Association of State Highway and Transportation Officials,AASHTO)、各州交通局、汽车工业联盟、美国智能交通协会等一系列机构组织联合实施,是开展车路协同技术研究与应用的首个项目。该项目以道路设施为基础,致力于通过无线通信技术实现汽车与道路设施之间的信息交互与集成;计划项目实施后在美国公路上部署 25 万处数据服务节点,在 2 亿辆车上安装车载装置,实现减少路口碰撞、换道碰撞和追尾等交通事故,并提供实时的交通信息服务和电子收费。该项目原计划于 2005 年推出实用的相关产品,2008 年进行评估并决定是否在全国部署。根据项目的实际进展情况,2007 年美国交通部将评估和决策时间推迟到了 2010 年。

Ⅶ项目主要包括智能车辆先导(Intelligent Vehicle Initiative,IVI)、车辆安全通信(Vehicle Safety Communication,VSC)和增强型数字地图(Enhanced Digital Maps,ED-map)等内容,同时美国联邦通信委员会(Federal Communications Commission,FCC)还为车路通信专门分配了 5.9GHz 的频段,用于专用短程通信(DSRC),服务驾驶人安全辅助驾驶及车辆协同决策控制。随后,2009 年 11 月,美国交通部发布了《智能交通系统战略计划(2010—2014)》,作为美国智

能交通系统研究随后五年的战略指南，并同期将Ⅶ项目更名为 IntelliDrive 项目，再次强调协同决策在交通安全中的重要性。

IntelliDrive 项目是基于无线通信技术，通过开发和集成车载和路侧单元，构建起的一个较为完整的车路协同平台，为驾驶人在途行驶安全和车辆协同控制提供必要的信息支持，其实施的重点是保证在交通安全的条件下辅助驾驶人决策与控制，并为交通群体协同决策与控制技术研究的启动提供必要的数据基础。例如，在拥有自动驾驶车辆的情况下，多车实施协同决策后自动驾驶车辆会自动响应并进行相关操控，由此可以明显提高交通的安全性，并在相互协作的基础上实现通行效率的提升。同时，交通管理者、车辆运营商、交通出行者等还能通过该系统获得其业务、服务所需的相关信息，从而提供高效和优质的交通服务。

2）互联车辆（Connected Vehicle）项目

2012 年 8 月，美国交通部发布《智能交通系统战略计划（2010—2014）：2012 年进展》，同期启动互联车辆项目，并用“Connected Vehicle”作为车路协同相关研究的总称，替代了之前的“IntelliDrive”。

Connected Vehicle 项目启动后，短期内即取得了显著成就，其成果为交通群体协同决策与控制技术的研究奠定了良好的基础。项目完成的主要内容如表 2-1 所列。

美国 Connected Vehicle 项目研究内容 表 2-1

领　域	完成的主要研究内容和成果
安全	• 车车通信和车路通信安全技术和应用原型研究，并建立了相关的测试和演示系统； • 车路协同安全测试环境构建，展示基于 DSRC 的车辆安全应用； • 其他通信模式在车路协同系统中应用的分析和研究
政策	• 制定了技术转让、采购和实施方面的相关政策和解决方案； • 国家安全系统设计技术和体制模型研究
交通机动性、环境和道路气象管理	• 实时数据的采集和管理方法研究； • 新一代满足动态交通管理的应用系统开发； • 能够提供道路与天气信息的新型服务系统开发； • 面向环保的交通管理方法与技术创新成果研究； • 车辆数据转换器研究
车路协同下的协同决策	• 协同决策需要的关键技术和核心内容研发； • 智能网联环境下实现车路协同的相关标准制定； • 指定的相关标准纳入国际标准体系范畴

美国互联车辆项目实施的 2010—2012 年，也是世界范围内无线通信技术的快速发展期。其间，无线通信技术的不断提升和智能终端的快速迭代，为车辆之间或车辆与路侧单元之间的信息交互提供了有力支撑。无线通信技术作为智能网联环境下车路协同技术发展的基础，有力地促进了相关技术的提升和创新，并为其推广应用创造了前所未有的良好条件。

3）基于 DSRC 的示范项目

美国交通部认为 DSRC 技术是车路协同技术发展与实施的必然选择，其标准化进程始于

2004 年。其后的十余年，美国国家高速公路交通安全管理局（National Highway Traffic Safety Administration，NHTSA）力推面向交通安全应用的 DSRC 信息交互技术，重点采用基于车车通信的信息共享和协同功能，为消费者提供安全、高效、便捷的优质服务。管理部门计划相关技术实施后，在交通安全方面，希望中轻型车辆能够避免 80% 的交通事故，重型车避免 71% 的事故；在通行效率方面，希望交通拥堵能够减少 60%，短途运输效率提高 70%，现有道路通行能力提高 2 ~ 3 倍；在出行便捷方面，希望停车次数能够减少 30%，行车时间降低 13% ~ 45%，实现油耗降低 15%。总之，希望通过大力发展 DSRC 技术及其应用，提高交通信息交互的实时性和有效性，最终提高协同决策的作用和效率。

美国约有 10000 个城镇、城市、县和州，35 万个交叉口；经过多年的建设，目前在 26 个州部署有支持 DSRC 通信的 5300 余套路侧单元（RSU），18000 余套车载单元（OBU，包括前装和后装的 OBU）。2015 年 9 月，美国开始启动在怀俄明州、纽约、佛罗里达州的坦帕三地的基于 DSRC 的车路协同技术示范应用。示范应用系统启动后，2016 年 12 月完成了第一阶段的概念设计，2018 年 5 月完成了第二阶段的工程设计、系统建造和功能测试，目前已进入第三阶段的技术应用验证和系统运营维护。此外，网联自动驾驶技术研究和应用顺利的几个州也在积极进行基于 DSRC 的车路协同技术示范应用工作。如拥有美国最大自动驾驶试验场 GoMentum Station 的加利福尼亚州，建立了网联自动驾驶汽车与交通信号控制实验室，基于 DSRC/5G 技术开展了车路协同技术的相关研究和示范应用。

基于 DSRC 通信技术开展车路协同技术研究和示范工作，取得良好效果的单位和项目有怀俄明州交通局和纽约市交通局。

（1）怀俄明州交通局。

怀俄明州交通局（Wyoming Department of Transportation，WYDOT）牵头，围绕基于 DSRC 的车路协同技术研究和示范，专注于州际高速公路的运行和管理，开展了卓有成效的示范工作。项目沿 Ⅰ-80 高速公路部署了 75 套 RSU，400 套 OBU。其中 OBU 主要部署在商用车辆上，且至少 150 辆为重型载货汽车。项目重点关注 Ⅰ-80 东西走廊上货物运输的高效性和安全性。

建成的项目支持五种应用场景，包括典型的本地天气预警（Spot Weather Impact Warning，SWIW）和施工区提示（Work Zone Warning，WZW）等；安装的车载单元 Onboard HMI（Human Machine Interface）可以收到特殊预警信息（如极端大雾天气、道路施工等）、普通预警信息（如雨雪天气等）和一般交通信息（如限速信息、前向碰撞预警、车辆速度信息等）。

怀俄明州交通局希望通过收集车辆行驶数据、高速公路路况和天气条件信息，并给在途车辆提供实时的特定预警，减少高速走廊内因恶劣天气引发的交通事故（包括二次事故）和其他安全事故，以提高交通安全性并减少事故延误。

（2）纽约市交通局。

纽约市交通局（New York City Department of Transportation，NYCDOT）牵头，专注大型城市密集交叉口通行，围绕基于 DSRC 的车路协同技术研究和示范，启动了较大规模的示范应用项目,利用 V2V 和 V2I 技术的推广应用,以期提高城市居民的出行安全。项目在包括曼哈顿和布鲁克林区在内的三个区域实施,部署了 353 套 RSU,8000 套 OBU。其中 RSU 布置在曼哈顿大道(Manhattan Ave.)200 套,曼哈顿交叉口(Manhattan Cross)80 套,弗拉特布什大道(Flatbush Ave.)30 套,高速公路及受限特区(Freeway,District and Restricted Route,FDR)8 套及专用服务区(机场,渡口,交通枢纽)36 套;OBU 以后装形式安装在了 5850 辆出租车、1250 辆大都会交通管理局公共汽车、400 辆美国联合包裹运送服务公司(United Parcel Service,UPS)的载货汽车、250 辆纽约市交通局车辆以及 250 辆纽约市卫生部车辆上。

项目实施过程中,研究人员提出了一种基于 DSRC 的交通信号通行激励机制。与传统的基于摄像头和线圈感知路况的信号控制不同,当车道上行驶的安装有 DSRC 车载设备的车辆比例较高时,该机制可以为其赋予优先通行的权利,以提升交通信号控制的智能性。仿真实验表明,该机制可大幅提升路口通行能力,同时随着安装 DSRC 车载设备车辆比例的增加,交通管控的性能可得到进一步提升,进而可有效推动协同决策技术的应用。

V2I 技术可以支持车辆与路侧设备间的信息快速交互,并保证以路侧设备为中心的协同决策的实施。例如,针对没有严格的车道约束的交通场景,基于车路协同平台,研究人员提出的一种路网场景下基于车路通信的分布式交通信号控制方法,可以很好地解决复杂混合交通场景下的交通信号控制问题,有效提升通行效率。

2.1.3 发展趋势分析

2020 年 1 月 8 日,美国交通部在拉斯维加斯召开的国际消费电子展(International Consumer Electronics Show,ICES)上发布了美国政府针对自动驾驶汽车的最新指导文件《自动驾驶汽车 4.0:确保美国在自动驾驶汽车技术中的领导地位》(Ensuring American Leadership in Automated Vehicle Technologies:Automated Vehicles 4.0),有望为交通群体协同决策技术在车辆自动驾驶中的应用提供指导。

2020 年 5 月 6 日,美国交通部发布了《智能交通系统战略计划(2020—2025)》,介绍了美国智能交通系统未来五年的发展计划,由此看到了交通群体协同决策技术在美国交通应用中的迹象。涉及的相关内容包括以下三个方面。

(1)持续推进以自动驾驶车辆协同通行为重要发展方向的自动驾驶技术。将自动驾驶汽车中 V2X 支持的协同概念延伸至公交、货运物流,并推动港口、公路多模式多场景示范运营。通过强化公共和私营单位的跨部门合作,提升基础设施的连通性,着力推动美国自动驾驶技术基础研究、测试和商业应用继续保持世界领先,并优先在服务不足的区域提升交通可达性和移动性。

(2)提升国家层面的全局交通数据共享能力。打造数据生态系统,以数据交换为重点,研究数据交换共享机制,构建普遍性、一致性、可信赖的访问权限,完善 ITS 生态系统交通数据的访问和共享渠道,推动支撑协同决策的数据与自动驾驶、运输管理和公共服务等功能的集成,进一步提升同类或异类运载工具间的信息融合与协同决策水平。

(3)推进智能交通基础设施应用部署。随着美国将支持交通系统数据交互的通信技术DSRC扩展到5G,表明在美国,车路协同技术的实现将由此扩大所用通信技术的范围,交通信息共享的实时性、可靠性将得到有效提升,而围绕交通群体协同决策与控制技术的研究也将得到加速。

2.2 日本交通群体协同决策技术发展现状与趋势

2.2.1 日本交通群体协同决策技术发展简述

20世纪90年代末,日本智能交通系统的发展战略发生了较大变化,将研究重点从利用传统技术改善交通系统功能,转移到利用车路协同技术提高道路交通的安全性、畅通性以及节能减排上,同时注重基于车路协同的系统集成、决策控制、技术应用以及人性化交通服务,为交通群体协同决策与控制技术的发展奠定了必要的基础。

日本国土交通部是主导车路协同技术发展的重要部门,提供了开展车路协同技术研发的主要资金。早期的车路协同技术应用主要体现在个性化的行车安全与导航上。为此,日本政府采取了多种措施,有力推动了在智能化车辆安全、车路协同和辅助驾驶等技术方面的研发。日本开展的与车路协同技术系统相关的开发计划包括先进安全车辆(Advance Safety Vehicle,ASV)、驾驶安全支持系统(Driving Safety Support System,DSSS)项目和智慧公路(Smartway)等项目。

2006年,日本政府联合23家知名企业共同启动了“Smartway计划”。计划启动后,让日本交通管理部门看到了协同决策技术在解决未来智能交通问题方面的重要性,于是很快即被上升为国家计划并予以推进。该计划为日本车路协同技术的发展提出了明确的体系框架和建设目标,其目的就是要通过该项目的实施,整合日本ITS的各种功能,建立全国性的车载集成平台,借助以DSRC为主的多模式无线通信技术将道路设施与智能车辆连接成一个整体,构建协同决策技术多样化应用与服务的基础平台,提供车路、车车协同决策能力。

日本由此而推进的其他项目如ASV、DSSS、电子不停车收费系统(Electric Toll Collection,ETC)以及车辆信息与通信系统(Vehicle Information and Communication System,VICS)等都是在Smartway所构建的车路协同平台上开发而成,所提供的各类功能均基于相同的车载集成单元以及统一的车路通信环境展开,仅是各项目在功能与服务层面有所差别,并在不同程度上增加了基于车路协同的决策支持能力。目前,日本道路主干道已基本覆盖了自动收费、车路协同和出行导航等功能,未来的任务是继续深化其功能研发和普及应用,加强各功能系统的集成度,进一步拓展智能车载设备的服务能力,如物流车辆管理、公共场所出入管理、停车场收费和加油站缴费功能等;同时,通过智能基础设施的建设,完善车路协同系统平台集成,推进交通群体协同决策与控制技术的研究与应用,进一步减少事故、解决拥堵、提高效率,实现绿色交通的目标。

因此,当前日本车路协同系统建设的内容主要聚焦在平台建设和应用推广两个方面。一方面,政府与各大汽车和电子企业继续进行硬件的开发与推广,包括在全国范围内布设路侧接入点,提高车载终端的配备率,以及增加 ETC 等车路协同相关基础设施的布设率;另一方面,政府联合汽车和电子企业以及科研机构,在继续进行 VICS、ETC 和 DSSS 等系统研发、优化、测试与应用工作的基础上,正在全力推进基于车路协同的交通群体协同决策与控制技术的研究与应用。

随着自动驾驶技术的不断成熟,日本政府开始探索协同决策技术与自动驾驶技术相结合的可能性。2014 年,日本政府启动跨部门研发项目——自动驾驶系统战略创新推进项目(Strategic Innovation Promotion Program—Automated Driving for Universal Services,SIP-adus)。该项目旨在通过跨部门合作,完成与自动驾驶技术相关的基础理论、应用技术以及商业化研究。SIP-adus 聚焦能源有效利用、基础设施建设、区域资源分配三个主要方面展开相关研究,其中重点推进下一代基础设施建设,包括发展自动驾驶系统、增强基础设施的抗风险能力、重要交通基础设施的信息交互安全等,为协同决策技术的推进提供了基础设施保障,同时进一步探索了自动驾驶技术与协同决策技术结合的可行方式。

2015 年以来,日本政府加快推进自动驾驶技术的普及,并建立了全国通用的 V2X 系统。在该智能网联系统的支持下,自动驾驶汽车可以共享交通信息,并开始实现自动驾驶过程中的协同决策与控制。2017 年,日本政府联合汽车制造商,在人车流量较低的偏远区域的高速公路进行了自动驾驶汽车测试,研究分析实现自动驾驶单车智能和群体协同通行的实用性和可靠性。在随后的三年间,由丰田等实体企业主导,根据日本政府的产业规划,分别在东京、冲绳等地进行自动驾驶巴士的大规模实地操作测试,用以评估未来自动驾驶巴士上路和相关基础设施大面积部署的可行性。2019 年,日本政府推出 SIP-adus 的第二阶段发展计划。新阶段计划为期 4 年,旨在进一步提升自动驾驶汽车的上路能力、实现基于车路协同的自动驾驶及自动驾驶车辆的协同决策能力。

总之,日本政府在发展自动驾驶技术与协同决策技术时,注重与公共运输服务相关技术的提升,致力于通过推动发展自动驾驶技术,提供针对国内社会现存问题(如人口老龄化等)的解决方案。

2.2.2 典型项目任务、建设与实施

1)驾驶安全支持系统

驾驶安全支持系统(DSSS)是由日本国家警察署(National Police Agency,NPA)启动,并由

日本交通管理协会(Universal Traffic Management Society of Japan,UTMS)开发的基于车路协同技术的专用安全驾驶辅助系统,其目的是降低路口事故率、减轻驾驶员驾驶负担并提供辅助的安全驾驶信息。

2006年,DSSS系统启动,由5个研究机构承担相关研究工作。5个研究机构分别位于神奈川县(Kanagawa)、爱知县(Aichi)、枥木县(Tochigi)、广岛(Hiroshima)和东京(Tokyo)地区。其中,前4个研究机构主要负责系统设计和特定技术的研发,而东京的机构则更多地负责系统的集成和测试。参与DSSS研发的单位中,除了UTMS外,还有6个汽车企业以及23个电气公司。

DSSS系统主要由路侧单元和车载单元两部分构成,通过安装在道路上方的红外信标(离路面约5.5米)实现车路间信息的交互传输。系统利用各种智能传感器感知机动车、非机动车、行人以及信号灯等的状态,经融合处理后由红外信标发送到车载单元。从路侧单元到车载单元的下行数据主要包括道路形状、信号灯信息(如当前状态、绿灯剩余时间等)、交通标志信息(停止信息、避让信息等)、附近车辆信息、非机动车信息和行人信息等。当车辆通过红外信标时,车载单元通过车载通信天线接收下行信息,经融合处理后通过车载导航系统向驾驶人提供必要的安全驾驶提示。

DSSS系统的研发重点是检测技术、通信技术和驾驶安全提升技术等。针对道路实时状况的检测,DSSS提出了一系列相关的检测技术和处理算法,力求完成对道路上所有车辆、非机动车、行人等交通对象的准确跟踪和检测。在通信技术方面,随着射频识别技术(RFID)的广泛推广以及DSRC通信在车路协同系统中的应用,DSSS提出了适用于DSSS的车路通信解决方案,即在Smartway计划提供的开放平台环境下,DSSS与VICS等多个车路协同系统共用同一套通信信道。对于安全驾驶提升技术,截至2008年,DSSS已开发了大约20种相关子系统,这些子系统能够提供一种或多种提升安全驾驶的功能,通过在车载单元中的集成,利用规定的车路通信平台进行信息交互,部分技术已通过测试并开始得到推广应用。

DSSS项目是日本启动的具备车路协同概念的首个交通系统集成项目,为后续交通协同决策技术的研究奠定了良好的技术基础。

2)智慧公路计划

2006年,日本由政府和23家知名企业共同启动了智慧公路(Smartway)计划,整合已有的各项ITS功能,借助双向无线通信技术将道路与车辆连接成为一个整体,形成车路协同系统环境,即构建形成了Smartway与Smartcar相呼应的道路协同管控系统,以减少交通事故和缓解交通拥堵。2007年Smartway完成了东京场区公路实验,2009年3月完成了大规模测试后开始在3个都市区实施。

Smartway是日本ITS发展到一定阶段的产物,所定义的车路协同平台,本质上是指通过无线通信方式将车辆与道路设施连接后所形成的系统,为基于车路协同的协同决策技术的引入和实现提供了集成环境,由此派生了一系列应用系统。事实上,Smartway项目的推出为ITS提供了一个开放的平台,该平台包括DSRC通信模块、智能车载单元、数字地图和路侧传感器等。

基于该开放平台，协同决策技术的应用可以直接服务于机动车、驾驶人、交通管理部门、应用服务商等。

2008 年，Smartway 计划要求车载单元具有足够的集成性，能够支持各类 ITS 服务，如 VICS 和 ETC 所提供的服务以及其他道路服务应用，由此构成的车载单元形成开放平台，服务提供商们可以利用这个平台进行相关车载服务系统的开发；其次，Smartway 须能够支持移动、DSRC 和 FM 多路广播的通信模式，以满足不同服务功能的需求；此外，在 Smartway 的智能道路设施建设过程中，有效布置了车路协同系统接入点（ITS Spot），配备相应车载单元的车辆能够通过该接入点接受众多基于车路协同平台的交通服务。

Smartway 项目建设至 2011 年 3 月，日本境内已有超过 1600 个地点部署了车路协同系统接入点（主要分布在高速公路），配备有 VICS 车载设备的车辆已达 3000 万辆。项目的不断建设，为交通群体协同决策与控制建设的研究和应用，在技术、系统和平台方面奠定了良好的基础。

近年来，Smartway 项目主要集中在 ETC2.0 的建设上。ETC2.0 将以前的车载单元、通信系统（VICS）、ETC1.0 和车载导航系统整合，并以数千米的间隔设置路侧单元，构建了世界上第一个基于 DSRC 的，可实现大容量、双向通信的车路协同系统。同时，项目在无线通信技术方面也得到了拓展，除已在超过 10 万辆的丰田车辆上安装了支持 DSRC 通信的车载终端，并使其在 ETC2.0 实施中得到升级使用外，日产、爱立信和大陆集团等企业于 2019 年 12 月更完成了日本首次蜂窝车联网技术（C-V2X）综合实验，标志着日本服务于车路协同系统的通信模式也从 DSRC 模式向蜂窝通信模式拓展。

2020 年 6 月，日本国土交通部公布的《2020 年日本国土交通白皮书》称，在日本 ETC 普及率已超过 90%，ETC2.0 普及率已达 20%，系统已具备进一步提升协同服务能力的条件。相比基于 ETC1.0 构建的系统，ETC2.0 车载终端可以与全国高速公路上安装的约 1700 个 ETC2.0 路侧单元进行双向信息交互，一方面可以接收来自路侧单元的实时道路状态信息，为车辆在途路径选择提供诱导信息；另一方面也可以向路侧单元上传车辆操控状态、行驶路径、紧急制动等运行数据，在应对道路拥堵、提高驾驶安全性和智慧性方面发挥着重要作用。在此基础上实现的 Smartway 系统，已可以实现基于车路协同的交通群体协同决策与控制的初步功能。

3）战略创新推进项目（SIP-adus）

2013 年 10 月，日本国土交通部下属的自动驾驶系统委员会公布了发展自动驾驶系统的方针路线。该方针规划于 2020 年初完成在高速公路自动驾驶技术的部署。方针公布第二年，日本政府即颁布了自动驾驶系统计划并宣布成立针对自动驾驶技术的战略创新推进项目 SIP-adus。

2015 年，在日本政府每年发表的日本振兴战略修订案中，首次将自动驾驶汽车列入战略修订案中，并呼吁分析日本自动驾驶技术领域目前存在的问题、采取必要的行动，以确保日本在该领域的竞争力，并解决面临的相关社会问题（如交通事故、老龄化等）。

SIP-adus 项目是车路协同技术与自动驾驶技术相结合的产物，日本政府提出的自动驾驶技术路线，本质上更多地基于车路协同平台，在研发单车智能自动驾驶技术的同时，积极推进基础设施建设以支撑车路协同技术的发展，为探索协同决策技术的应用奠定了良好的基础。

SIP-adus 项目依托丰田公司，主要实现三个目标：减少交通事故的发生并缓解交通拥堵；尽早推进自动驾驶技术的落地应用，以期自动驾驶技术走在世界前列；发展先进的、基于自动驾驶的公共巴士系统，重点服务年长和残疾人群。

2017 年开始，日本政府先后在日本境内多地开展了自动驾驶迷你巴士的实地大规模道路测试。截至目前，日本已在东京、冲绳、郡上、长冈、大津等 18 个市县进行了自动驾驶迷你巴士的实车测试，包括技术验证、可行性和商业模式研究等。其中，日本政府在高富市布设了长达 20km 的自动驾驶巴士的服务线路，探究自动驾驶巴士落地的商业运作模式；在枥木县布设了 2km 的自动驾驶巴士路线，验证自动驾驶巴士的技术成熟度。

2020 年，日本政府在 SIP-adus 的规划中进一步提出将基于车路协同的自动驾驶技术作为新阶段的研究重点，组建了若干工作坊集中研讨，加快探索自动驾驶汽车协同决策技术。研讨分 8 个主题，力图从多角度全面覆盖基于车路协同的自动驾驶技术内容，主要包括区域实现、服务与商业应用、动态 3D 地图、网联技术、安全保障与信息安全、人因分析、影响力评估等。

2.2.3 发展趋势分析

2021 年 6 月 17 日，日本智能交通委员会发布了智能交通系统发展《第四次中期计划（2021—2025）》。在继承《第三次中期计划》中确定的解决少子老龄化、能源节约、经济增长与安全保障四个社会问题发展目标的同时，本次计划提出要从社会层面的服务需求和多元化的个人价值观出发，重新探讨解决交通问题的价值定位，并聚焦于改善交通信息共享程度、提高交通运输鲁棒性、增强物资支援能力，进一步推广普及自动驾驶车辆，提升自动驾驶车辆协同能力，提高交通效率，保证出行安全，并适应老龄化社会的交通服务行业需求。显然，该次中期计划的全面实施，无疑将增加未来交通系统对交通群体协同决策与控制技术研究的需求，为其广泛应用铺平了发展道路。

2.3 欧洲交通群体协同决策技术发展现状与趋势

2.3.1 欧洲交通群体协同决策技术发展简述

欧洲智能交通系统的相关研究和应用与美国、日本同期起步，其研究和开发主要由官方（欧盟）和民间（企业）并行进行，而其基于车路协同技术的协同决策技术则是近几年才发展起来的。

交通系统协同决策技术的发展需要依托车路协同系统建设。欧洲国家国土面积较小，跨国交通出行十分常见，因此其车路协同技术主要从大欧洲及洲际的角度出发得到发展，在欧盟诸国的共同参与下得以推进；其次，在支持协同决策技术的信息安全交互上，欧盟的思路是尽可能兼容已有的通信制式；此外，在发展车路协同技术的过程中欧盟非常注重协议和标准的制定，欧洲ITS组织欧洲智能交通协会（European Road Transport Telematics Implementation Coordination，ERTICO）的主要工作就是集成、协调和制定相关标准，以保证欧洲的车路协同系统能够最大限度地支持各种车载通信设备，具体应用系统的设计和实现则主要由汽车厂商推进实现。

2003年9月，ERTICO提出了电子安全（Electronic Safety，eSafety）的概念，标志着欧洲车路协同系统的研究正式启动。eSafety的主要目标是充分利用先进的信息和通信技术（Information and Communication Technology，ICT），加快交通安全系统的研发与集成应用，为交通协同决策技术的实现提供全面的解决方案。该计划除了开发自主式的车载安全装置外，还强调车与路进行协同的合作方式，即基于车车、车路通信技术获取道路环境信息，通过车车以及车路协同合作方式实现交通群体协同决策与控制。

协同决策技术应用重点之一是解决交通安全问题。当前，欧盟在交通群体协同决策与控制技术方面的研究与美国和日本类似，其发展战略也转移到了交通安全上，重点研究道路交通安全的体系框架和标准、交通通信标准化和综合运输协同技术等，以着力推动综合交通运输系统和安全技术的实用化。在不同的合作框架下和不同合作者之间，欧洲围绕面向交通安全和通行效率的车路协同技术与系统研发，启动了8个重要计划，希望通过这些计划的实施，扩展车载设备的功能和车路协同技术的应用，探索群体协同与控制的可能性，最终提升交通效率、缓解交通拥堵、改善交通安全、提高交通控制和管理水平。这8个计划及主要研究内容如下 。

（1）CVIS计划（车路协同系统，Cooperative Vehicle-Infrastructure Systems），CVIS计划构建的是基于车车通信和车路通信的车路协同系统，它服务于交通效率和交通安全需要，在全面分析影响协同驾驶因素的基础上，为驾驶人在决策过程中提供高质量和丰富的车辆自身行驶状态和路况实时信息，扩大驾驶人对周边环境的时空感知范围，提高路网通行效率、缓解交通拥堵状况，改善交通安全。

（2）SafeSpot计划（促进道路安全的车路协同，Cooperative Vehicles and Road Infrastructure for Road Safety），主要侧重面向交通安全实现动态的车路协同管控，通过将车辆和路侧单元作为信息的发送和接收端，利用多模式无线通信技术构建的通信平台实现交通安全信息的共享。

（3）Coopers计划（智能道路安全协作系统，Cooperative Systems for Intelligent Road Safety），聚焦研发面向智能道路安全的车路协同系统，其核心技术包括基于安全的交通管理和信息服务、路侧单元接口的集成和扩展、车路双向通信链路、交通控制中心应用等。Coopers计划中车辆群体协同时重点考虑的影响因素是保证安全条件下的交通管理，以及车队协同驾驶过程中提高交通管理的效率。

（4）COMeSafety计划（通信安全，Communication for eSafety），主要完成基于主动安全技术

的车路协同系统的实现和推广，重点研究车路协同系统的实施和部署标准化问题。

(5) SEVECOM 计划（安全车辆通信，Security Vehicular Communication），主要完成交通通信系统中的漏洞调查、攻击检测和风险分析等，并在综合分析的基础上确定其安全性。

(6) Drive C2X 计划（实现欧洲道路上安全、舒适、绿色驾驶的车辆互联，Connecting Vehicles for Safe, Comfortable and Green Driving on European Roads），主要研究面向效率、安全、环保和舒适的车路协同系统，它们主要是在以上几大计划的基础上，侧重对研究成果的大规模实地测试。

(7) PRE-DRIVE C2X 计划（DRIVE C2X 的前期准备，Preparation for DRIVE C2X），与 Drive C2X 计划类似。

(8) C2C-CC 计划（车车通信联盟，CAR 2 CAR Communication Consortium），是专注于车车通信系统的实证测试，通过实车试验探索车辆之间协同的现实意义，并就欧洲车路协同系统开放式标准的研发开展相关工作。

这些计划的成功实施，为未来交通群体协同决策与控制技术的研究和应用奠定了必要的技术基础。

此外，欧洲在车路协同系统的通信协议和数据标准制定上一直处于国际领先水平。欧洲通信标准研究所（European Telecommunications Standards Institute，ETSI）基于 CVIS 和 SafeSpot 计划的实验结果，颁布了 ETSI EN 302 665 V1.1.1(2010-09) ITS 通信架构等一系列的欧洲标准，其中 ETSI EN 302 665 给出了系统的通信框架和协议栈构成。在信息交互标准方面，由欧洲 ITS 协会和 ETSI 共同完成了用于车路协同系统集成的中长距离连续空中接口（Continuous Air Interface for Long and Medium Distance，CALM）标准，提供了集成现有协议的框架和方法。CALM 支持车车、车路之间通信，可在最大程度上支持现有通信制式的相互兼容，包括红外、2G/3G/4G/5G、LTE-V、DSRC、802.11 系列技术、WiMax、IEEE802.16e、卫星、微波（63GHz）和蓝牙等通信制式。

2.3.2 典型项目任务、建设与实施

1）协作式车路系统

协作式车路系统（Cooperative Vehicle-Infrastructure System，CVIS）计划是智能交通和汽车电子相互促进、相互交融的产物，车车和车路通信技术的应用使得道路通行效率和道路交通安全得到了极大改善，也为交通系统的协同决策技术研究与应用提供了发展空间。

基于车车通信使得车辆能够实时获取道路环境、其他车辆运行信息，从而大大改善对驾驶环境的感知，是车辆群体协同决策的基础；基于车路通信使得交通管理部门能够实时获得车辆和路况信息，可保证整个路网的安全和高效利用，并使得交通事故和危险状况的响应更加及时；基于车车和车路通信使得车辆和路侧单元能够获得更为丰富的环境信息，从而依据更全面的道路交通状况实施交通群体协同决策与控制。

该计划的主要目标是建立欧盟统一的车路协同技术平台,使得车载和路侧单元能够通过多种通信模式实现信息交互;提供一种宽泛的服务方式,使得车载和路侧单元能够在开放的应用框架上得以运行;定义和构建一个开放的体系框架,使得车路协同系统核心组件的研制和应用程序的开发能够顺利进行;解决系统实施中可能存在的诸如用户接受度问题、数据保密和安全问题、系统开放性与协同性问题、风险和兼容性问题、成本与收益问题、政策法规需求问题等。

CVIS 计划主要涵盖协同、技术、应用和示范四大任务。

(1)CVIS 计划涉及的系统协同任务包括网络协议管理(IP Management)、核心体系架构(Core Architecture Group)和系统部署推广(Deployment Enabler)三部分。网络协议管理由核心架构研究小组负责技术设计,并在项目协调人的指导下开展相关研究工作。核心体系架构为整个 CVIS 项目的网络协议提供技术协调和综合研究,包括为不同子项目的任务提供模板,保证不同子项目之间实现无缝对接;研发高级系统架构,保证各子系统的兼容;维护统一的技术手段,保证各子项目采用一致的技术实现方案。系统部署推广的任务主要支持核心技术的研究工作,并为诸如系统推广、运营维护、服务水平等非技术问题提供支持服务。

(2)CVIS 计划涉及的系统技术任务包括车路协同环境下通信与网络技术的研发、开放应用管理框架的设计,以及定位与测绘技术的开发。

(3)CVIS 计划涉及的系统应用任务包括城市车路协同系统应用(Urban Cooperative System Applications)、城际车路协同系统应用(Interurban Cooperative System Application)、海运和航运协同系统应用(Cooperative Fleet and Freight Applications,CF&F)和协同监测系统应用(Cooperative Monitoring,COMO)。城市车路协同系统应用主要包括基于车路协同系统的路网管理、路径选择、交通控制、车道分配等应用;城际车路协同系统应用主要包括基于车路协同系统的驾驶人识别增强、辅助驾驶等技术的应用;海运和航运协同系统应用主要包括基于协同系统的危险品运输、物流配送优化、故障检测等技术的应用;协同监测系统应用主要包括车辆监测、道路监测和环境监测等技术的应用。

(4)CVIS 计划涉及的系统示范任务主要是针对 CVIS 各项应用的大范围实地测试,主要涉及法国、德国、意大利、荷兰、比利时、瑞典和英国等多个国家和地区,还有针对多项技术集成应用的相应示范。

目前,CVIS 计划为道路交通的所有者、管理者和使用者带来了一种颇具发展前景的交通服务方式,在此基础上实现的基于车路协同的交通群体协同决策与控制技术,是解决交通效率、安全和环保问题的有效方案,将对未来智能交通系统的发展带来革命性的变化。

2)智能道路安全合作系统

智能道路安全合作系统(Coopers)计划为期 48 个月,由欧盟委员会(信息社会和媒体总局)在第六框架计划下实施资助,来自欧洲 15 个国家的 37 个合作伙伴在奥地利科技公司的协调下参加了该计划。该计划于 2006 年 2 月启动,2010 年结束,旨在提高欧洲高速公路的道路安全水平。为此,该计划确定了安全相关服务设备和应用的开发和测试任务。

Coopers 计划实施的重点是开发高速公路基础设施的远程信息处理能力，通过采用多模式无线通信技术支持的 V2I，将高速公路上的车辆与道路基础设施连接起来形成车路协同的整体，为驾驶人提供车辆周边实时的交通安全信息；同时，将车辆作为浮动传感器收集交通状态信息，为车辆群体协同提供道路环境信息，最终实现车辆与高速公路基础设施之间的“合作性交通管理”，即依靠路侧设备实现交通群体协同决策。这是欧洲 ITS 在基于车路协同平台实现交通协同决策技术应用方面的重要体现。

此外，Coopers 计划还开发了 V2I 双向通信链接技术，以实现开放的标准化无线通信，并在高速公路基础设施上得到广泛应用。

3)欧洲环保型道路安全列队行车项目

欧洲的车路协同研究和应用以安全环保为主要目标，涉及车辆列队控制的项目有环保型道路安全列队行车(Safe Road Trains for the Environment，SARTRE)和 KONVOI(德语：车队)项目。

2009 年 9 月，欧盟启动 SARTRE 项目，重点研究在传统高速公路上实施道路队列行车(Road Train)的可行性，即在存在其他道路使用者的情况下，如何实现列队通行，并在长距离列队行车驾驶过程中解放驾驶人。公路队列车队由一辆领航车和若干跟随车组成，跟随车辆使用传统的基于摄像头和雷达的安全系统，完成对领航车及周围车辆的感知，并借助无线通信实现信息共享，使车队中的所有车辆保持“模拟”领航载货汽车的动作，完成对自身车辆加速、制动和转向等的操控。2012 年，该项目在西班牙巴塞罗那附近的高速公路上进行了示范演示。3 辆沃尔沃轿车和一辆沃尔沃载货汽车参与了演示，在 85km 时速下，车队在沃尔沃载货汽车领航下仅以 6m 的间距列队行驶，完成了无人驾驶车队列队控制的测试验证。

2005 年到 2009 年间，德国亚琛工业大学的科学家团队承担 KONVOI 项目研究任务，开发了由 4 辆重型载货汽车组成的车队，研究车队协同决策对提高运输能力，减少能耗的效果。开发的实验车队专门用于高速公路测试，领头载货汽车由一名驾驶人驾驶，其后跟随 3 辆间距为 10m 的自动驾驶载货汽车。所有自动驾驶载货汽车均由执行机构、传感器、V2V 通信单元、控制单元和驾驶人信息系统组成。每辆载货汽车还配备有摄像头识别车道标记，以确定自车在车道内的位置。在驾驶人信息系统的帮助下，载货汽车驾驶人可以规划车辆行驶轨迹，选择经济性良好的车队加入，并且初始化列队操控过程，以实现车队的构建和解散。

以上项目中自动驾驶的技术路线虽然采用的是单车智能的自动驾驶，而非车路协同的自动驾驶，但却是在车路协同环境下首次完成了多辆自动驾驶车辆间的协同控制，是交通群体协同决策与控制技术的有益尝试。

4)自动驾驶感知控制项目

自动驾驶感知控制项目(Automated Driving Aware Traffic Control)由沃尔沃汽车(Volov Cars)、爱立信(Ericsson)、卡门塔(Carment)、瑞典交通管理局(Trafikverket)和哥德堡市联合出

资资助,并共同开展相关研究开发。该项目开始于 2017 年 9 月,其目标是为自动驾驶车辆提供公用交通控制云,通过在车辆、道路设备、设备服务机构与城市管理机构间建立通信接口,提供交通对象间的信息共享,从而实现基于 V2I 和 V2V 的协同感知与融合处理。

自动驾驶感知控制项目由中央交通控制(Central Traffic Control,CTC)云、设备制造商(Original Equipment Manufacturer,OME)的云和车辆与道路数据源构成。该项目以 Volov 公司的 Drive Me 自动驾驶项目为基础展开。Drive Me 可提供 L4 级自动驾驶功能,当车辆处于安全状态时将工作在自动驾驶模式;当车辆无法判断当前道路环境情况时,则会实施安全停车或将控制权移交给驾驶人。自动驾驶感知控制项目利用装配有 Drive Me 系统的车辆,在特定的封闭路段开展相关试验测试,在恶劣天气或复杂交通情况下允许驾驶人接管驾驶控制权。随后,项目将允许不同 OME 在不同道路环境下开展实车试验,并将不断扩大试验车型,完成对不同类型、功能的自动驾驶车辆的试验测试。

在目前常见的自动驾驶项目中,每个 OME 都拥有自己的交通控制云,以实现与自有车辆的信息共享与控制,但不同 OME 的车辆对于交通状况和天气条件信息的需求是相同的。因此,自动驾驶感知控制项目仍保留了 OME 云对 OME 车辆的控制能力,同时建立了一个公用中央交通控制云,以公有数据库和 OME 合作的形式,为不同 OME 收集各类有价值的信息,并实现不同 OME 云间信息的互通。公用中央交通控制云具有发布、订阅和请求、响应机制,可为不同 OME 提供个性化的服务;同时,还可利用交通控制器监控道路上的交通状况,当异常事件出现时通过触发 OME 云发布预警信息。

自动驾驶感知控制项目是基于车路协同的交通群体协同决策与控制技术在现有执行项目中的尝试,其应用和推广表明了协同决策技术的重要应用价值。

2.3.3 发展趋势分析

欧洲在发展基于车路协同的协同决策技术中非常注重影响协同效果的通信协议和标准的制定,并且与美国交通部门合作,制定全球范围内统一的智能车路协同系统通信协议。为此,欧洲和美国成立了欧美标准协调工作项目组(EU-US ITS Task Force Standards Harmonization Working Group),在完成欧美通信标准的异同分析、通信标准的协同性测试、车路协同信息的标准发布等工作的基础上,专门负责全球车路协同通信协议标准化的制定。世界范围内统一的车路协同通信协议的建立,有助于推动不同品牌、类型的车辆在未来交通系统中的集成,对混合交通环境下的协同决策技术研究和应用具有重要意义。

通信协议和标准不仅需要覆盖不同的通信模式,更需要考虑不同通信模式下已有车路协同系统的应用成果,包括支持具有多交互模式(单一传播、广泛传播、地域群播)、多网络模式(单跳、多跳)、多交互尺度(大范围、中范围、小范围)、多交互频率(频繁交互和非频繁交互)、多交互方式(车车交互、车路交互、远程车路交互)、多会话模式(个体间会话、单播本地会话、单播远程会话)、多协议类型(消息模式、互联网协议)等特性的需求。更重要的是,制定的全球统一标准还应该能够支持不同应用和服务在统一的协同平台上实现信息共享,并支持未来车路协同环境下交通群体协同决策与控制技术的应用。

5G 技术的发展也为欧洲交通系统的车路协同技术提供了发展机遇。蜂窝车联网技术(C-V2X)包含 LTE-V2X 和 5G-V2X,其中在 LTE-V2X 方面中国介入较早,且具有自主知识产权;5G-V2X 现由各国竞相参与。尽管美国交通部在 2014 年就将 DSRC 确认为 V2V 的标准,欧洲和日本也都采用过 DSRC 标准,但随着应用场景的变化和通信技术的迭代,在智能交通系统中应用的通信模式得到了扩展,并得到了多数国家和地区的认可。C-V2X 作为后起之秀,虽然起步较晚,但由于蜂窝通信技术具有可移动性、可靠性强,更为重要的是 C-V2X 具有前向兼容性的 5G 演进路线,可支持自动驾驶和群体协同决策与控制,目前已得到各国的高度重视,成为未来交通系统发展的首选无线通信技术。

目前,欧洲、美国、日本等地区使用的 V2X 技术正逐渐向 C-V2X +5G 技术转变。2018 年,日产、高通、爱立信、OKI、大陆集团和 NTT 等六家公司先后开展了 C-V2X 实验;2019 年 3 月,福特宣布将于 2021 年在中国量产首款搭载 C-V2X 的车型;2019 年 4 月,欧盟委员会发布授权法案,认可了 ITS-G5 标准并将其作为车车、车路通信的技术基础,同时允许使用 LTE 和 5G 蜂窝技术与远程设备和云进行数据通信。C-V2X 在世界范围内智能交通系统中的应用,为 5G 通信技术的广泛应用提供了发展机会,也为未来交通群体协同决策与控制技术的推广构建了良好条件。

2.4 我国交通群体协同决策技术发展现状与趋势

2.4.1 我国交通群体协同决策技术发展简述

交通群体协同决策与控制是车路协同技术的重要内容,贯穿智能车路协同系统发展的全过程。交通群体协同决策与控制研究工作的全面展开标志着车路协同技术已从系统关键技术攻关发展到了可以实际应用的新阶段,其成果将有效提升未来智能交通系统管控水平,尤其是在推进车路协同与自动驾驶的中国发展路线上发挥重要作用。

结合新一代互联网和传感器网络技术,从获取人、车、路环境的全时空交通信息出发,我国科学家在 21 世纪初同步提出了车路协同概念。我国的车路协同技术研究最早可以追溯到 2000 年国家 ITS 中心在车辆协同领域开展的相关研究。“十五”和“十一五”期间,在国家“以道路基础设施智能化为核心,以公路智能与车载智能的协调合作为基础,重视人的因素应用研究,促进人、车、路三位一体协调发展”的智能公路系统发展思路的指导下,相关研究机构及高校展开了与车路协同相关的基础性研究工作,如车辆安全辅助驾驶、车载导航、驾驶人状态识别、车辆运行状态监控等。通过一系列研究和开发，车路协同系统的体系框架设计从特例试验转变为应用场景和通信协议的标准制定；车车、车路通信模式实现了从单一的通信模式转变为多模式互补与融合；车载终端的一体化研发从单目标控制转变为多目标控制。上述成果在典型场景的应用中带动了我国车路协同关键技术的发展。

2006 年，我国首个智能交通领域的国家重点基础研究发展计划（973 计划）项目“大城市交通拥堵瓶颈的基础科学问题研究”启动，该项目基于对交通出行供需、控制与诱导以及群体行为等协同关系的分析，研究大城市交通拥堵的生成与演化机理。2012 年，第二个 973 计划项目“大城市综合交通系统的基础理论与实证研究”启动，其重点围绕我国超大城市、大城市多层次、多方式交通出行过程中的交通管理与协同控制开展相关研究，其中基于大范围的信息融合与集成的交通协同控制与一体化多式诱导理论与方法，是智能车路协同技术的具体体现，成为我国智能车路协同技术的基础理论和方法。

为全面促进我国智能车路协同技术的研究和发展，尽快赶上其他国家在该领域的研究，科学技术部（简称科技部）于 2011 年 9 月正式在国家高技术研究发展计划（863 计划）现代交通技术领域中，率先设立了我国第一个与车路协同系统相关的主题项目“智能车路协同关键技术研究”。该主题项目的设立，标志着国家启动了直接面向车路协同技术的攻关工作。随后，协同决策技术应用所依托的相关物联网及其在交通系统中应用的车联网，均列入《国家“十二五”科学和技术发展规划》，并作为重大专项得以推进；由科技部、公安部和交通运输部三部委筹划的《国家道路交通安全科技行动计划》结合物联网技术的发展和应用，进一步推进了智能车路协同技术在我国的发展；随后，科技部又先后启动了多个 863 项目，包括“交通状态感知与交互处理关键技术”“车联网技术”和“中等城市道路交通智能联网联控技术集成及示范”等，为智能车路协同技术与系统的应用和推广提供了支持和应用平台。2013 年，在教育部组建相关领域协同创新中心工作的指导下，由东南大学牵头，联合北京航空航天大学、同济大学、清华大学和公安部交通管理科学研究所（无锡）等单位，成立了江苏省现代城市交通技术协同创新中心；由北京工业大学牵头，联合北京交通大学、清华大学和北京市交通委员会等单位成立了首都世界城市顺畅交通协同创新中心。

“十三五”期间，科技部在“十三五”国家重点研发计划“综合交通运输与智能交通”专项中设立了车路协同相关基础理论研究、关键技术研发及示范应用建设等多个项目（如表 2-2 所列），同时国家自然科学基金委员会还设立了相关重点项目（如表 2-3 所列），加大对交通系统协同决策与控制基础理论和方法研究的支持。其中，由清华大学牵头，联合东南大学、同济大学、北京交通大学和长安大学等单位一起承担的“十三五”国家重点研发计划项目“车路协同环境下车辆群体智能控制理论与测试验证”，针对新型混合交通系统的自组织、网络化、非线性、强耦合、泛随机和异粒度等特征，研究复杂混合交通群体智能决策机理与协同控制理论，攻克车辆群体智能协同控制关键技术。项目预期可形成基础理论、关键技术、标准规范和测试验证等系列化创新成果，项目成果规模化应用后将取得良好的社会效益，可为提升我国道路交通管理与控制水平、引领世界智能交通发展奠定坚实的基础。至此，我国在基于车路协同的智能交通系统体系框架、多模式无线通信、交通环境协同感知、群体智能决策与控制、车路协同的自动驾驶和“五跨”（跨通信模组、跨用户终端、跨汽车企业、跨地图厂商、跨安全平台）互通互联功能集成等方面取得了整体国际先进、部分国际领先的卓越成果。

“十三五”国家重点研发计划中车路协同有关项目 表2-2

项目名称	项目牵头单位	项目主要内容
车路协同环境下车辆群体智能控制理论与测试验证	清华大学	研究复杂混合交通群体智能决策机理与协同控制理论，重点研究车辆群体智能协同控制关键技术，突破虚实结合的仿真分析和实车测试验证技术
车路协同系统要素耦合机理与协同优化方法	北京航空航天大学	研究智能联网混行条件下多车运动耦合、系统状态协同优化等机理，重点解决混行车辆交互运动轨迹化、车路环境高可信度模拟等关键技术
城市多模式交通供需平衡机理与仿真系统	东南大学	研究城市综合交通系统协同规划设计与调控理论，突破多模式交通供需平衡分析与协同规划设计以及大规模多模式交通网络协同仿真关键技术
道路基础设施智能感知理论与方法	长安大学	研究道路基础设施性能状态智能感知、解译与调控的基础科学问题，突破道路基础设施多维智能感知等关键理论，为协同决策技术提供基础设施支持
冬奥会交通与安保协同管控体系	清华大学	研究冬奥会安保场景的区域交通与城市安全协同防控需求，重点解决数据互通、协同管控等关键技术
智慧物流管理与智能服务关键技术	青岛日日顺物流有限公司	研究物流运输多方式协同运行与集成服务技术，突破多主体协同多式联运、通过协同决策与控制解决智能制造供应链难点等技术瓶颈
大规模网联车辆协同服务平台	北京交通发展研究院	研究大规模网联车辆协同服务平台，攻克大规模网联车辆信息感知、融合互通、时空协同服务等关键技术
城市多模式交通系统协同控制关键技术与系统集成	公安部交通管理科学研究所	研究新一代大数据驱动、区域联动的城市交通智慧协同管控平台需求，攻克交通问题智能管控、精细协同治理等瓶颈问题
封闭和半开放条件下智能车路系统测试评估与示范应用	交通运输部公路科学研究院	研究智能车路系统测试的场景评估、场景布设及优化方法、强耦合复杂系统测试难题，为协同决策技术提供规模化的智能车路系统集成评估示范场地

国家自然科学基金委员会交通协同决策与控制相关重点项目 表2-3

项目名称	项目牵头单位	项目主要内容
大数据环境下的复杂城市交通系统预测与控制	北京交通大学	研究大数据环境下复杂城市交通系统行为预测与优化控制的理论和方法，解决区域路网的拥堵控制、路口交通数据的处理和信号控制等难点
车联网资源优化调度与车辆移动优化方法	上海交通大学	研究基于5G应用的车联网的体系构建、多域资源管控、协作式多层次车辆移动优化问题，重点聚焦移动复杂环境下车联网多域资源弹性调度与车辆协同移动优化等关键科学问题

续上表

项目名称	项目牵头单位	项目主要内容
极限工况下人-车-路闭环系统动力学建模与失稳风险辨识	清华大学	研究极限工况下考虑人-车-路闭环动力学建模、状态估计与失稳风险辨识等问题，攻克汽车主动安全控制等关键基础理论
基于数据驱动的控制理论及在大型复杂系统中的应用	北京交通大学	研究基于数据的城市交通状态、交通信号控制、交通系统评价、复杂系统控制等重要理论与方法，突破城市快速路信号控制、交叉口控制等关键技术

随着智能车路协同系统的进一步发展和推广应用，基于全时空交通信息的协同感知、融合和交互，实现交通群体协同决策与智能控制，并推进基于车路协同的自动驾驶中国发展路线，已成为我国智能交通的战略发展内容。国内依托智能车路协同技术及其系统建设的发展优势，基于车路协同的智能交通系统体系框架，在由多模通信、智能网联、信息安全及系统集成形成的智能车路协同系统构建关键技术，以及由大数据分析、协同感知、协同决策与控制及仿真测试验证形成的智能车路协同系统应用关键技术方面，开展了一系列相关研究，尤其是在交通群体协同决策与控制方面，提出了较国内外现有方法效果更优的策略。

2.4.2 典型项目任务、建设与实施

近年来，围绕智能车路协同技术与系统的研究，尤其是车路协同环境下交通群体协同决策与控制技术的研究，我国相关部门先后启动了多个重大项目。本小节特选择其中几个最具代表性的项目做简要介绍。

1)智能车路协同关键技术研究

“智能车路协同关键技术研究”项目是“十二五”国家高技术研究发展计划(863 计划)主题项目。由清华大学牵头，联合北京航空航天大学、同济大学、北京交通大学、东南大学、武汉大学、武汉理工大学、交通运输部公路科学研究院、中国汽车技术研究中心和长安集团 10 家单位共同承担，主要内容包括智能车载系统关键技术、智能路侧系统关键技术、车车及车路信息交互与协同控制技术、车路协同系统集成和仿真技术等。项目分五个课题开展研究工作。

(1)车路协同系统设计、信息交互和集成验证研究：开展车路协同系统架构设计和多模式车车、车路自组织网络信息交互技术研究，进行交叉口环境下车路协同典型应用系统的集成验证。

(2)车路交互式行车安全系统关键技术：研究基于车载传感器和车路协同感知的车辆与行人识别技术，以及基于车路协同的车辆安全控制技术，开发智能车载设备和车路协同主动安全控制系统，完成车路协同控制系统集成与验证。

(3)车车交互式协同控制系统关键技术：研究车车信息交互与融合技术、车车信息交互式冲突分析与危险辨识技术、车车冲突消解与协同避撞技术，完成车车协同控制系统集成与验证。

(4)车路协同系统交通协调控制关键技术：研究全时空交通信息采集处理技术和车路协调交

通控制模型、算法及实现技术，开发智能路侧设备，完成车路协调交通控制原型系统集成与实验。

（5）车路协同系统仿真、测试与验证关键技术：研究车路协同系统交通仿真、信息交互仿真和车路协同应用仿真技术，开发基于多分辨率的车路协同仿真平台，完成大范围车路协同应用仿真验证。

项目启动以来，在河北省廊坊市建立了基于真实道路场景的系统测试验证环境，设计了12个典型应用场景，以充分验证系统相关关键技术的可行性、可靠性、实用性和应用性。其中，5个路段典型应用场景包括：基于车载传感的路段行人识别和人车冲突危险辨识，基于车载传感的路段车辆识别和车车冲突危险辨识，基于车车交互的车辆换道危险辨识、预警、辅助决策，基于车车交互的车辆跟驰危险辨识、预警、辅助控制和基于路面状态的自适应车速控制；7个路口典型应用场景包括：基于交叉口交通信号的车辆安全通行，基于车车交互的交叉口车辆安全通行，基于车路协同的交叉口车辆主动避撞，基于车路协同的车速引导控制，基于路侧设备的交叉口行人识别、人车冲突危险辨识、交叉口突发事件辨识及定位和面向车队控制的车路协同信号配时。

项目结束后形成了我国的智能车路协同系统（i-VICS），标志着我国智能车路协同技术的发展已进入可实用的阶段。随后，经过相关单位的共同努力，在适合我国国情的智能车路协同关键技术的研究上，我国突破了车路协同共性基础技术和系统集成关键技术，建立了智能车路协同技术体系框架，研制出一批支持典型应用的系统装备，构建起我国基于车路协同的车辆主动安全和道路协同控制的技术基础，并产生出一批具有自主知识产权的产品与系统。

该项目还设计了我国车路协同系统结构并拓展形成了智能交通系统体系框架，它成为制定我国新一代智能交通系统体系框架的重要依据。项目还促成构建了基于车路协同的全新的自动驾驶技术体系框架与关键技术，目前基于车路协同的自动驾驶已被采纳，成为我国发展自动驾驶的国家策略与技术路线，即智能车、智能路和智能交通相结合的车路协同自动驾驶。作为解决网络化复杂交通系统运营管理的新理论与新方法，该项目的研究、建设和应用已列入国家《交通强国建设纲要》，也成为近期我国道路交通领域新型基础设施建设的重要内容，其推广和应用为车路协同环境下交通群体协同决策与智能控制技术的研究提供了真实的应用环境。

2）车路协同环境下车辆群体智能控制理论与测试验证

“车路协同环境下车辆群体智能控制理论与测试验证”项目是“十三五”国家重点研发计划“综合交通运输与智能交通”专项的基础研究类项目。项目由清华大学牵头，联合东南大学、同济大学、北京交通大学和长安大学等18家单位共同承担。项目面向未来车路协同环境下人、车、路异构交通主体构成的新型混合交通系统，针对其自组织、网络化、非线性、强耦合、泛随机和异粒度等特征，以车路协同环境为基础平台，以交通管理控制为应用对象，以仿真分析和实车测试为验证手段，重点研究复杂混合交通群体智能决策机理与协同控制理论，攻克车辆群体智能协同控制关键技术，为提升我国道路交通管理与控制水平、引领世界智能交通发展打下坚实的基础。项目下设5个课题，分别就群体协同控制系统与可信交互机制设计、人车运动态势感知与演化分析、混合交通群体智能决策与协同控制、大规模异构交通主体硬件在环仿真评估和全息交通状态重构与真实场景集成测试验证等方面开展研究。

(1)群体协同控制系统与可信交互机制设计:负责系统与功能总体设计,重点完成车辆群体协同控制系统设计、面向混合交通的车辆群体决策与控制机制研究、多模式交通信息可信交互机制与信息安全技术、车辆群体协同控制仿真分析与集成演示场景设计以及车路协同环境下异构交通系统与信息交互等,为仿真分析、实车测试和集成示范设计统一的研究环境和应用场景,并为各项研究任务提供统一的研究和应用平台。

(2)人车运动态势感知与演化分析:研究人车状态感知和信息关联匹配方法,建立高维感知信息的自适应关联匹配模型,提出准确完备的人车综合运动行为理解方法,实现对多交通主体运动状态、动作行为和运动态势的精确感知、预测和研判;利用大数据技术挖掘交通数据特性,分析不同时空条件、各类交通运行环境下混合交通流特征规律,研究运动态势推演与传播特性,构建路网承载能力动态分析方法,并评价混合交通群体运动态势演化效果。

(3)混合交通群体智能决策与协同控制:研究混合交通流基本特性与协同运行机理,攻克典型场景下多模式道路混合交通群体协同决策与优化控制关键技术,实现个体最优与系统最优之间的平衡,提出混合车辆群体全局协同决策与优化控制理论和方法以及混合车辆群体轨迹规划与协调优化控制方法体系,设计城市道路间断混合交通流协同控制理论与方法,构建快速路连续混合交通流协同控制策略,实现效率、安全及能耗等不同交通优化目标的协同控制。

(4)大规模异构交通主体硬件在环仿真评估:研究异构主体的动力学建模、协同决策建模、仿真场景快速构建方法、仿真资源自组织配置策略、群体行为效能评估等关键技术,攻克不同交通主体间深度认知理论、主被动仿真控制策略与"近零现场"仿真环境构建技术,突破仿真配置不灵活、测试场景受限制的瓶颈,形成完备场景测试集与多维度评估方案,构建场景全覆盖、虚实相结合的异构交通主体群体智能协同行为的全要素仿真分析与测试平台。

(5)全息交通状态重构与真实场景集成测试验证:构建车路协同系统全息交通状态多维紧致化空间,提出自主生成车辆群体协同控制性能复合测试方案,研究车辆群体协同控制性能测试结果分析与反馈方法,测试异构交通群体多模式交通信息可信交互性能和交通信息安全技术,建立车辆群体协同控制综合性能的测量与提升方法,设计车辆群体协同控制性能演示系统、虚实混合车辆群体协同控制智能演示平台,在封闭测试环境中对典型场景下异构交通群体协同控制性能进行集中演示。

项目启动后,构筑了交通状态计算、安全可信交互、协同决策控制和虚实混合验证 4 大层次化空间,深入研究了复杂混合交通全时空行为特征,凝练了车路协同环境下复杂混合交通群体智能决策机理与协同控制理论科学问题,在全息交通状态重构、群体运动态势识别、信息安全可信交互、智能决策协同控制、大规模硬件在环仿真和虚实结合集成验证 6 大关键技术上取得突破,并结合多模式交通信息可信交互测试验证系统、大规模异构交通主体协同行为仿真平台和虚实结合的异构车辆群体协同控制集成与测试验证环境的构建,开展包括无信号灯控制或无信号灯控制、超视距感知、自动驾驶车队、规模化复杂交通和大规模异构混合交通等应用环境在内的20个车辆协同决策与控制应用场景演示，实现对项目成果的集成测试验证。

项目预期可形成基础理论、关键技术、标准规范和测试验证系列化成果，同时完成多模式交通信息可信交互测试验证系统、异构交通主体群体协同行为仿真分析与测试平台和车路协同环境下异构交通主体智能控制测试验证环境的构建，并制定一系列国家和行业相关标准与规范。项目系统与技术产业化后将取得巨大的经济效益，项目成果规模化应用后将取得良好的社会效益，可为提升我国道路交通管理与控制水平、引领世界智能交通发展奠定坚实的基础。

3）车路协同系统要素耦合机理与协同优化方法

“车路协同系统要素耦合机理与协同优化方法项目”是“十三五”国家重点研发计划“综合交通运输与智能交通”专项的基础研究类项目。项目由北京航空航天大学牵头，联合清华大学、浙江大学、同济大学等14家单位共同承担。项目围绕驾驶人风险认知与反应特性、车辆交互运动耦合机理、网络交通流演化规律、时空资源和系统状态协同优化等关键科学问题展开研究，突破驾驶意图识别、车群运动轨迹优化、交通瓶颈识别与可靠性预测、车道资源-车辆轨迹-交通信号协同优化、车路环境模拟与交通流一体化仿真等关键技术，为我国车路协同系统的建设和发展提供机理性理论和方法支撑。

该项目重点研究车路协同环境下驾驶人认知机理与人机交互特性，探究车路系统耦合效应对驾驶行为的影响机理；研究网联与非网联车辆混行状态下车车耦合机理，车车、车路互联环境下交通系统协同运行优化方法；研究互联环境下网络交通态势演化规律和可靠性分析方法；研究驾驶行为与交通流一体化仿真理论与测试验证方法。

项目提出了车路协同平台下的相关控制优化算法。在单交叉路口协同通行方面，基于典型交叉口不同行驶方向车流间的冲突关系，提出了多车避撞条件和协同决策通过冲突区的准则；针对网联车辆在协同决策过程中存在的不确定性，提出了网联车辆与网联自动驾驶车辆混行时的多车协同决策通行方法，并仿真分析了交叉口流量水平恒定情况下混行渗透率变化对通行效率的影响。在路段行驶轨迹优化与引导方面，研究并确定了车辆在路段上的起始和终止条件，建立了网联自动驾驶车辆轨迹优化模型，可降低燃料消耗约15%；引入轨迹预测控制思想优化引导指令，指导驾驶人合理驾驶网联车辆。

为了验证混合交通环境下协同决策方法的正确性和仿真分析的有效性，项目组织在真实道路上进行了人工及自动驾驶车辆的混行测试。同时为满足实车测试需要，研发了多台模拟驾驶器与交通仿真系统相结合的混行交通实验系统，可模拟人工与自动驾驶车辆的感知、决策和操作，并共享交通状态信息和车辆操控信息等。

4）封闭和半开放条件下智能车路系统测试评估与示范应用

“封闭和半开放条件下智能车路系统测试评估与示范应用”是“十三五”国家重点研发计划“综合交通运输与智能交通”专项的示范应用建设类项目。该项目由交通运输部公路科学研究院牵头，联合公安部交通管理科学研究所、北京航空航天大学、长安大学、华为技术有限公司等22家高校及企业单位共同承担。项目从智能车路系统产品认证等重大需求作为研究切入点，研究“人-车-路-环境”强耦合复杂系统测试、智能车路系统集成测试等重要难题。

项目重点构建封闭与半开放条件下集成测试与测试评估系统，针对现实交通场景中道路具有多元、异构、混杂等特点，提出测试评估场景布设及优化方法；针对当前对智能车路系统测试评估装备无法满足大规模集成需求、缺少针对性设计等问题，研制信息交互专用集成测试、具体场地专用综合测评等装备；针对封闭条件下和半开放条件下测试智能车路系统的不同需求，设计专一性的优化测试场景，其中包括100个封闭条件下的优化测试场景、60个半开放条件下的优化测试场景。

项目为解决真实交通场景不可穷尽、难以可信复现等难题，提出了测试评估场景布设的相关智能优化算法、解耦控制框架与模糊参数自适应等创新方法。在研究柔性化场景的覆盖度评价方法中，建立几何覆盖度、功能覆盖度、最小冗余覆盖度等指标，完成模型驱动场景、自顶而下的柔性化场景构建。同时，为符合我国国情，项目提出了基于基元提取与半实物混合的柔性化智能车路系统测评场景布设与优化技术，并采用现代机器学习的降维与无监督学习方法，解决了封闭条件与半开放条件相结合的优化问题。

由此，项目可完成开发集成测试与综合评估平台和半开放条件下多尺度测评系统，建成封闭和半开放条件下智能车路系统集成测试评估示范场地，将极大推动车路协同环境下网联车辆或自动驾驶车辆在封闭或半开放条件下的规模化场景中的测试以及评估技术部署，同时也为包括协同决策在内的多种车路协同技术的测试与评估奠定了坚实基础，加速了协同决策技术应用的发展，提升了我国在智能车路系统集成测试方向的软实力。

2.4.3　发展趋势分析

纵观世界范围内车路协同技术的发展和应用过程，智能车路协同系统将成为道路交通系统的基础性公共平台，在此基础上实现大范围的车辆协同安全驾驶和道路交通协同管控，其基础理论研究、关键技术开发和实际系统应用，对未来智能交通系统建设和相关学科发展具有重要作用。

车路协同技术作为国内外现代智能交通发展的方向，已纳入国家《交通强国建设纲要》，是国家“十四五”期间智能交通建设的重要内容之一。随着“十三五”国家重点研发计划项目的相继完成，在车路协同相关基础理论研究、关键技术研发及示范应用建设方面将形成一批创新性成果，在进一步推进我国智能车路协同技术和系统规模化应用的同时，也将为车路协同环境下交通群体协同决策与控制技术的研究和应用，创造更为宽阔的发展空间。

未来，随着车路协同方法和技术研究的不断深入，新型复杂混合交通在状态感知、信息交互、协同控制和仿真验证层面，必将催生从低维传感器信息融合向多维网联协同感知，从离散交通主体主动、被动协同控制向大规模群体智能群策群控，从智能网联支持的实时信息交互向混合交通主体间的可信交互，从小规模运行效能仿真分析向大规模虚实结合与硬件在环仿真验证的衍化趋势，这个衍化过程也将成为智能车路协同系统研究和应用的重要内容。

第3章

CHAPTER 3

交通群体协同决策机制

3.1 交通群体协同决策场景

面向车路协同环境下新型混合交通系统的管控需求，考虑新型交通系统的自组织、网络化、非线性、泛随机、异粒度和强耦合等特殊属性，交通群体协同决策场景可划分为三类，分别为包含单个核心冲突区的匝道或路口场景、不包含核心冲突区但存在局部冲突的路段场景、由匝道或路口与路段共同构成的规模化路网场景。下面分别对三类场景进行详细介绍。

3.1.1 匝道合流场景

匝道合流区域为包含一个核心冲突区的场景，是高速公路上影响交通安全和交通效率的瓶颈区。匝道合流区域是重要的交通群体协同决策场景。如图 3-1 所示，匝道合流场景的主要冲突来源于匝道车辆向主道汇入时与主道车辆发生的合流冲突，针对这一冲突实施的交通控制可有效提升交通安全和效率。匝道合流场景的交通群体协同决策，其目标是调整主路和匝道上车辆的速度，消解车辆之间潜在的冲突，避免碰撞和交通拥堵，使两个车道的车辆安全、高效、有序地通过合流冲突区域。

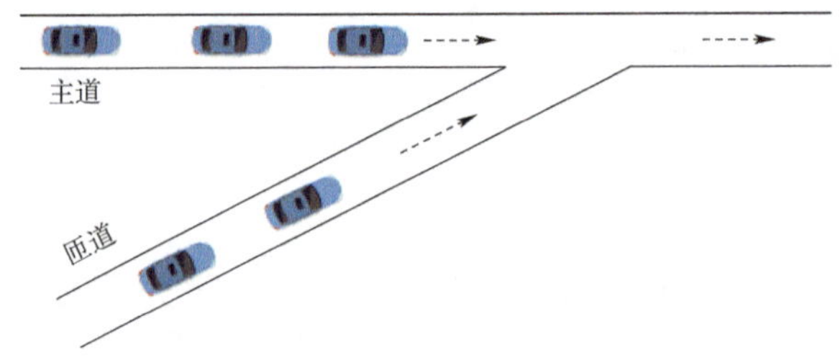

图 3-1　高速公路匝道合流场景示意图

3.1.2 路口通行场景

路口通行区域为包含一个核心冲突区的场景，是城市道路系统中影响交通安全和交通效率的瓶颈区。路口区域是重要的交通群体协同决策场景。

如图 3-2 所示，相对于匝道合流场景，路口区域的车车冲突关系更为复杂。路口区域的主要冲突来源于各方向车辆在争夺路口冲突区的通行权时发生的交叉冲突。路口场景的交通群体协同决策，其目标是调整各方向进入路口车辆的速度，消解车辆之间具有的潜在冲突，避免碰撞和交通拥堵，使得车辆安全、高效、有序地通过交叉口。路口区域车车冲突关系包含在四类场景中，分别为车辆进入路口冲突区时可能发生的追尾碰撞场景、车辆驶离路口冲突区时可能发生的追尾碰撞场景、车辆路口冲突区内可能发生的横向碰撞场景以及车辆能够同时进入交叉口冲突区域的场景。

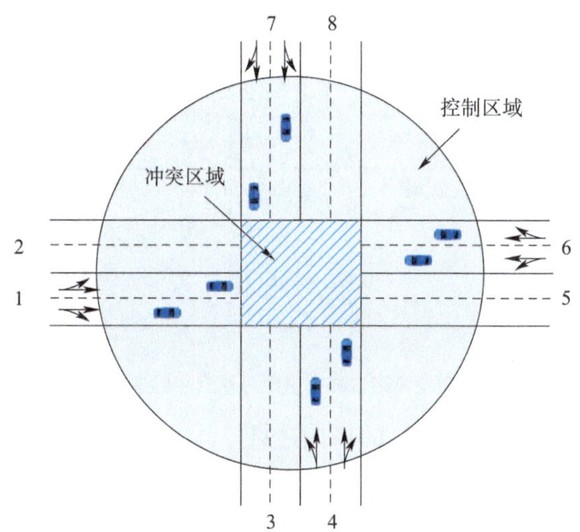

图 3-2　双向四车道交叉口示意图

(1)车辆进入路口冲突区时可能发生的追尾碰撞场景。

如图 3-3 所示，该图描述了同一车道的车辆在进入交叉口时可能发生追尾碰撞的场景。例如，同一车道上的车辆 1 与车辆 2 在进入交叉口时可能发生追尾冲突，同一车道上的车辆 3 与车辆 4 在进入交叉口时可能发生追尾冲突。

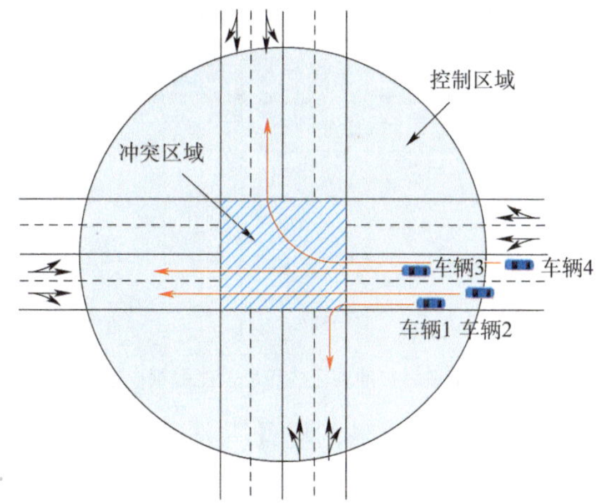

图 3-3　车辆进入路口冲突区时可能发生的追尾碰撞场景

(2)车辆在驶离路口冲突区时可能发生的追尾碰撞。

如图 3-4 所示，该图描述了具有相同目标车道的车辆在驶离交叉口时可能发生追尾碰撞的场景。例如，车辆 1、车辆 2 和车辆 3 具有相同的目标车道，因此，这些车辆在驶离交叉口时可能在目标车道发生追尾冲突。

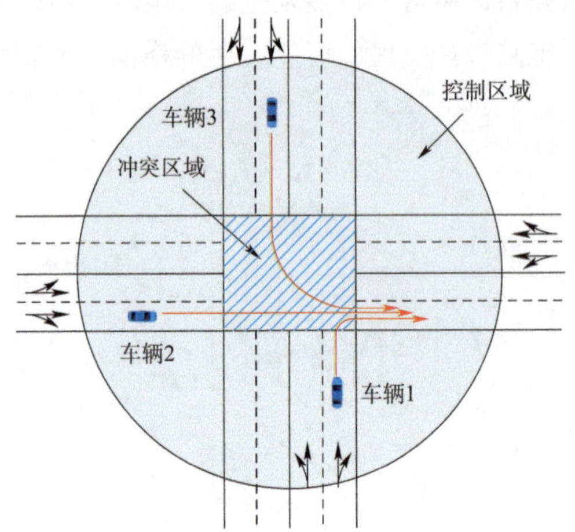

图 3-4 车辆驶离路口冲突区时可能发生的追尾碰撞场景

(3)车辆在路口冲突区内可能发生的横向碰撞。

如图 3-5 所示,该图描述了来自不同方向的车辆在进入交叉口冲突区时可能发生横向碰撞的场景,即车辆的行驶在路口冲突区存在交叉冲突。例如,来自不同方向的车辆 1、车辆 2 和车辆 3 中的任一辆车都与另外两辆车在路口冲突区可能存在横向冲突。

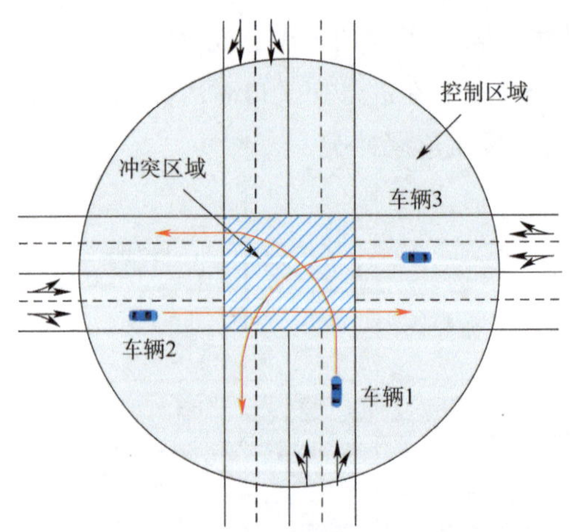

图 3-5 车辆在路口冲突区内可能发生的横向碰撞场景

(4)车辆能够同时进入交叉口冲突区域的场景。

如图 3-6 所示,该图描述了来自不同方向的车辆在进入交叉口时不会产生横向碰撞的场景,即车辆之间在路口冲突区的行驶轨迹不存在重合,因此,车辆可以同时进入路口冲突区。例如,来自不同方向的车辆 1 和车辆 2、车辆 3 在路口冲突区的行驶轨迹不存在冲突,因此,这三辆车可同时获得路口冲突区的通行权。

在此基础上,路口区域车车冲突关系还可进一步细致划分如图 3-7 所示。实际上,路口冲突区还存在若干潜在碰撞点,这些潜在的碰撞点可分为四种碰撞模式。

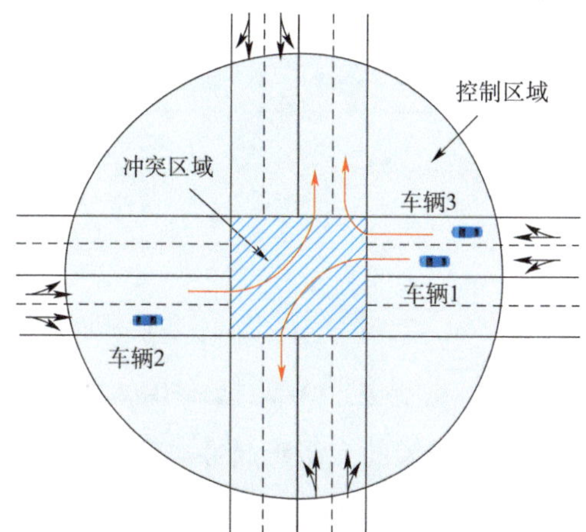

图 3-6 车辆能够同时进入交叉口冲突区域的场景

①直行-直行冲突：如 1-1 到 5-1 与 4-2 到 8-2；

②右转-直行冲突：如 1-1 到 5-1 与 4-1 到 5-1；

③左转-直行冲突：如 1-1 到 5-1 与 4-2 到 2-2；

④左转-左转冲突：如 1-2 到 8-2 与 4-2 到 2-2。

注：其中 5-1 表示 5 路段的车道 1，1-1 到 5-1 表示机动车从路段 1 的车道 1 行驶到路段 5 的车道 1。

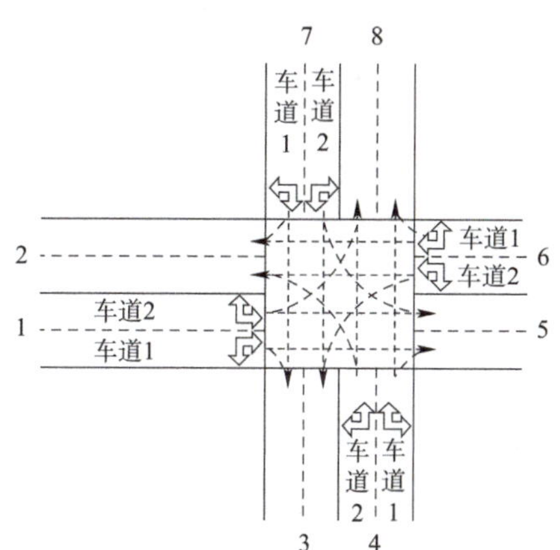

图 3-7 双向四车道交叉口冲突区潜在碰撞点示意

3.1.3 路段行驶场景

如图 3-8 所示，与匝道或路口场景不同的是，路段场景中不存在固定位置的核心冲突区，只存在相邻车辆之间的局部冲突。路段场景下的交通群体协同决策的目标是维持车辆队列的稳定性，即在各种交通环境（如头车突然加速、减速、停车、变道等）下，车队中的车辆保持队列稳定（如保持恒定车速、车距等）。另一方面，当头车进行转弯等行为时，在保持纵向速度控制的同时，需对车辆队列实施横向轨迹控制，以完成车辆队列的整体协同行驶。

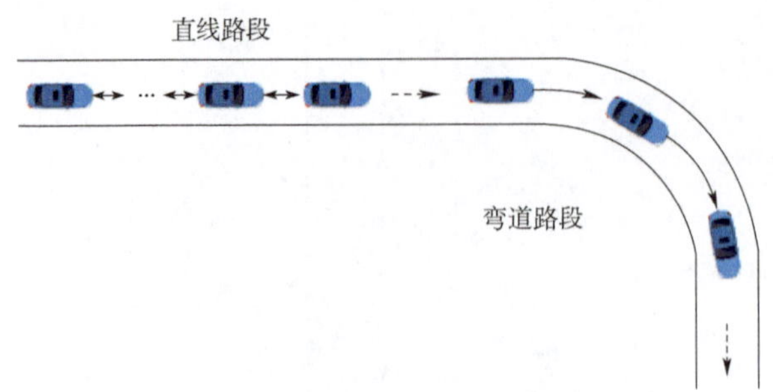

图 3-8　路段上车辆队列跟驰行驶场景

车路协同环境下交通群体协同决策的自组织属性决定了路段场景下车辆之间可形成多模态的信息交互拓扑结构，包括前车跟随式、前车-领航者跟随式、双前车跟随式、双前车-领航者跟随式等。车路协同信息交互拓扑结构与路段场景下交通群体协同决策的稳定性与准确性有着密切的关系，因此，可以根据协同决策的不同需求选取不同的信息流拓扑结构。多模态信息交互拓扑结构包括以下 4 类。

(1)前车跟随式。如图 3-9 所示，在该种信息交互拓扑结构下，车辆主要是通过毫米波雷达对前车行驶状态进行感知。因此，队列中每个车辆只能获取前车的信息。

图 3-9　前车跟随式信息交互拓扑结构

(2)前车-领航者跟随式。如图 3-10 所示，在该种信息流拓扑结构下，智能车辆通过车路协同通信技术将领航车的行驶状态信息传递给队列中的每一辆车。相对于前车跟随式，队列中的每辆车还可获得领航车的操作控制信息，进而可提前做出准备。

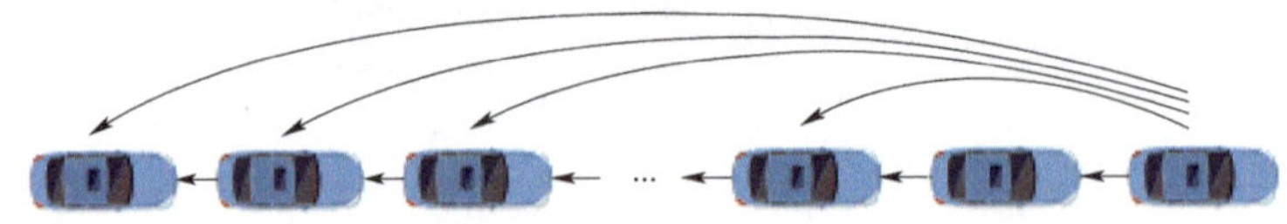

图 3-10　前车-领航者跟随式信息交互拓扑结构

(3)双前车跟随式。如图 3-11 所示，在该种信息交互拓扑结构下，智能车辆通过毫米波雷达和车路协同通信技术感知和获取前车的行驶状态信息。相对于前车跟随式，队列中的车辆可以获取到双前车(该车前面的两辆车)的行驶状态信息，可以根据双前车信息进行有效地预判。

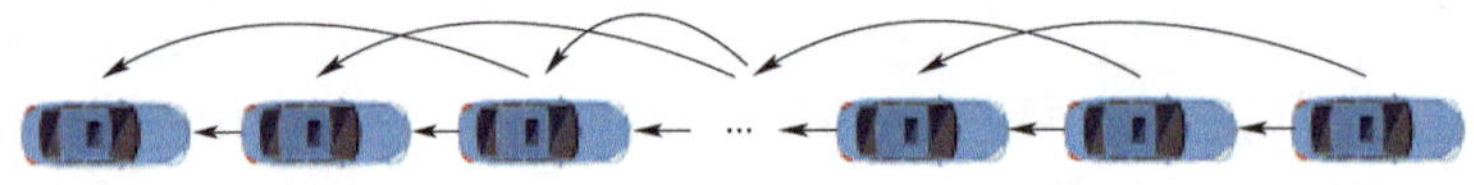

图 3-11　双前车跟随式信息交互拓扑结构

(4)双前车-领航者跟随式。如图 3-12 所示，在该种信息流拓扑结构下，智能车辆通过车路协同技术进行信息获取，相对于双前车跟随式，队列中的车辆还可以同时获取领航车的相关信息。

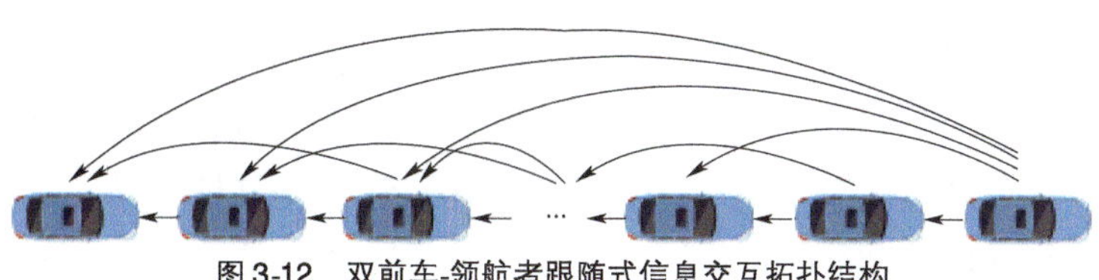

图 3-12　双前车-领航者跟随式信息交互拓扑结构

基于车路协同平台，采用上述信息交互拓扑结构时，车辆间交互的信息包含车辆行驶状态信息、车辆决策信息和车辆决策的预测信息三类，具体内容如图 3-13 所列。

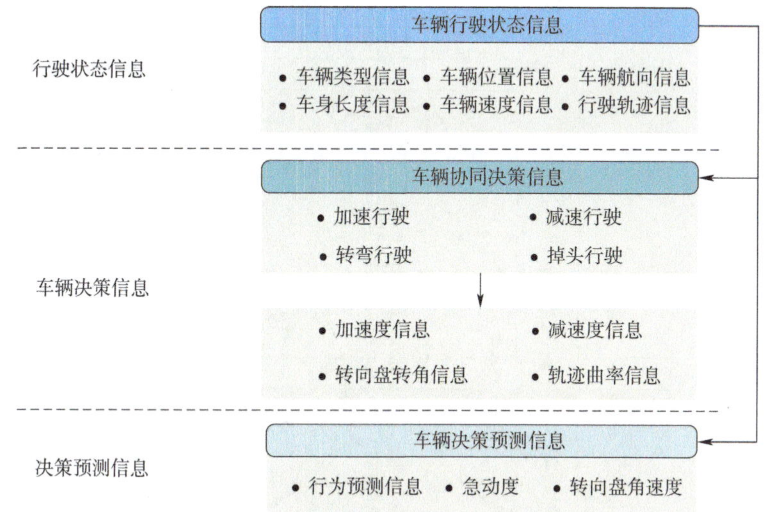

图 3-13　路段场景下车车通信信息构成

车辆行驶状态信息包含车辆位置、速度、航向角、行驶轨迹等信息，属于车车通信中的实时运动状态信息；车辆决策信息包含加速、减速、转弯、掉头等操控信息，属于车辆在行驶过程中的决策信息，具体体现为加速度及减速度、转向盘转角、轨迹曲率等；决策预测信息包含车辆加、减速度的变化率以及转向盘角速度等信息，属于车辆决策信息的预测信息。

上述三类信息是路段场景下交通群体协同决策的所有信息，采用不同信息交互拓扑结构将获得不同的信息。传统的车队控制仅能获取前车的基本状态信息如位置、速度等，而在车路协同环境下，还可以获取传感器无法感知的车队中其他车辆的基本状态信息；进一步地，通过通信的方式可以获得车队车辆的决策信息，如头车的加速、减速、转弯等，车队中的其他车辆可以提前预知头车的操作；最后，还可以对头车的决策进行预测，如急动度（加、减速度的变化率）、转向盘角速度等，为更好地保持车队的稳定性，提前做好操控准备。基于上述三类信息，路段上的车队即可实施车辆间的协同决策与控制。

3.1.4　路网通行场景

除了上述介绍的路口、匝道和路段场景之外，包含多个核心冲突区和多种类型路段的大规模路网同样是交通群体协同决策的重要场景。相对于匝道、路口场景和路段场景而言，大规模路网场景下交通群体之间的耦合关系更为复杂。图 3-14 所示的路网包含多个交叉口区域(核心冲突区),各路口区域分别具有一个集中控制器负责局部区域内交通群体运动的决策与控制。此外,相邻路口的控制器之间存在信息交互,用于共享各路口之间的实时交通状态,以实现不同冲突区之间的协同决策任务,最终达到最大限度提升路网交通通行效率的目的。

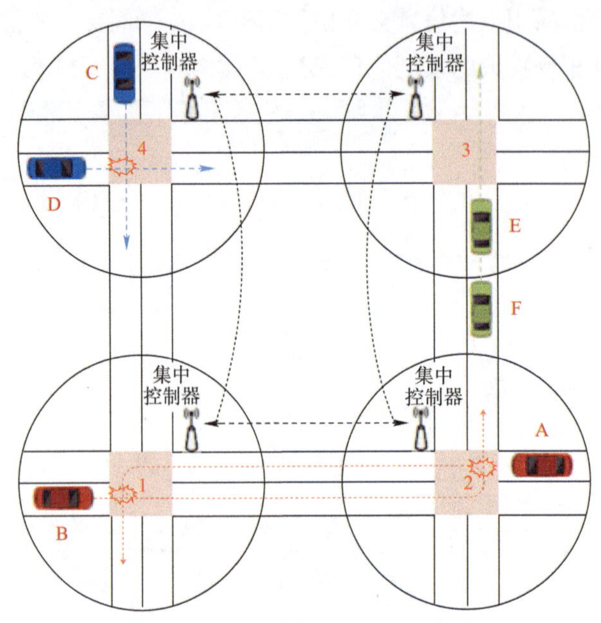

图 3-14　大规模路网场景示意图

有别于匝道和路口场景,大规模路网场景下的交通群体协同决策会凸显大规模性和强耦合性的特殊属性。

(1)大规模性。

与单个核心冲突区场景相比,路网场景具有覆盖的空间范围广、涉及的时间维度长且参与决策的交通主体数目大等特点。因此,路网场景下的交通群体协同决策对象多,即路网场景具有大规模性。

(2)强耦合性。

路网场景下,不同核心冲突区之间的决策内容相对独立而又相互影响,称为强耦合性,其耦合过程如图 3-15 所示。

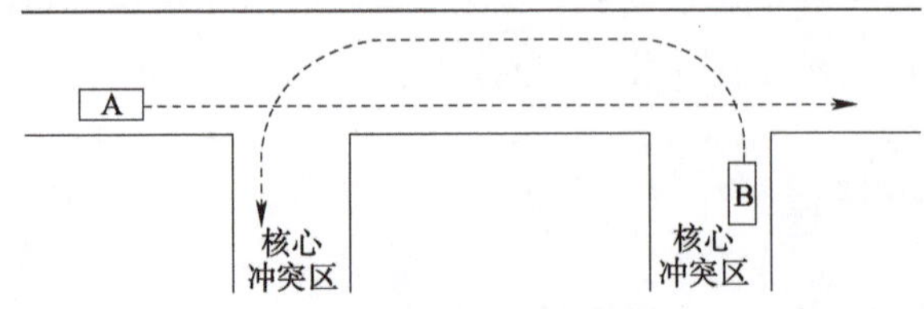

图 3-15　包含多个核心冲突区的交通场景

交通群体决策过程中需要为车辆A优化在核心冲突区Ⅰ的轨迹，而车辆A在核心冲突区Ⅰ的轨迹受车辆B在核心冲突区Ⅰ的轨迹影响，车辆B在核心冲突区Ⅰ的轨迹受车辆B在核心冲突区Ⅱ的轨迹影响，车辆B在核心冲突区Ⅱ的轨迹受车辆A在核心冲突区Ⅱ的轨迹影响，车辆A在核心冲突区Ⅱ的轨迹影响受车辆A在核心冲突区Ⅰ的轨迹影响。这样就形成了如图3-16所示的因果环，即大规模路网场景下的交通群体协同决策问题存在强耦合性，极大增加了问题的求解难度。

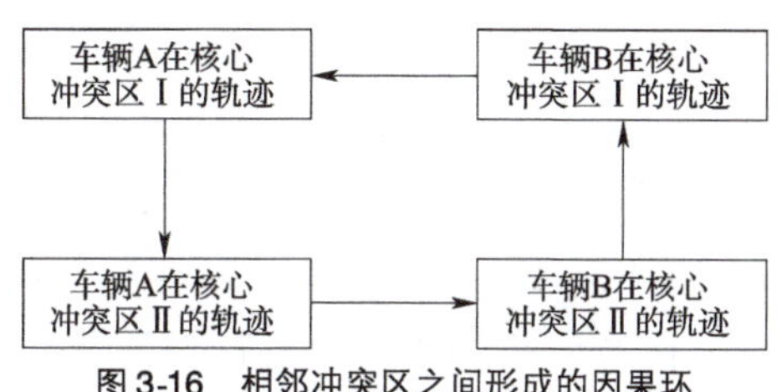

图3-16 相邻冲突区之间形成的因果环

3.2 交通群体协同决策体系框架设计

3.2.1 决策机制设计原则

车路协同环境下的新型交通系统可实现全时空交通信息的协同感知、融合和交互。在此基础上，借助智能决策与控制、大数据、人工智能和云边计算等技术，交通管理与控制手段将得到极大地变革。交通群体协同决策是解决新型混合交通协同管控的有效途径，其决策机制的设计需要充分考虑车路协同环境下新型混合交通系统的新属性、新特征、新组成和新结构，其主要内容如图3-17所示。

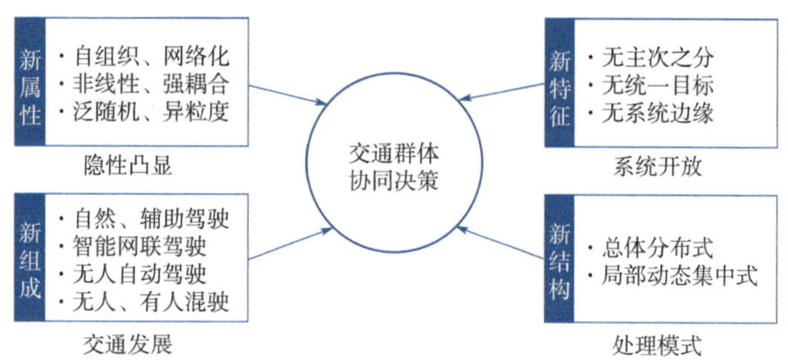

图3-17 车路协同环境下的新型混合交通系统

1)新属性

车路协同环境下的新型混合交通系统凸显出自组织、网络化、非线性、强耦合、泛随机、异粒度等特殊属性，为交通管控的实施带来挑战的同时，也提供了更多有效的手段。以上6种特殊属性在交通系统中具体表现与作用简述如下。

(1)自组织的表现与作用：城市路口、高速公路匝道等是交通系统的瓶颈地带，流入的交通流量过大或不合理的路权分配(如信号灯、停车标志、无信号灯)，都会导致该区域产生拥堵。而在车路协同环境下的交通系统中，多辆车可在区域范围内自组织形成子系统，进行通行顺序的协调优化，从而最大化区域的通行效率。

(2)网络化的表现与作用：交通中的路口和道路不是单独的存在，一个路口控制的失败将对上游和下游车辆的运行产生影响。因此，交通系统是一个复杂的网络系统，可以根据路段与路口的拓扑关系构建为一个路网模型，进而研究各个节点之间的相互关系及影响机制。

(3)非线性的表现与作用：由于交通系统中每个部分都存在大量非线性元素，如车辆动力学模型的高度非线性，通信时延和丢包带来的非线性等，使得整个交通系统呈现出高度的非线性特性。

(4)强耦合的表现与作用：在交通控制系统中，存在大量的决策变量，如路口的信号灯配时、车辆的到达时刻、车辆的控制输入等。这些决策变量的变化不仅对系统整体的性能产生影响，同时变量之间也存在着极强的相互联系，从而导致整个系统呈现强耦合特性。

(5)泛随机的表现与作用：交通系统的泛随机主要体现在人类驾驶车辆的强随机特性、车辆进入交通系统的强随机特性等方面，一般难以用准确的数学模型对人类驾驶行为、车辆到达时刻等现象进行准确地描述。

(6)异粒度的表现与作用：车路协同环境下的交通系统可以包含传统车辆、网联车辆、自动驾驶车辆和无人驾驶车辆等在内的混合交通主体，每个交通主体都需要使用不同的模型去描述，同时所具有的功能(如是否可控、是否支持信息交互等)都存在较大差别。

2)新特征

车路协同环境下新型混合交通系统表现出无主次之分、无统一目标、无系统边缘等新的系统特征，这些特征同样必须在交通群体协同决策中加以考虑。三类系统特征的表现形式简述如下。

(1)无主次之分：一般情况下，新型交通系统中的所有车辆被视为具有同等受控层次的对象，在系统调控中具有同等重要程度，不存在优先级差异，车辆间无主次之分。

(2)无统一目标：在新型交通系统中，车辆控制的目标包括保障交通安全、提高交通效率、降低能耗排放以及提升乘客舒适度等，不同车辆期望达到的目标有所差异，重心不同，同时出行目标各异，无法统一。因此，难以制定系统统一的优化目标。

(3)无系统边缘：所有的道路、车辆、行人都属于交通系统，同时整个交通路网可以向外无限延伸。因此，在优化分析时无系统边缘存在，难以对交通整体进行建模分析。

3)新组成

车路协同环境下新型混合交通系统中的交通主体组成也发生了巨大的变化，由单一的传统车辆组成的交通系统,逐渐演化成多种类型车辆混行的混合交通系统。按交通系统实际发展过程形成的先后顺序,混合交通系统可分为四类,分别是传统驾驶与辅助驾驶车辆混行系统、网联人工驾驶系统、自动驾驶与人工驾驶车辆混行系统以及自动驾驶系统,详述如下:

(1)传统驾驶与辅助驾驶车辆混行系统:传统的人工驾驶车辆与带有辅助驾驶功能的车辆同时存在交通系统。

(2)网联人工驾驶系统:交通系统中人工驾驶车辆均具备无线通信车载功能,车辆之间可实现交通信息的实时交互。

(3)自动驾驶与人工驾驶车辆混行系统:自动驾驶车辆与人工驾驶车辆同时存在于交通系统中,且所有车辆均具备实时信息交互功能。

(4)自动驾驶系统:新型混合交通系统的最终发展阶段为所有车辆均为自动驾驶车辆,车辆之间通过信息交互最大限度地保证交通安全和提升交通效率。

4)新结构

车路协同环境下新型混合交通系统的管控模式也会发生根本性变革,将发展成为情景驱动下的动态集中式与泛在分布式相结合的新型系统结构。

交通系统中的关键节点(如路口、合流等区域)处的控制是影响交通安全和交通效率的主要因素,这些特殊情景中的交通管控应该单独进行分析与处理。采用集中式控制策略可有效保障这些关键节点处的交通安全和最大限度地提升交通效率。同时,由于当前计算资源和通信能力的限制,大规模交通路网的控制需与特定情景下的交通控制区别开来。结合新型交通系统的特殊属性,分布式策略可用于大规模交通路网的控制。由此衍生了情景驱动下的动态集中式与泛在分布式相结合的交通群体协同决策机制。

3.2.2 协同决策体系框架

基于交通群体协同决策机制设计原则,车路协同环境下新型交通系统中的交通群体协同决策设计成如图3-18所示的体系框架。该框架由指导机制层、普适模型层和典型场景层三层结构组成,其中顶层为泛在分布式、情景驱动下的动态集中式指导思想层;中间层为具有普适意义的交通群体决策模型层;下层为典型的应用场景层。

1)普适模型层

在泛在分布式、情景驱动下的动态集中式群体决策与控制机制指导下,通过进一步分析新型交通系统的特殊属性,可以在框架的中间层构建具有普适意义的交通群体决策与协同控制模型。交通群体决策与协同控制普适性模型可分为两类,即情景驱动下的动态集中式群体决策模型和泛在分布式群决策模型。

情景驱动下的动态集中式群体决策模型,是针对交通系统中影响交通效率和交通安全的核心冲突区(如匝道、路口等)建立起来的集中式交通群体决策模型,在保证交通安全的前提下最大化交通效率。考虑在交通系统的应用实现进程,模型的实现可分为三个部分,分别为局部优化、路权分配和轨迹规划。

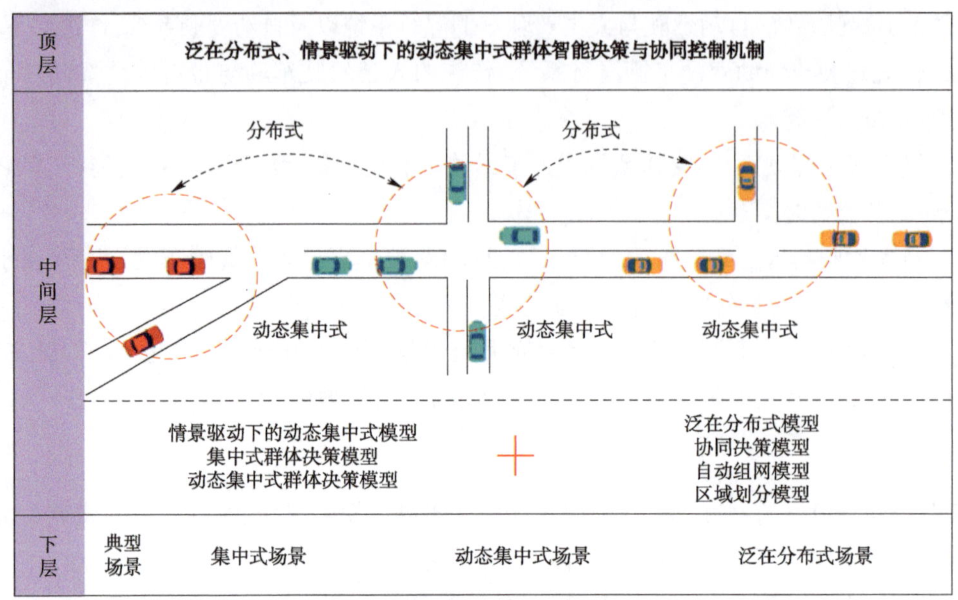

图3-18 车路协同环境下交通群体智能决策与协同控制三层框架

(1)局部优化:设计核心冲突区交通群体决策的优化目标。

(2)路权分配:根据设定的优化目标,建立路权分配模型,得到该区域最优的路权分配方案。

(3)轨迹规划:根据路权分配结果,对参与优化的各车进行轨迹规划,最终实现预定的优化目标。

泛在分布式群体决策模型,是针对交通系统中未被集中式群体决策模型覆盖的其他交通主体构建的采用分布式策略进行交通管理和控制的群体决策模型。此外,由多个核心冲突区构成的复杂交通路网同样也可采用分布式策略进行协同优化,从而达到整个交通系统的最优。类似于动态集中式群体决策模型,泛在分布式群体决策模型同样遵循系统优化、路权分配和轨迹规划三个步骤。

2)典型场景层

交通群体智能决策与协同控制框架的第三层为典型场景层,指的是在中间层构建的普适性群体决策模型的基础上,将所构建的模型在典型交通场景中进行应用与验证。典型场景层应当包括新型交通系统中具有代表性的重要场景,从而突出所构建的泛在分布式、情景驱动下的动态集中式群体决策模型的普适性。这些场景可分为集中式场景和泛在分布式场景。图3-19给出了集中式场景和分布式场景有机融合形成的综合场景的示意。集中式场景包括匝道、无信号路口、有信号路口、高速路段等典型的影响交通安全和效率的核心冲突区;泛在分布式场景则包括由多个核心冲突区组成的大规模交通路网场景。

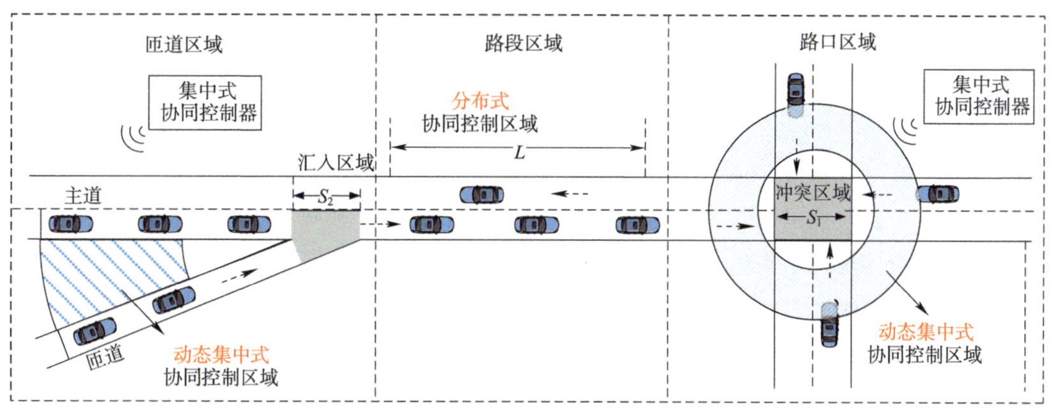

图 3-19 交通群体决策部分典型场景

3.3 情景驱动下的动态集中式协同决策机制

3.3.1 集中式协同决策机制

情景驱动下的动态集中式协同控制机制的实现主要分三个部分，包括局部优化、路权分配和轨迹规划。各部分涉及的主要任务如图 3-20 所示。上层的局部优化负责综合考虑行驶安全、通行效率以及能耗排放等指标，中间层的路权分配负责在保证安全的前提下最大程度提升交通效率，下层的轨迹规划负责在保证行驶安全和交通效率的前提下最大限度降低能耗和减少排放。

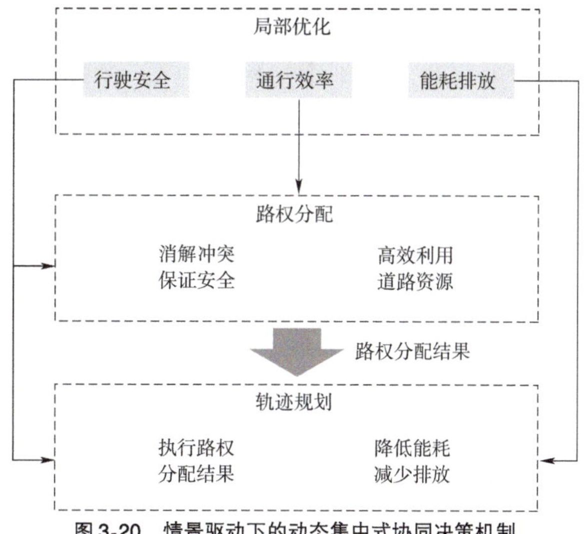

图 3-20 情景驱动下的动态集中式协同决策机制

在情景驱动下的动态集中式协同决策机制中，上层的局部优化为中间层的路权分配和下层的轨迹规划提供优化目标。

中间层的路权分配通过设计合理的车车冲突消解机制，为每辆车高效地分配道路资源，以达到各车安全高效地通过冲突区。具体实现过程中，路权分配层的任务是从时间和空间两个维度消解车辆之间的轨迹冲突。车辆在空间上的冲突表现为交通场景的冲突区域，例如匝道汇入区域和交叉口中的冲突区域，这些区域是车辆行驶的必经之路，需要从时间的维度上消解车辆群体间可能存在的冲突。车辆在时间维度上的冲突是指多辆车在同一时刻到达某区域的同一地点，在时空轨迹图中体现为车辆轨迹的相交。图 3-21 给出了两辆车的行驶轨迹关系，其中纵轴表示同一车道上车辆在不同时间所处的位置，横轴表示车辆到达各位置的时间。一旦两车行驶轨迹出现交叉，就代表两车行驶过程中出现了冲突，即两车于t_1时刻在位置P_1发生了冲突。

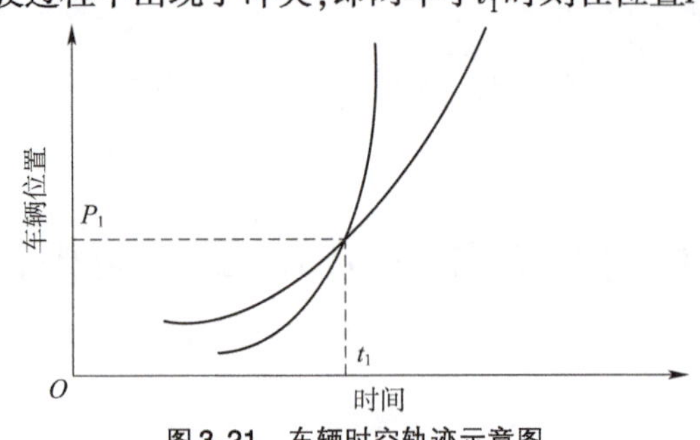

图 3-21　车辆时空轨迹示意图

车车冲突消解的重点在于规划车辆进入冲突区域的顺序，即规划车辆到达冲突区域的时间，通过将可能产生冲突的车辆到达冲突区域的时间错开，即可消解可能存在的冲突。如图 3-22a）所示，车辆 A 和车辆 B 分别从不同的车道向冲突区域行驶，阴影区域表示两车产生冲突的位置。通过将车辆进入以及离开冲突区域的时间进行调整，即可达到消解两辆车之间的冲突的目的。进一步，如果假设进入冲突区域后的速度恒定不变，则只需要考虑两辆车进入冲突区域的时间即可，如图 3-22b）所示。

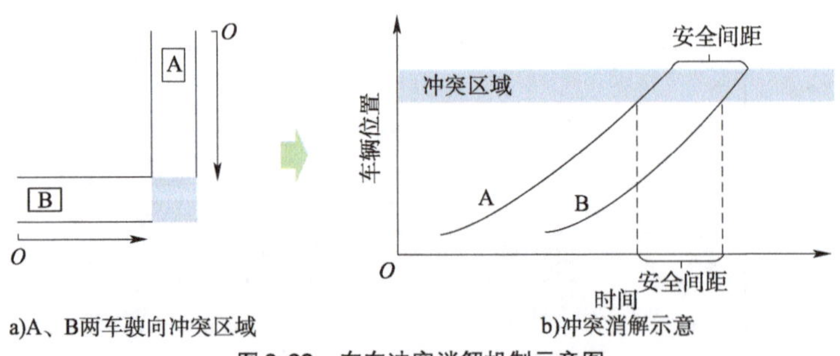

图 3-22　车车冲突消解机制示意图

基于路权分配为各车分配的进入冲突区域的时间，下层的轨迹规划则可以规划车辆的行驶速度曲线，使其在规定的时刻到达冲突区域；同时通过优化车辆的加速度，可最大限度降低能耗和排放。

3.3.2　集中式协同决策问题构建

根据交通群体协同决策框架设计原则，情景驱动下的动态集中式协同决策机制适用于具有单个核心冲突区的交通场景，例如高速公路匝道合流区和城市道路路口通行区。情景驱动下的动态集中式协同决策机制在这些场景下的应用具有通用性，下面以路口为例，分别从局部优化、路权分配和轨迹规划三个层面，介绍集中式场景下交通群体协同决策问题的构建。

1)局部优化

局部优化构建的是交通群体协同决策的总体控制目标，为路权分配和轨迹规划问题的构建与求解提供指导。总体控制目标包括行驶安全、通行效率以及能耗和排放，其中行驶安全通常可以在路权分配和轨迹规划问题中以约束条件的形式得到保证，如式(3-1)所示

$$R_i \cap R_j = \varnothing, j \in L_i \tag{3-1}$$

其中，L_i表示与车辆 i 时空轨迹存在冲突的车辆集合；R_i和R_j分别表示车辆 i 和车辆 j 的时空轨迹；$\varnothing$表示车辆 i 和车辆 j 的时空轨迹不存在交叉。在此基础上，即将通行效率J_s和能耗排放J_e分别作为路权分配和轨迹规划问题的规划目标进行优化。

2)路权分配

路权分配的实现是通过为各车分配进入冲突区的合适时间来消解车车冲突的，同时保证最大程度提升交通效率。因此，路权分配问题的优化目标为：

$$\max J_s(t_{\text{assign},i}) \tag{3-2}$$

其中，$t_{\text{assign},i}$表示分配给车辆 i 进入冲突区的时刻。由式(3-2)可知，交通效率指标可表示为已分配路权的车辆进入冲突区的时间的函数。

同样，车辆的时空轨迹也可用已分配路权的车辆进入冲突区的时间的函数表示，因此，集中式交通群体协同决策的路权分配问题可构建为

$$\max J_s(t_{\text{assign},i}) \tag{3-3}$$

$$s.t.\ R_i(t_{\text{assign},i}) \cap R_j(t_{\text{assign},j}) = \varnothing, j \in L_i \tag{3-4}$$

其中，$R_i(t_{\text{assign},i})$是已分配路权的车辆 i 的时空轨迹，也是该车进入冲突区的时间 $t_{\text{assign},i}$的函数；$R_i(t_{\text{assign},i})$含义同理。

3)轨迹规划

轨迹规划的实现是通过为各车设计合适的加速度曲线来保证车辆按路权分配时确定的指定时间进入冲突区域的，同时最大程度降低能耗排放。因此，轨迹规划问题的优化目标为：

$$\min J_e(a_i) \tag{3-5}$$

其中，a_i表示车辆 i 的加速度曲线。由式(3-5)可知，车辆的能耗排放指标可表示为车辆加速度的函数。

轨迹规划问题同样需要满足式(3-1)的安全约束条件，即

$$R_i(a_i) \cap R_j(a_j) = \varnothing, j \in L_i \tag{3-6}$$

其中，$R_i(a_i)$表示车辆 i 的时空轨迹，也是车辆 i 加速度的函数。此外，由于各车需要按路权分配时确定的时间进入冲突区，因此，加速度曲线还需满足下述约束条件：

$$T_i(a_i) = t_{\mathrm{assign},i} \tag{3-7}$$

其中，$T_i(a_i)$表示车辆 i 实际进入冲突区的时刻。

于是，集中式交通群体协同决策的轨迹规划问题可完整地构建为：

$$\min J_e(a_i) \tag{3-8}$$

$$s.t.\ R_i(a_i) \cap R_j(a_j) = \varnothing, j \in L_i \tag{3-9}$$

$$T_i(a_i) = t_{\mathrm{assign},i} \tag{3-10}$$

3.4 规模条件下的泛在分布式协同决策机制

3.4.1 分布式协同决策机制

在对规模化路网场景下的交通群体实施协同决策时，随着路网规模的逐渐增大，物理空间覆盖面会快速膨胀，问题求解的计算复杂度会指数级增加，而交通系统中计算资源和通信能力通常有限，因此，在针对实际问题求解时难以采用集中式的协同决策机制，需要引入分布式协同决策机制。

如图 3-23 所示，为了降低交通群体协同决策问题的计算复杂度，泛在分布式协同决策机制的首要任务是对规模化的路网进行划分，形成不同类型的基本等效节点。此外，为了保证路网整体的决策性能，各基本节点之间维持必要的信息交互以实现节点之间的决策协同。

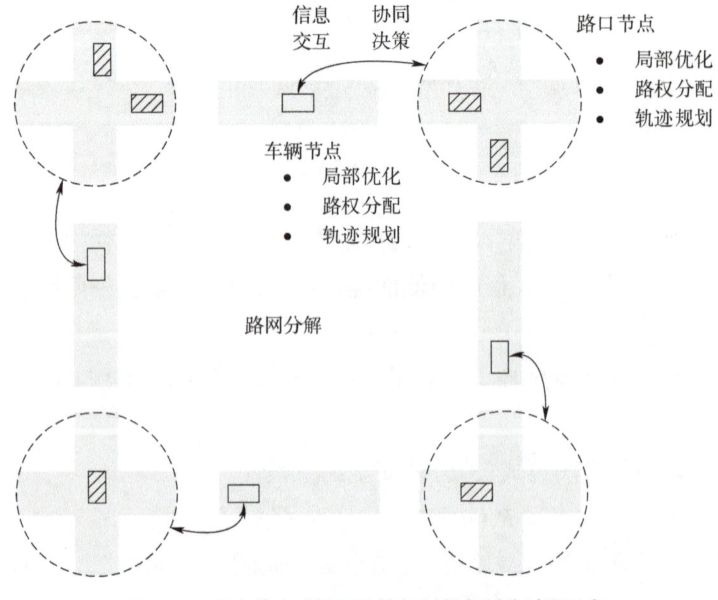

图 3-23　泛在分布式协同决策机制任务划分过程示意

泛在分布式协同决策机制中存在两类基本节点,即路口节点和车辆节点。在实际交通系统中,路口冲突区是影响交通安全和效率的瓶颈区,路网划分时将路网中路口区域单独提取出来形成路口节点,采用集中式决策机制求解最优控制策略,以最大程度提升路口区域的控制性能。相邻路口间路段上的所有车辆看成单独的节点,即形成车辆节点。将路口节点等效成车辆节点,并与所有车辆节点合并,即形成一个完整的以节点为基本单元的决策对象。同时,相邻基本节点(路口节点或车辆节点)间维持信息交互,即可实现节点之间的决策协同,在保证计算效率的前提下有效提升交通效率。下面分别介绍路口节点和车辆节点的决策机制。

1)路口节点决策机制

在分布式场景下的路口节点处,交通群体协同决策依旧采用集中式协同决策机制,但与3.3.1中所述的集中式协同决策机制不同,路口节点在决策过程中需要充分考虑上游路段所有车辆节点的相关信息,并实现基于预测的协同决策,如图3-24所示。

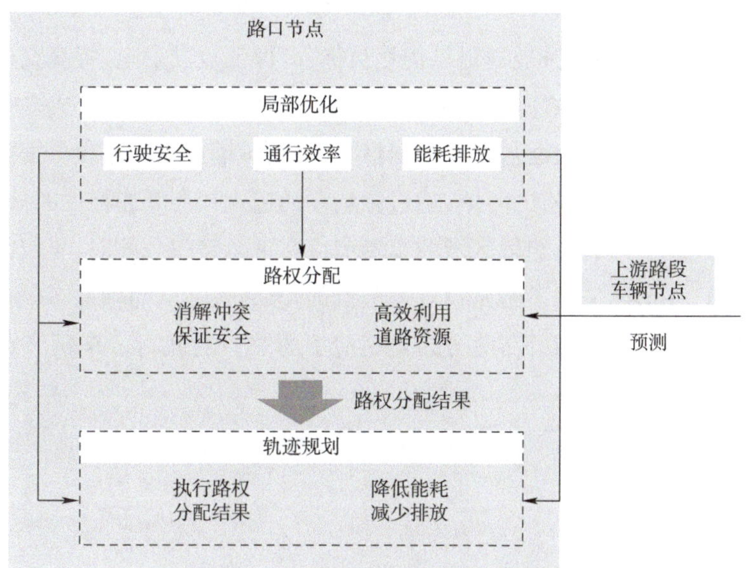

图3-24 分布式场景下路口节点决策机制

路口节点决策机制依旧包含局部优化、路权分配和轨迹规划三部分内容。与3.3.1中所述类似,路口节点的路权分配负责为控制区域内的车辆分配其进入冲突区域的时间。不同的是,路权分配层在利用路口控制区域内车辆信息的基础上,同时需要考虑上游路段所有车辆节点的行驶信息,并基于预测实施决策与控制的协同,使得路口区域的交通管控效果更有利于上游车流的状态。

2)车辆节点决策机制

在分布式场景下的路段区域内,车辆节点的决策任务是为优化当前时刻路段区域内交通状态而确定需进行的跟驰与换道动作,如图3-25所示。车辆节点决策机制依旧包含局部优化、路权分配和轨迹规划三层内容。

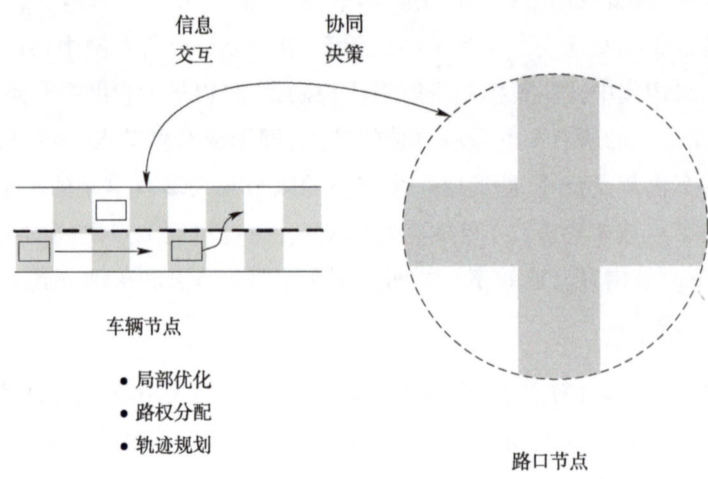

图 3-25 分布式场景下车辆节点决策机制路权分配示意图

局部优化为路权分配和轨迹规划提供优化目标，即保证行驶安全、提高交通效率和降低能耗排放。如图 3-25 所示，分布式协同决策机制将路段区域在空间上划分成多个具有一定尺寸的栅格，定义车辆在某一时刻只能占据一个栅格。因此，车辆节点的路权分配的任务是为路段区域内的车辆分配使用各个栅格的时刻，通过调整车辆进入和离开栅格的时间，即可达到消解两车之间的冲突的目的。此外，路段区域的车辆节点在进行路权分配时，不仅需要考虑周围车辆节点的行驶信息，还需要考虑下游路口等效节点的交通状态，从而辅助车辆节点进行基于预测的决策与控制，使得路段区域的车流分布更适应下游路口的通行。车辆节点决策机制总结如图 3-26 所示。

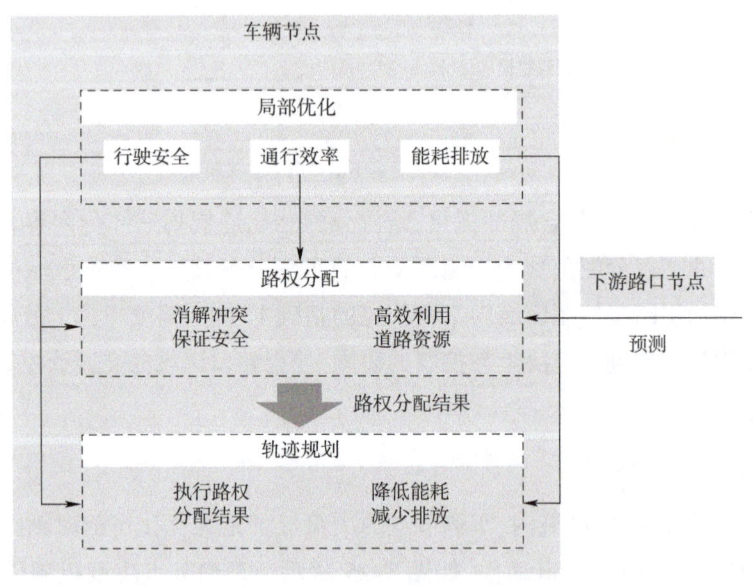

图 3-26 分布式场景下车辆节点决策机制

3.4.2 分布式协同决策问题构建

泛在分布式协同决策机制中包含路口节点和车辆节点两类，需要为路口节点和车辆节点分别构建协同决策问题求解模型。由于分布式协同决策的局部优化和轨迹规划问题与集中式协同决策类似，在此不再赘述，具体内容详见3.3.2小节。本小节只介绍两类节点路权分配问题的构建。

1)路口节点路权分配问题

与集中式协同决策中的路权分配问题不同，分布式协同决策的路权分配问题求解时需要同时考虑路口控制区内车辆和上游路段区域内车辆的行驶信息。因此，路口节点的路权分配问题的优化目标构建为：

$$\max[\omega_1 \cdot J_s^I(t_{\text{assign},i}) + \omega_2 \cdot J_s^R(t_{\text{assign},i})] \tag{3-11}$$

其中，$J_s^I(t_{\text{assign},i})$表示路口控制区域内车辆通过路口的通行效率指标；$J_s^R(t_{\text{assign},i})$表示路段区域内车辆通过路口的通行效率指标；$\omega_1$ 和 ω_2 为加权系数。式(3-11)表明，路口节点在对路口控制区域内的车辆进行路权分配时充分考虑了路段车辆对其的影响。因此，路口节点的路权分配问题可表示如下：

$$\max[\omega_1 \cdot J_s^I(t_{\text{assign},i}) + \omega_2 \cdot J_s^R(t_{\text{assign},i})] \tag{3-12}$$

$$s.t.\ R_i(t_{\text{assign},i}) \cap R_j(t_{\text{assign},j}) = \varnothing, j \in L_i \tag{3-13}$$

$$R_i(t_{\text{assign},i}) \cap R_j(t_{\text{assign},j}) = \varnothing, j \in M_i \tag{3-14}$$

其中，M_i 表示与路口控制区域内的车辆 i 在时空轨迹上存在冲突的路段区域内的所有车辆的集合。

2)车辆节点路权分配问题

分布式协同决策机制下的车辆节点路权分配任务是为路段区域内的车辆分配进入各栅格的时刻，因此，相对于路口节点而言，车辆节点路权决策问题的决策变量较多，问题更为复杂。优化目标可构建如下：

$$\max[\omega_1 \cdot J_s^I(t_{\text{assign},i}) + \omega_2 \cdot J_s^R(t_{\text{assign},i,k_1}, \cdots, t_{\text{assign},i,k_n}, \cdots, t_{\text{assign},i,k_N})] \tag{3-15}$$

其中，t_{assign,i,k_n}表示路段区域内的分配给车辆 i 进入栅格 k_n 的时刻；$t_{\text{assign},i}$依旧表示路口区域内的分配给车辆 i 进入路口冲突区域的时刻；$J_s^R(t_{\text{assign},i,k_1}, \cdots, t_{\text{assign},i,k_n}, \cdots, t_{\text{assign},i,k_N})$表示路段车辆 i 不同时间段通过路口的交通效率指标。式(3-15)表明，在对车辆节点进行路权分配时充分考虑了路口交通状态的影响。

因此，车辆节点的路权分配问题可表示如下：

$$\max[\omega_1 \cdot J_s^I(t_{\text{assign},i}) + \omega_2 \cdot J_s^R(t_{\text{assign},i,k_1}, \cdots, t_{\text{assign},i,k_n}, \cdots, t_{\text{assign},i,k_N})] \tag{3-16}$$

$$R_i(t_{\text{assign},i}) \cap R_j(t_{\text{assign},j}) = \varnothing, j \in L_i \tag{3-17}$$

$$R_i(t_{\text{assign},i}) \cap R_j(t_{\text{assign},j}) = \varnothing, j \in M_i \tag{3-18}$$

第4章 CHAPTER 4

局部优化模型构建及应用

4.1 面向安全保证的局部优化模型构建

面向安全保证的局部优化模型是实现车辆群体协同决策与控制的首要任务。车辆群体协同决策与控制的实现首先是保证车辆的行驶安全，在此前提下才能够进一步提升交通系统的通行效率，降低机动车的能耗和排放，并提高乘车人员的舒适度。本节首先对影响车辆行驶安全的因素进行总结与分类，在此基础上分析面向安全保证的常用指标，进而介绍其局部优化模型的构建。

4.1.1 车辆行驶安全影响因素分析

车路协同环境下对车辆进行协同控制时，首先需要保证车辆的行驶安全。交通冲突分析是交通安全领域一种新的安全分析与评价方法。它基于非事故数据，采用大样本、短周期、低成本和定量评价的方式完成交通安全现状的分析，其效果优于传统的事故统计评价方法，近年来在世界范围内得到了广泛应用。

20 世纪 60 年代末，以美国为首的发达国家率先展开了交通冲突技术的研究。1968 年，Perkins 和 Harris 在调查通用汽车公司车辆安全性是否与其他厂家车辆相同的过程中，首次提出了交通冲突的概念，即根据紧急制动和转向等现象粗略判别是否有冲突存在。由于当时交通冲突概念的定义模糊，未能取得可靠和满意的结果。经过近 50 年的发展，交通冲突的定义仍然没有形成一致的认识，学者们通常还是主要根据自己的理解解释和界定交通冲突。在现有的研究成果中，一般基于避险行为或时空接近度来定义交通冲突。

基于避险行为的交通冲突，是指在冲突过程中双方车辆是否采取了避险行为，以此作为交通冲突存在的判定依据。具有代表性的定义是"在两个及以上道路使用者之间可能出现的交通事故中，如果一个道路使用者受到其他道路使用者的影响，只有通过避险行为才能避免交通事故的发生，那么该交通事故即可视为是交通冲突"。基于避险行为的交通冲突，其定义简单，便于实践应用，重点是避险行为的认定。但该定义也存在一定的缺陷，首先，不同道路使用者的避险行为多种多样，要确切地定义各种避险行为比较困难；其次，避险行为是一个定性的概念，缺少定量化的指标，不同的观测者会有不同的解释；另外，基于避险行为的交通冲突将避险行为和交通事故直接联系在一起，有其不合理性，很多广义的避险行为如制动、变更车道等只是驾驶人所采取的预防性措施，并不代表此时真正存在危险。

基于时空接近度的交通冲突，是以交通参与者在时间或空间上的接近程度作为判定依据的。1977 年，在挪威举行的第一届国际交通冲突技术大会(The First Workshop of International Cooperation on Traffic Conflict Techniques)上，瑞典学者 Hyden 首次提出了基于时空接近度的交通冲突定义，即“在可观测的条件下，两个或两个以上道路使用者在一定的空间和时间上相互接近到一定程度，以至于如果任何一方不改变其运动状态，就有发生碰撞危险的交通现象”。这一概念被世界范围内大多数交通工程学者所接受。在欧洲其他国家随后举办的几届国际交通冲突技术会议上，学者们进一步深入阐述了交通冲突的定义及其数据的采集方法，并对交通冲突在交通安全评价、交通安全诊断等方面的应用进行了讨论和展望。

在交通冲突概念的推广应用过程中，学者们提出了多种描述交通冲突的指标，以量化两个或更多道路使用者在空间和时间上的邻近关系，从而测量冲突中道路使用者之间的相互作用程度。衡量冲突严重程度的指标涉及距离、时间、速度和能量 4 类。下面分别对这 4 类指标进行比较分析。

(1)基于距离的冲突指标。交通冲突的危害程度与距离(冲突实体间的距离或冲突距离)成反比，即距离越大，冲突的严重程度越低。其中，冲突距离为交通冲突中率先采取避让措施的交通实体距假想碰撞点间的距离。典型的基于距离的冲突指标有停车距离、距驶出道路的侧向距离等。

(2)基于速度的冲突指标。冲突的危害程度与冲突车辆的速度成正比，即冲突车辆的速度越快，冲突的危害程度越高。典型的基于速度的冲突指标有车辆平均速度、车辆瞬时速度等。

(3)基于时间的冲突指标。综合考虑距离和速度的因素，并用二者的比值作为衡量冲突严重程度的指标，其中距离是指冲突距离，速度是冲突开始时车辆的瞬时速度。典型的基于时间的冲突指标有距离碰撞的时间、后侵占时间、距离事故的时间、车头时距等。

(4)基于能量的冲突指标。用冲突产生前后冲突实体的能量变化来描述冲突的严重程度。一般地，基于能量的冲突指标在描述冲突严重性方面无疑是最优的。然而，在计算冲突实体能量变化时，需要综合考虑冲突实体的质量、冲突角度、冲突速度、地面附着系数等因素，数据采集的工作量过大，实际操作时采集过程实现比较困难。典型的基于能量的冲突指标有车辆碰撞动能等。

在车辆行驶安全的分析中，较常用的冲突参数有碰撞时间(Time to Collision，TTC)、安全减速时间(Deceleration to Safety Time，DST)、后侵占时间(Post Encroachment Time，PET)、时间优势(Time Advantage，TAdv)和冲突时间差(Time Difference to Collision，TDTC)等。

(1)碰撞时间(TTC)：在某时刻，若行人和车辆均保持当前运动方向和速率不变，碰撞将无法避免，那么该时刻的 TTC 就是行人和车辆随后到达碰撞地点所需的时间。TTC 越小，行人和车辆做出避让动作的时间越短，发生冲突的可能性就越大。在一个冲突可能发生的过程中，由于行人和车辆各自存在的避让行为，可能使得二者最终不一定发生碰撞，于是 TTC 并不是时时都存在；而忽视避让动作采用近似计算求得 TTC，将给冲突安全分析带来较大的误差。由此可见，单纯选用 TTC 并不能很好地刻画发生一个冲突的可能性及其安全性。引入安全减速度(DST)可减少由于 TTC 近似计算而带来的不利影响。

(2)安全减速度(DST):在某时刻,若行人和车辆保持当前运动方向和速率不变,碰撞将无法避免,于是为了避免碰撞,车辆须具备保证到达碰撞地点的速度恰好为0的减速度,该减速度就是该时刻的安全减速度,即车辆为了避免碰撞所需的最小减速度。安全减速度越大,表明车辆为了避免冲突要做出的避让程度越强,对车辆避让能力的要求越高,发生冲突的可能性越大。只有当行人和车辆的轨迹出现重叠,并且二者保持现在的运动状态将同时到达轨迹交点(潜在冲突点)时,DST才可以按照上述过程进行计算,否则,将不存在严格意义上的DST。由于车辆速度相对行人较大,对冲突状态的影响也较大,通常情况下近似计算DST时主要考虑车辆的运动特性,而忽略近似计算行人运动状态所带来的误差,其计算的准确性要高于近似计算碰撞时间(TTC)的准确性。尽管如此,在冲突双方不存在碰撞可能性时,近似计算DST给冲突安全性分析带来的误差仍然不能忽略。为此,可引入后侵占时间来描述抢占道路行驶权的程度,不再考虑二者的碰撞可能性。

(3)后侵占时间(PET):若行人和车辆轨迹存在交点(潜在冲突点),先到达冲突点一方的抵达时刻,与后到达冲突点一方的抵达时刻之差就是后侵占时间。实际上PET是一个观测值,只有当冲突发生之后才可以通过计算得到,它能够直接刻画冲突的严重程度,PET越小,行人车辆发生碰撞的可能性越大,冲突越危险。但由于PET是一个观测值,不可能在冲突发生之前计算而得,因此,如果考虑系统实现预警功能的需求,PET不能用于行人车辆冲突分析。

(4)时间优势(TAdv):在某时刻,预计行人和车辆保持当前运动方向和速率不变,从当前位置起优先到达轨迹交点(潜在冲突点)的一方与后到达轨迹交点的一方所用时间之差就是该时刻的时间优势(TAdv)。TAdv是一个描述过程的变量,在某时刻若行人和车辆将发生碰撞,则TAdv取值为零;若二者不会发生碰撞,仅存在冲突,TAdv取一个大于零的值;若二者轨迹不存在交点,则直接设置TAdv趋于无穷。相比TTC、DST和PET,TAdv具有较好的冲突过程刻画能力和冲突结果预测能力,但由于TAdv忽略了速度的影响,直接根据TAdv的大小来判断冲突的危险性会造成相应误差。例如当TAdv较小时,说明行人和车辆二者到达冲突区域的时间差很小,但如果二者速度较小,那么二者从当前时刻到达冲突点可能还有较长的时间,有充分的机会进行避让,最终冲突是可以消除的;而当TAdv较大时,说明行人和车辆二者到达冲突区域的时间差很大,若此时车辆速度较大,即从当前时刻抵达冲突点的时间较短,而此时若行人突然加速,在下一时刻二者的冲突将立刻升级为危险级别,TAdv将会骤减。所以不能简单地根据某一时刻的TAdv来判断冲突过程的危险程度。此外,由于行人在交通中的灵活性,他们可能具有持续变化的加速度、速度和位置,在与车辆的冲突过程中,对道路冲突区域的使用权(即先到达冲突区域的一方)也在不断变换,始终为正值的TAdv不能较好地描述道路使用权更替对冲突安全性产生的影响。因此,需要引入冲突时间差来弥补以上不足。

(5)冲突时间差(TDTC):在某时刻,预计行人和车辆保持当前运动方向和速率不变,从当前位置起行人到达轨迹交点(潜在冲突点)与车辆到达轨迹交点所用时间之差就是该时刻的冲突时间差(TDTC)。TDTC为正,即表示车辆将优先行人到达冲突区域,掌握道路使用权;

TDTC 为负，表示行人将优先车辆到达冲突区域，掌握道路使用权，由于此时行人往往不会采取谨慎的避让行为，相较其他情形会更加危险；TDTC 为零，表示二者将发生碰撞，TDTC 为无穷，表示二者轨迹不存在交点。相较 TAdv，TDTC 能更好地刻画冲突过程中道路使用权的交替情况。但与 TAdv 相同的是，TDTC 同样没有考虑速度对冲突危险程度的影响，因此，不能通过某一时刻的 TDTC 大小来判断整个冲突过程的危险程度。

4.1.2 面向车辆行驶安全保证的局部优化模型

衡量车辆行驶安全的指标主要涉及距离、速度、时间和能量等。考虑模型求解的便捷性，通常采用距离指标构建面向车辆行驶安全保证的局部优化模型。具体而言，为保证车辆的行驶安全，在构建车路协同环境下车辆协同决策与控制所需的局部优化模型时，需要分别考虑纵向追尾和横向碰撞两种情况。

考虑同车道上行驶的车辆可能发生的冲突是追尾碰撞，如图 4-1 所示，定义与车辆 i 在驶入和驶离交叉口时可能发生追尾碰撞的车辆集合为 S_i 和 E_i，则在任何时刻需要保证 S_i 和 E_i 集合中的车辆不能与车辆 i 发生潜在的追尾冲突。记 $p_i(t)$ 为车辆 i 在 t 时刻所处的位置，安全车距为 δ，则避免追尾冲突的关系可用如下不等式表示：

$$s_i(t) = p_i(t) - p_j(t) \geqslant \delta, j \in S_i \cup E_i, \forall t \tag{4-1}$$

其中，$s_i(t)$ 表示 t 时刻车辆 i 与车辆 j 之间的距离。

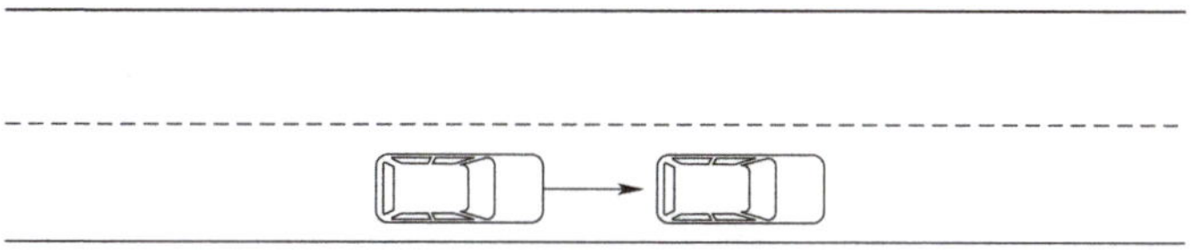

图 4-1 同车道车辆追尾碰撞冲突示意

考虑不同车道上行驶的车辆可能发生的冲突是横向碰撞，如图 4-2 所示，定义与车辆 i 在不同车道上行驶时可能发生横向碰撞的车辆集合为 L_i，则在任何时刻需要保证集合 L_i 中的车辆不能与车辆 i 发生潜在的横向冲突，即任意时刻两车的空间位置均不能重叠。

$$p_i(t) \neq p_j(t), j \in L_i, \forall t \tag{4-2}$$

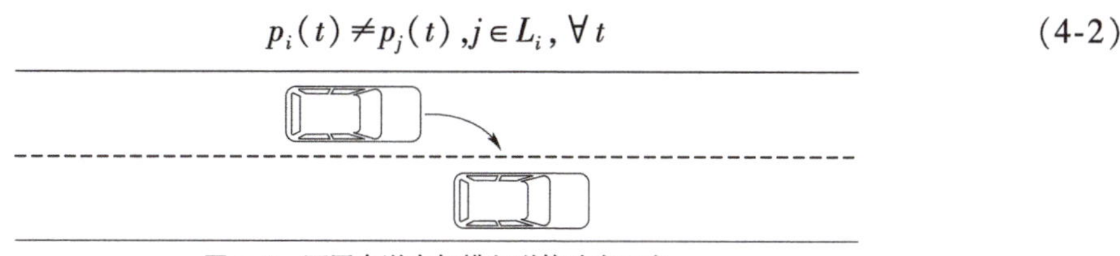

图 4-2 不同车道车辆横向碰撞冲突示意

4.2 面向效率提升的局部优化模型构建

面向效率提升的局部优化模型是实现车辆群体协同决策与控制的关键。在保证行驶安全的前提下，车辆群体协同决策与控制的最终目标是提升交通系统的通行效率。本节首先对影响车辆通行效率的因素进行总结与分类，在此基础上分析面向效率提升的常用指标，进而介绍其局部优化模型的构建。

4.2.1 车辆通行效率影响因素分析

衡量车辆通行效率的指标主要涉及行程时间可靠性、时间延误、排队长度、停车次数、交通需求与通行能力的比值以及运行效率与服务水平的评估等。下面分别对各个指标进行介绍分析。

1)行程时间可靠性

行程时间(Travel Time，TT)是指人或车辆从起点移动到终点所用的时间，它与速度呈负相关。给定距离 d 时，行程时间可表示为：

$$TT=\frac{d}{u_{\text{avg}}} \tag{4-3}$$

其中，d 为起点与终点间的距离；u_{avg} 为行程上的平均速度。图 4-3 展示了车辆行驶过程的时空图，即从 A 点到 B 点的行程。图中横轴表示时间，纵轴表示位置。

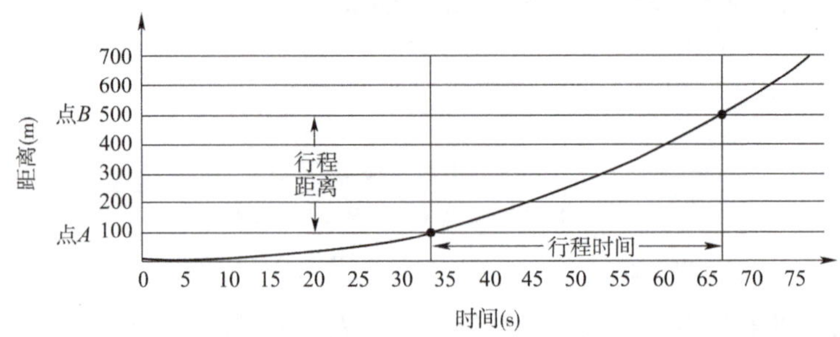

图 4-3 行程时间和行程距离示例

在分析和评估道路性能与政策措施对道路性能的影响时，行程时间受各种因素的影响会出现波动，一般不会是固定值，但一段时间内的行程时间分布却能在总体上反映其统计特性，具有较为重要的作用。行程时间的分布常常用于早晚高峰时段出行行程时间可靠性的评估以及交通设施与管理政策影响程度的分析。

通常，可靠性可以用来描述工程系统里提供某种功能的服务水平的稳定性，一般采用特定时间和给定环境、运行条件下，系统实现某种预期功能并达到可接受的服务水平的概率进行描述。因此，行程时间的可靠性即可用行程时间不超过预先给定阈值的概率来描述。如图 4-4 所示的案例，考虑概率 PI 为 70%，即 70% 的行程时间观测值低于预先给定的阈值，假设该阈值为 30min，且所有行程时间均是统计的上班行程时间，那么基于该图的行程时间分布情况可以表示，如果出行者提前 30min 出门，则他有 70% 的把握上班不会迟到。

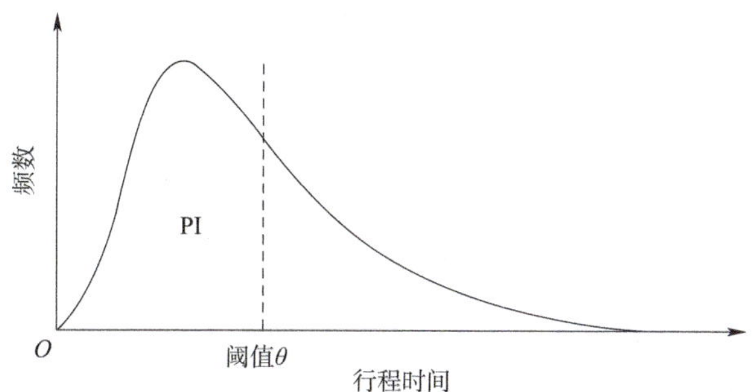

图 4-4 基于上班行程时间的可靠性计算案例

衡量行程时间可靠性的指标主要有行程时间指数(Travel Time Index,TTI)和预留时间指数(Buffer Time Index,BTI)。行程时间指数 TTI 是指高峰时间段内指定路段或路径上的行程时间平均值与自由流状态下的行程时间的比值:

$$\mathrm{TTI}=\frac{\text{高峰时间段的平均行程时间}}{\text{自由流行程时间}} \tag{4-4}$$

预留时间指数 BTI 是指为保证一定的到达概率(如 95%),出行者需要额外准备的行程时间与该时段平均行程时间的比值:

$$\mathrm{BTI}=\frac{95\%\text{把握的行程时间}-\text{平均行程时间}}{\text{平均行程时间}} \tag{4-5}$$

行程时间指数 TTI 可以用来评价理想状态下特定时段行程时间的偏差,而预留时间指数 BTI 则用来表征行程时间的变化,是一个对出行者很有参考价值的指标。

2)时间延误

时间延误是指用于通过特定路段的相对于理想行程时间的额外行驶时间,其机理如图 4-5所示。

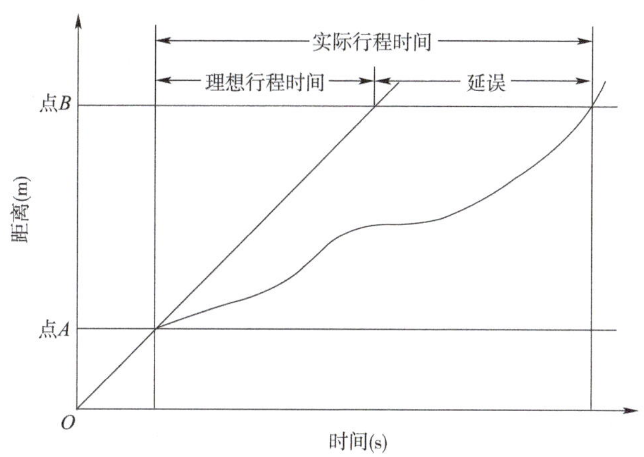

图 4-5 理想与实际行程时间的延误分析

时间延误通常有以下几类。

(1)停车延误:车辆因其完全停止或其速度低于预先定义的“停车阈值”而导致的延误。

(2)行程时间延误:车辆实际行程时间和理想行程时间的差值,一般该差值与自由流速度或道路限速有关。

(3)控制延误:由于交通控制(信号灯、停车标志)导致的延误,包括排队和加减速损失的时间。

上述时间延误之间的关系如图4-6所示。图中左侧为理想行程曲线,中间为考虑交通控制后的行程曲线,右侧为实际行程曲线。实际行程曲线中水平部分为停车延误,相同行程条件下实际行程曲线与理想行程曲线之差为行程时间延误,相同行程条件下理想行程曲线与考虑交通控制后的行程曲线之差为控制延误。

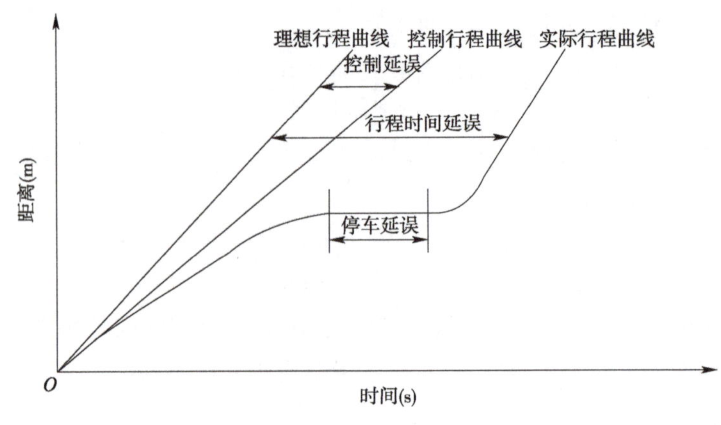

图4-6 各种时间延误之间的关系

3)排队长度

排队长度是指车辆排队行程的长度,通常用排队的车辆数量来表示。在左转、右转或匝道的场景中,车辆排队后溢严重时,排队长度通常会作为一个重要的运行指标来衡量交通系统的运行效率。对于连续的交通流,排队长度较难定义和测量,因此,排队长度多用于分析非连续的交通流。

衡量排队长度的主要指标如下。

(1)排队百分位长度:选取时间百分位数作为预期的排队长度(如85%分位排队、95%分位排队等)。

(2)平均排队长度:排队长度的平均值。

(3)排队容积率:排队长度期望值(或排队百分位长度)与排队存储能力的比值。

除上述指标外,还有几个常见的与机动性(Mobility)相关的衡量指标。

(1)V/C:交通需求量(Volume)与通行能力(Capacity)的比值,是通行能力利用率的度量,可以用来区分交通是否拥堵。

(2)停车次数:单车平均停车次数,通常用来评估城市道路上交通流的运行效率,也称作停车率。

(3) VMT 或 VKT:车辆的行驶距离(Vehicle Miles Traveled 或 Vehicle Kilometers Traveled),用于衡量道路的利用率。

(4) VHT:车辆行驶时间(Vehicle Hours Traveled),包含通行延误。

4)运行效率和服务水平

通常情况下,可以引入《道路通行能力手册》[Highway Capacity Manual,HCM]中常用的交通运行指标来描述道路的服务水平。其具体定义如表4-1所示,其中A级表示最好的服务水平,F级表示最差的服务水平。

表4-1列出了连续交通流道路条件下的效率指标,其中根据道路的不同用途将道路细分为不同的道路等级。表4-2则列出了非连续交通流道路条件下的效率指标,其中引入了行程中自由流速度百分比对非连续交通流下的城市道路服务水平进行评价,而交叉口的服务水平则主要取决于控制延误。

HCM 2010 中的效率标准:连续交通流道路 表4-1

道路类型		效率标准	注释
高速公路基本路段		密度[pcu/(mile · ln)]	密度 >45 时,F 级;假设该密度对应通行能力
高速公路交织区		密度[pcu/(mile · ln)]	密度 >35 时,F 级;假设该密度对应通行能力
高速公路合流与分流区		密度[pcu/(mile · ln)]	密度 >35 时,F 级;假设该密度对应通行能力
两车道道路	一级道路	跟车时间百分比(%)及平均行程速度(mile/h)	服务水平的边界因道路等级不同而不同;服务水平E级的上界为通行能力
	二级道路	跟车时间百分比(%)	
	三级道路	自由流速度百分比(%)	
多车道道路		密度[pcu/(mile · ln)]	服务水平的边界随自由流速度的变化而变化;服务水平F级对应于通行能力;通行能力下的密度在40至45之间变化
双车道和多车道道路的自行车模型		自行车服务水平指数	这是用户基于(含需求和路面状况)5个变量的感知指数

HCM 2010 中的效率标准:非连续交通流道路 表4-2

道路类型		效率标准	注释
城市道路	机动车道	自由流速度百分比(%)和V/C	V/C是交叉口中最大的直行车辆比率
	人行道	人行道服务水平分数和平均速度(ft/s),人均空间(ft^2/p)	服务水平分数是道路每部分路段的加权平均值(道路长度为权重)
	自行车道	基于用户感知的服务水平分数	

续上表

道路类型		效率标准	注释
城市道路路段	机动车道	自由流速度百分比(%)和V/C	V/C是交叉口中最大的直行车辆比率
	人行道	人行道服务水平分数和平均速度(ft/s),人均空间(ft^2/p)	服务水平分数是道路每部分路段的加权平均值(道路长度为权重)
	自行车道	基于用户感知的服务水平分数	
信号交叉口	机动车道	控制延误(s/veh)和V/C	可以计算每组车道、每个进口道方向、整个交叉口的服务水平(Level of Service,LOS)分数;进口道方向和整个交叉口的服务水平,仅取决于控制延误
	人行道和自行车道	基于用户感知的服务水平分数	针对行人,计算每个人行道和每个方向的LOS分数;针对自行车,计算每一自行车进口道方向的LOS分数
立交匝道		控制延误(s/veh)和V/C,排队容积率,剩余队列	计算每一O-D的服务水平,当该O-D中任意车道的V/C或排队容积率大于1.0时,服务水平为F
双向停车控制交叉口	机动车道	控制延误(s/veh)和V/C	服务水平取决于次要道路而非主要道路,当V/C大于1时,服务水平为F(不考虑控制延误)
	人行道	控制延误(s/p)	计算通过非停车让行的行人流和二次过街行人通道的LOS分数
全向停车控制		控制延误(s/veh)和V/C	当V/C大于1时,服务水平为F(不考虑控制延误);进口道方向和整个交叉口的服务水平,仅取决于控制延误
环岛		控制延误(s/veh)	当V/C大于1时,服务水平为F(不考虑控制延误);进口道方向和整个交叉口的服务水平,仅取决于控制延误
人行辅路和自行车道	行人专用通道/楼梯	人均空间(ft^2/p)	人均空间是主要有效性度量(Measure of Effectiveness,MOE)指标,相关指标包括人流率[p/(min·ft)],平均速度(ft/s),V/C
	行人/自行车共用通道	加权事件率/h	自行车和行人相遇即是一个事件;相关指标包括单方向自行车服务量(自行车数/h)
	自行车专用和共用通道	自行车服务水平分数	分数包含每分钟的相遇次数、每分钟主动通过率、中心线施划、路径宽度、延迟的通过数

4.2.2 面向车辆通行效率提升的局部优化模型

面向效率提升的局部优化模型是以保证车辆行驶安全为约束条件，以车辆的通行效率为优化目标的。在构建局部优化模型时，车辆通行效率通常用时间延误表示，如式(4-6)所示。时间延误是车辆实际通过时间与最优通过时间之差：

$$d_i = t_{\text{assign}}^i - t_{\min}^i \tag{4-6}$$

其中，d_i 表示第 i 辆车的时间延误；t_{assign}^i 表示第 i 辆车的实际通过时间；$t_{\min}^i$ 表示第 i 辆车的最短通行时间。

车辆到达汇入区域的最短时间由车辆的最大加速度、最大减速度以及最大速度所决定。车辆的实际通过时间为路侧控制中心为其分配的到达时间，最优通过时间以车辆保持最大速度通过交叉口进行计算，如式(4-7)到式(4-10)所示：

$$t_{\min} = t_{\text{acc}} + t_{\text{cru}} \tag{4-7}$$

$$v_t = \sqrt{v_0^2 + 2a_{\max}p_0} \tag{4-8}$$

$$t_{\text{acc}} = \min\left(\frac{v_t - v_0}{a_{\max}}, \frac{v_{\max} - v_0}{a_{\max}}\right) \tag{4-9}$$

$$t_{\text{cru}} = \max\left(0, \frac{2a_{\max}p_0 - v_{\max}^2 + v_0^2}{2a_{\max}v_{\max}}\right) \tag{4-10}$$

其中，$t_{\min}$是车辆到达汇入区域的最短时间；t_{acc} 表示加速到最大速度的加速时间；t_{cru} 表示以最大速度巡航到汇入区域的时间；v_t 表示以最大加速度加速后的最终速度；v_0 表示车辆的初始速度；p_0 表示车辆的初始位置；$a_{\max}$和 $v_{\max}$分别表示车辆的最大加速度和最大速度。

因此，交叉口的时间延误可以表示为各方向车辆时间延误的总和，用式(4-11)计算。

$$D = \sum_{i=1}^{N} d_i = \sum_{i=1}^{N} (t_{\text{assign}}^i - t_{\min}^i) \tag{4-11}$$

其中，D 表示总的时间延误；N 表示车辆数。

4.3 面向节能减排的局部优化模型构建

面向节能减排的局部优化模型是实现车路协同环境下车辆轨迹规划的依据。在保证行驶安全的前提下，车辆轨迹规划的目标是尽可能地减少交通系统的能耗和排放。本节首先对影响车辆能耗和排放的因素进行总结与分析，在此基础上分析面向节能减排的常用指标，进而介绍其局部优化模型的构建。

4.3.1 车辆能耗和排放影响因素分析

通常所说的道路交通引起的大气污染，是指交通运输中车辆排出及扬起的烟、尘和有害气体，其数量、浓度和持续时间超过大气的自然净化能力和允许标准，使人类和生物等蒙受其害。机动车的排放主要来自车辆的排气管、曲轴箱及燃油系统的挥发。机动车是一种排放部位低、不易扩散的移动污染源，是城市大气污染的重要来源。研究表明，2014 年北京市机动车排放的一氧化碳（CO）、碳氢化合物（HC）和氮氧化物（NO_x）分别占到大气污染物中这几类排放总量的 86%、32% 和 56%，而机动车排放对形成 $PM_{2.5}$ 的贡献占本地贡献源的 31.1%，如图 4-7 所示。

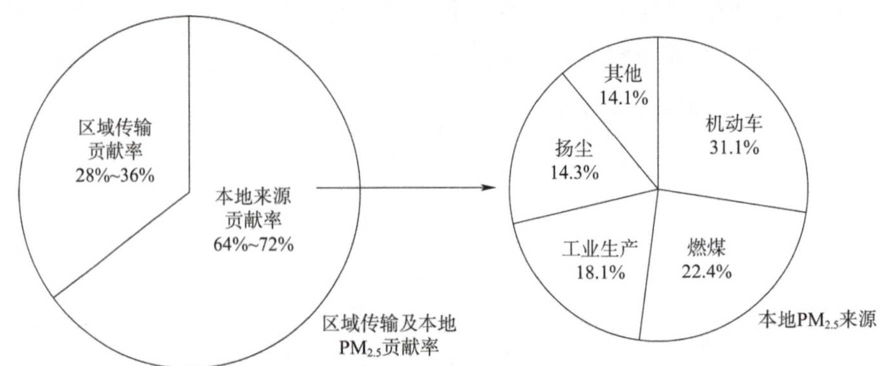

图 4-7　北京市 $PM_{2.5}$ 贡献率分布及 $PM_{2.5}$ 本地来源 $PM_{2.5}$ 污染来源占比

需要注意的是，道路交通对空气质量的影响不仅来自机动车的直接排放，其排放物在大气中还会发生进一步的反应，形成二次污染。例如，一半以上的 NO_x 和 HC 会转化成 $PM_{2.5}$。此外，道路交通引起的扬尘也是 $PM_{2.5}$ 污染的重要来源。

为了对交通排放进行量化分析，20 世纪 70 年代起，先后出现了多种测试机动车排放的实验方法，包括机动车台架测试法、隧道测试法、红外遥感测试法、车载排放检测法等。

1）台架测试

台架测试也称为底盘测功机测试，其测试过程为：被测机动车在底盘测功机上按照预先设定的工况运行，运行过程中通过测试系统对其排放的污染物进行收集并进行定量分析。上述测试过程均在实验室进行，测试过程中的湿度、温度等环境参数及机动车运行参数均可精确控制，因而试验重复性好，分析获得的数据能够很好地反映相应运行工况下的机动车能耗排放特性。台架测试是目前机动车能耗排放测试方法中应用最为广泛的一种方法，各个国家或地区中的机动车年检或大范围区域内的机动车能耗排放特性的分析都采用了此种测试法。

2）隧道测试

在隧道中进行机动车排放测试实验的基本原理，是在隧道进出口对污染物进行采样，根据进出口污染物浓度的差异，隧道内机动车的种类、数量和速度以及风向、风速、环境温度和湿度等，对车队的综合排放因子进行计算。通过隧道实验对机动车能耗排放特性进行分析时，隧道的相对密闭特性使其相当于一个定量容器，因此，可认为隧道进出口处污染物浓度的变化均由通过隧道的机动车的尾气排放导致，根据守恒原理即可计算获得机动车的能耗排放数据。

3）红外遥感测试

基于不同分子对不同波段光吸收程度存在差异的原理，可以采用红外遥感设备测试和计算机动车的排放因子。置于道路一侧的光源发生器发射红外光和紫外光，机动车通过时排放的尾气将吸收部分光，光波经道路对面的反光镜反射回光源检测器，此时接收到的光谱将因部分光被机动车排放的尾气吸收而发生改变。通过分析接收到的光谱变化即可计算机动车各排放成分的浓度。红外遥感测试法具有检测效率高、覆盖车型广的特点，但其测量过程极易受测量条件的影响，测量精度较差，近年来应用已逐渐减少。

4）车载排放检测

车载排放检测法就是通过与机动车排气管相连的车载排放测试系统（Portable Emission Measurement System，PEMS）实现尾气实时采样，并逐秒分析机动车污染物排放数据和运行状态信息的方法。可见，车载排放测试系统能实时采集机动车排放数据，能够真实反映实际运行工况下的机动车排放状态。目前最有代表性的主要车载排放测试系统包括：美国清洁空气技术公司的 OEM2100、美国 Sensors 公司推出的 SEMTECH 系列设备和日本 HORIBA 公司开发的 OBS 设备。车载排放检测是目前机动车尾气测量方法中最准确和实用的方法，但车载排放测试系统价格昂贵，在现有的机动车排放测试过程中未得到大范围的普及。

4.3.2 面向车辆行驶节能减排的局部优化模型

前面介绍的四种机动车能耗排放测试方法各有优势，但均有其不足之处。台架测试法未充分考虑交通流对机动车排放特性的影响；隧道测试法和遥感测试法测试实现过程容易，但易受外界环境干扰，测试精度较差；车载排放测试设备成本高昂。因此，当需要综合考虑各种机动车能耗排放因素的影响，完成一个具备较广覆盖性的测试工作时，其工作量相当巨大。

为了充分利用已有的实测数据、避免大规模重复性实验，不同国家和地区在本地区大规模实验数据的基础上推出了各种能耗排放估计模型，为机动车能耗排放特性的研究和应用提供了基础参考数据。这些模型可以分为宏观和微观两大类：宏观的能耗排放模型使用的是集计的分析方法计算一个区域内的能耗排放总量，一般引入能耗排放因子和道路行驶里程实现量化计算；微观的能耗排放模型则以单个车辆为测试对象，测试和计算特定驾驶模式下、以秒为单位的瞬间能耗排放量。

微观的能耗排放模型最早出现在汽车工程领域，其目的是满足汽车设计在考虑能耗和排放时的需求。尽管这些模型主要面向车辆设计，与交通系统管控需求相差甚远，但对后来面向交通应用的微观模型的开发具有重要的参考价值。20 世纪 90 年代，人们广泛认识到了宏观的能耗排放模型应用于交通项目评估时具有明显的缺陷(无法反映交通流的动态特性),在美国公路合作研究项目(National Cooperative Highway Research Program,NCHRP)的推动下,美国加州大学河滨分校和密歇根大学于1995年合作开发了微观的综合模态尾气排放模型(Comprehensive Modal Emission Model,CMEM)。此后,微观能耗排放模型在一段时间内成了一个研究热点。

根据模型开发时采用的理论和方法,微观的能耗排放模型可分为基于发动机动力特性的模型、基于驾驶模式分解的模型、基于速度-加速度的统计模型以及基于功率需求的物理模型四类。下面分别从模型的结构、输入变量、源数据、精度要求等方面逐一进行介绍。

1)基于发动机动力特性的模型

高级别车辆仿真器(Advanced Vehicle Simulator,ADVISOR)、动力系统分析工具包(Powertrain System Analysis Toolkit,PSAT)和电动车辆仿真器(Electric Vehicle Simulator,EVSIM)是在汽车工程领域被广泛应用的能耗排放模型。这些模型在固定行驶周期下模拟车辆的运行状态和相应的功率流,计算车辆牵引力、发动机转矩、功率及能耗时需要车辆、发动机、排放控制、行驶周期等较复杂的参数。这类模型能够计算特定车辆在指定行驶周期下的能耗和排放量,计算精度高。但其缺点也很明显,难以与面向交通管控的相关参数对接。

2)基于驾驶模式分解的模型

考虑不同交通条件下的特征构建能耗排放模型,将不同交通条件下的典型驾驶状况进行分类,并按照不同驾驶模式测算对应的能耗排放。模型假设各驾驶模式的能耗排放是相互独立的,且总能耗排放等于各模式的能耗排放之和。由于模型概念清楚、结构简单,且与交通模型建立接口容易,其应用比较广泛;但其缺点是实际应用中,通常都以平均驾驶模式下的加减速为参考,确定模型的能耗排放参数,而不能区分不同驾驶人、不同交通条件下加减速的区别。相关测试证明,不同加减速对机动车能耗排放的影响很大,且短距离出行时的能耗和排放受加减速影响更大,因此,该模型在短距离出行情况下的应用效果不佳。

3)基于速度-加速度的统计模型

速度-加速度矩阵是描述机动车能耗排放状态的最直观方法,即引入速度-加速度矩阵建立二维查询表,再根据实验数据填充矩阵下的每一个速度-加速度单元的平均排放数据。Andre等人使用速度和加速度的乘积来代替加速度变量,VT-Micro(Virginia Tech Microscopic Model)模型是这一方法的代表模型。该模型将排放数据依据速度和速度、加速度乘积进行分类,于是在计算机动车瞬时排放时,可按照速度和速度、加速度乘积组合进行选择或计算数值。

VT-Micro模型先采用分类回归树的方法将测试车辆分成若干类,然后将每一类车辆的排放数据根据速度、加速度进行平均,进而形成具有代表性的车辆排放数据。计算每一类车辆的排放量时,可以针对每一种排放物用速度、加速度不同幂次的乘积组合来确定最佳的拟合。VT-Micro模型的基本形式如式(4-12)所示:

$$\ln(MOE_e) = \begin{cases} \sum_{k=0}^{3}\sum_{j=0}^{3} L_{k,j}^{e} a_i^k(t) v_i^j(t), a \geq 0 \\ \sum_{k=0}^{3}\sum_{j=0}^{3} K_{k,j}^{e} a_i^k(t) v_i^j(t), a < 0 \end{cases} \tag{4-12}$$

其中,MOE_e 表示车辆行驶过程中的排放量;j、k 为常量,表示指数;$L_{k,j}^e$ 与 $K_{k,j}^e$ 为系数,其取值如表4-3所示;$a_i^k(t)$表示车辆 i 在 t 时刻的瞬时加速度;$v_i^j(t)$表示车辆 i 在 t 时刻的瞬时速度。

机动车尾气排放微观模型参数表 表4-3

参　数	取　值	常　量	v	v^2	v^3
正加速度	常量	-0.87605	0.03627	-0.00045	2.55E-06
	a	0.081221	0.009246	-0.00046	4.00E-06
	a^2	0.037039	-0.00618	2.96E-04	-1.86E-06
	a^3	-0.00255	0.000468	1.79E-05	3.86E-08
负加速度	常量	-0.75584	0.021283	-0.00013	7.39E-07
	a	-0.00921	0.011364	-0.0002	8.45E-07
	a^2	0.036223	0.000226	4.03E-08	-3.5E-08
	a^3	0.003968	-9E-05	2.42E-06	-1.6E-08

基于速度-加速度矩阵模型应用的关键在于速度-加速度矩阵的分辨率。速度-加速度矩阵的分辨率越高,则计算精度越高。但高分辨率的矩阵也对各种车型基础数据收集和模型计算提出了非常高的要求。此外,这种只根据速度-加速度组合关系来拟合机动车的排放模型,完成没有考虑机动车的排放原理,在机理上缺少理论支持。

4)基于功率需求的物理模型

为了克服上述统计方法无法解释车辆排放原理的不足,诸多研究工作开始从车辆功率需求的角度建立能耗排放模型。这种方法在一定程度上借鉴了基于发动机动力分析模型的思想,但在模型输入参数的选择上做了较大改进,选择的参数有别于汽车工程领域,使其更贴近交通管控的需求。由 Barth 等人建立的 CMEM 模型被认为是目前应用最广泛、对后续微观模型的开发影响最大的基于功率需求的物理模型。该模型选择车辆行驶模式和发动机运行状况为模型输入参数,逐秒计算机动车的能耗排放,其结果能够与交通特性分析和微观交通流仿真较好地结合。

由于大部分能耗排放模型都是以车辆的瞬时速度和加速度作为输入,而且乘车舒适度与车辆的加速度相关,因此,在局部优化的实际问题求解中常常选用车辆的加速度来计算机动车的能耗排放量。式(4-13)给出的就是其中一种常用的计算式:

$$A = \sum_{i=1}^{N}\sum_{k=1}^{T_i} a_i^2(k) \tag{4-13}$$

其中,A 表示加速度平方和;N 表示车辆数;$a_i(k)$表示 k 时刻车辆 i 的加速度;T_i 表示第 i

辆车的加速时间。式(4-13)对加速度进行平方,是考虑加速度的平方与车辆能耗正相关。

4.4 典型场景局部优化模型应用

前面三节分别论述了面向安全保证、效率提升和节能减排的局部优化模型的构建,本节结合车辆群体协同决策与控制应用的典型场景——城市路口,举例阐述这些模型在城市路口交通管控中的综合应用。

4.4.1 城市路口协同通行场景建模

考虑一个如图4-8所示的四向六车道的城市路口,在车路协同环境的支持下,圆圈内的区域可看成是控制区,不同方向的车辆在图中阴影区域内存在碰撞的可能,故阴影区域被称为冲突区。根据路口的几何形状可将路口进一步划分为若干个冲突子区,图4-8所示的冲突区可划分为36个冲突子区,按顺序分别命名为冲突子区1、冲突子区2……冲突子区36。

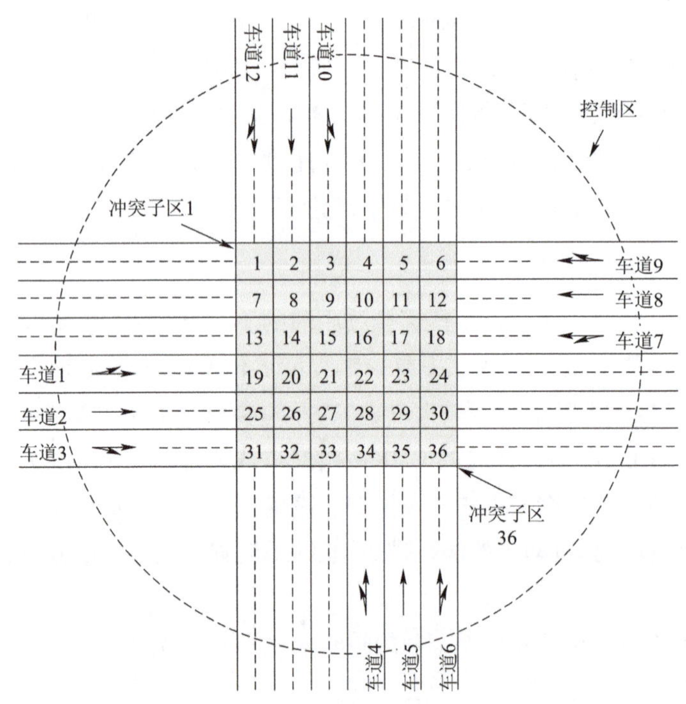

图4-8 多车道路口典型场景

进入控制区的每辆车都会分配一个唯一的编号 V_i,表示是第 i 辆进入控制区的车辆。同时,定义 Z_i 表示车辆 V_i 将会通过的冲突子区集合,例如,$Z_i=\{4,1\}$ 表示车辆 V_i 将会顺序通过冲突子区4和冲突子区1。于是,为简化应用实例的分析,本节做如下假设:

(1)车路协同环境下每辆车通过V2X技术与周围的车辆和路侧设备共享自身的运动状态信息(如位置、速度等)和操控信息,同时所有通信都是瞬时完成的,不存在丢包和延时等;

(2)为保证行车安全,控制区内的车辆禁止换道;

(3)车辆通过冲突区的整个过程中速度保持不变。

4.4.2 城市路口协同通行效率优化

城市路口协同通行效率的优化是在保证车辆行驶安全的条件下实现通行效率最大化,因此其优化目标为通过路口的所有车辆的通行时间延误最小,即:

$$\min J = \sum_{i=1}^{n} (t_{a,i,z} - t_{\min,i,z}) \tag{4-14}$$

其中,J 为所有车辆的通行延误;$t_{a,i,z}$是车辆 V_i 到达冲突子区 z 的期望到达时间,$t_{\min,i,z}$是车辆 V_i 以最大车速和加速度到达冲突子区 z 的最快到达时间;n 是控制区域内的车辆数。

速度约束和加速度约束等物理限制可转化为与最快到达时间相关的约束,即:

$$t_{a,i,z} \geqslant t_{\min,i,z} \tag{4-15}$$

因此,车辆的到达时间必定大于或等于最快到达时间,从而保证可以通过调节加速度找到期望的解。

为保证车辆在途行驶安全,需要构建保证车辆安全通行的约束条件。为避免同车道上前后两车发生碰撞,要求前后车之间须保持一定的安全车头时距,则有

$$t_{a,i,z} - t_{a,j,z} \geqslant \Delta_{j,a} \tag{4-16}$$

其中,V_i 是后车;V_j 是同车道的前车;$\Delta_{j,a}$是最小安全车头时距,并与前车的动作相关;a 的值表示车辆 V_j 的动作,例如,$a=0$ 表示直行,$a=1$ 表示左转,$a=2$ 表示右转。通常情况下,左转会花费更多时间,因此需要给左转动作设定更大的安全车头时距。

为避免在冲突区内发生碰撞,规定在任意时刻每个冲突子区内只能拥有一辆车。假设车辆 V_i 和车辆 V_j 是可能在冲突区内发生碰撞的两辆车,为避免它们发生碰撞,则须满足:

$$\begin{aligned} & t_{a,i,z} - t_{a,j,z} \geqslant \Delta_{j,a} \\ & OR \\ & t_{a,j,z} - t_{a,i,z} \geqslant \Delta_{i,a} \end{aligned} \tag{4-17}$$

上述约束要求一辆车只有在另一辆车离开冲突子区后才能进入该冲突子区。

假设车辆在冲突子区内的速度是固定的,根据道路几何结构可直接计算从一个冲突子区行驶到另一个冲突子区需要花费的时间。定义 $\Delta t_{i,z,z'}$表示车辆 V_i 从冲突区 z 行驶到冲突子区 z'的时间间隔,则有

$$t_{a,i,z} + \Delta t_{i,z,z'} = t_{a,i,z'} \tag{4-18}$$

引入0-1变量,可构造完整的路口协同通行效率优化问题如下:

$$
\begin{aligned}
\min_{t_a,b} \quad & J=\sum_{i=1}^{n}(t_{a,i,Z_i(1)}-t_{\min,i,Z_i(1)}) \\
\text{subject to} \quad & t_{a,i,z}\geqslant t_{\min,i,z} \\
& t_{a,i,z}-t_{a,j,z}\geqslant \Delta_{j,a} \\
& t_{a,k,z}-t_{a,l,z}+M\cdot b_{k,l}\geqslant \Delta_{l,a} \\
& t_{a,l,z}-t_{a,k,z}+M\cdot(1-b_{k,l})\geqslant \Delta_{k,a} \\
& t_{a,i,z}+\Delta t_{i,z,z'}=t_{a,i,z'} \\
& b_{k,l}\in\{0,1\}
\end{aligned}
\tag{4-19}
$$

其中,$Z_i(1)$是集合 Z_i 中的第一个元素;M 是一个充分大的常数;$b_{k,l}$是一个 0 - 1 变量。M 取大值的作用是使式(4-19)中第 3 个和第 4 个不等式等价于式(4-17)描述的约束。例如,当 $b_{k,l}$等于 1 时,由于 M 足够大,式(4-19)中第 3 个不等式必然成立,而第 4 个不等式就变换成与式(4-16)描述的约束相似的形式,即车辆 V_k 先到达冲突子区;反之当 $b_{k,l}$等于 0 时,车辆 V_l 先到达冲突子区。确定全部 $b_{k,l}$的值后,根据 $b_{k,l}$的值就能够反推通行顺序。

式(4-19)给出的路口协同通行优化问题是一个复杂的混合整数规划问题,其变量的数将随着车辆数的增加而显著增加,该问题的计算时间也会随着车辆数的增加呈指数型增加。

4.4.3 城市路口协同通行能耗排放优化

前面介绍了路口协同通行效率优化的求解,计算得到了所有车辆进入冲突区的期望到达时间。这里将解决车辆行驶的能耗排放优化问题,以使车辆在期望到达时间以期望速度进入相应的冲突子区。

一般地,车辆的动力学方程可表示为:

$$\dot{x}_i=f(t,x_i(t),a_i(t)),\quad x_i(t)=[p_i(t),v_i(t)] \tag{4-20}$$

其中,$x_i(t)$和 $a_i(t)$分别为车辆 V_i 在 t 时刻的状态和加速度;$p_i(t)$和 $v_i(t)$为车辆 V_i 在 t 时刻的位置和速度。

路口协同通行的轨迹规划问题一般可采用简化的动力学模型进行求解。简化的动力学模型一方面可以减少非线性约束造成的求解复杂度,另一方面往往不会对实际交通协同基础与控制产生明显影响。双积分动力学模型是通常采用的车辆运动简化动力学模型,由式(4-21)和式(4-22)给出:

$$\dot{p}_i(t)=v_i(t) \tag{4-21}$$

$$\ddot{p}_i(t)=a_i(t) \tag{4-22}$$

基于该模型,可将期望加速度曲线的计算转化为一个最优控制问题:

$$
\begin{aligned}
\min_{a_i(t)} \quad & \frac{1}{2}\int_{t_i^0}^{t_{a,i,Z_i(1)}} a_i^2(t) \\
\text{subject to} \quad & a_{\min} \leqslant a_i(t) \leqslant a_{\max} \\
& v_{\min} \leqslant v_i(t) \leqslant v_{\max} \\
& \dot{p}_i(t) = v_i(t), \ddot{p}_i(t) = a_i(t) \\
& p_i(t_i^0) = 0, v_i(t_i^0) = v_i^0 \\
& p_i(t_{a,i,Z_i(1)}) = p_i^0 \\
& v_i(t_{a,i,Z_i(1)}) = v_c \\
& t \in [t_i^0, t_{a,i,Z_i(1)}]
\end{aligned} \tag{4-23}
$$

其中，t_i^0 是初始时刻；p_i^0 是初始位置；v_i^0 是初始速度；v_c 是冲突区内的恒定速度。式(4-23)中第1个和第2个不等式代表车辆的物理约束，其中 $v_{\max}$ 和 $v_{\min}$ 是车辆的最大和最小速度，$a_{\max}$ 和 $a_{\min}$ 是车辆的最大和最小加速度；第3、4和5个条件代表车辆的边界约束条件，即初始时刻和末端时刻的状态约束。

此外，可以使用商业软件CPLEX等对上述最优控制问题进行求解，也可以基于最优控制理论的解析解形式进行求解。

第5章

CHAPTER 5

集中式路权分配模型构建及应用

5.1 模型适用场景

交通路网中关键节点(交叉口、匝道合流等区域)处的控制效果是影响交通安全和交通效率的主要因素,这些关键节点被称为核心冲突区。因此,有必要将核心冲突区的车辆路权分配问题单独提取出来进行重点讨论。

相关研究表明,在核心冲突区的路权分配采用集中式控制模式可有效保障交通安全和最大限度地提升交通效率,即采用集中式路权分配模型。集中式路权分配是指在特定情景下,由局部的控制中心或路侧单元,在采集到车辆实时行驶状态和交通环境信息的基础上,依据一定的决策策略,确定当前阶段控制区域内所有车辆依次通过核心冲突区的顺序,在此基础上优化车辆轨迹,从而达到在核心冲突区消解冲突、提升交通效率的目的。

集中式路权分配模型的适用场景如图 5-1 所示,主要包括匝道合流区域和交叉口区域,本章将对这两类场景的集中式路权分配模型进行详细分析和讨论。

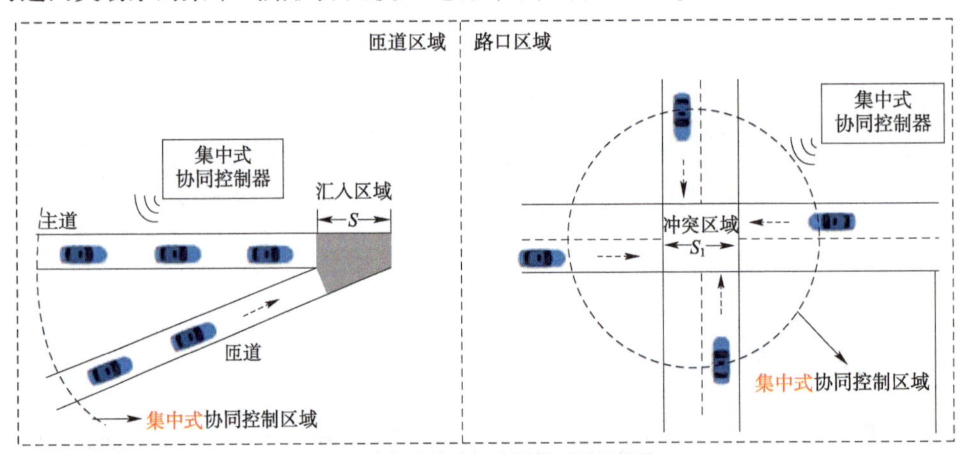

图 5-1　集中式路权分配模型适用场景

5.2 匝道场景下路权分配模型构建

匝道场景下路权分配问题求解过程中,控制区域覆盖的车辆数较多,耦合关系复杂,最优决策策略的计算复杂度高,是问题求解面临的主要挑战。现阶段能同时兼顾计算效率和协调决策性能的匝道路权分配模型可分为三类,分别为基于分组的路权分配模型、基于规则的路权分配模型和基于动态规划的路权分配模型。下面将分别介绍这三类模型。

5.2.1 基于分组的路权分配模型

一般情况下,匝道合流场景下参与路权分配的车辆数较多,而路权分配问题的解空间随着车辆数的递增呈指数型增长。此外,匝道合流场景下同一车道的车辆具有相同的行驶方向,而且同一车道的车辆之间可以保持较小的车头时距通过冲突区。因此,匝道合流处的路权分配可根据车辆的运动疏密状态,将冲突区域附近的车辆划分成不同的组别,同一组内的车辆可连续通过合流区,以较好地平衡计算复杂度和路权分配效果。基于此方法建立的模型称为基于分组的路权分配模型。

基于分组的路权分配模型的主要思想,是利用分组的方法将原问题的大规模解空间缩小为一个子集,进而在子集中搜索最优解而非在原来完整的解空间中搜索。此时,如果该子集中包含全局最优解或具有性能较优的解,只需在该子集中进行搜索,这样就可以在解的质量和计算效率之间取得平衡。基于分组的路权分配模型,实现匝道合流场景下车辆路权分配的流程图如图 5-2 所示。

首先,控制中心或路侧单元需要收集所有车辆的行驶状态和位置信息,根据这些信息计算每辆车与其前车的车头时距。如果两车的车头时距小于设定的分组阈值,两车即可被分在一组;否则,两车不属于同一组。此外,为了提高鲁棒性,模型采用了分组阈值的自适应设置过程。一般地,车头时距的初始阈值可设置为 1.5s,根据该阈值完成初次分组后,如果分得的总组数小于设定的最大组数,则完成分组过程;否则,将分组阈值增加 0.1s 重新分组,如果分得的总组数小于设定的最大组数,则完成分组过程;否则不断重复上述过程,直到分组的总组数小于设定的最大组数。

基于上述分组算法流程可知,分组阈值直接影响了分组的数目。为了缩短路权分配的计算时间,根据实际计算情况可设定最大组数为 12。如果总组数大于 12,计算时间相对较长,影响实际应用的实时性。通过多种情况下模型应用的结果可知,高速公路匝道合流场景不需要考虑太多的组数,以上最大组数的设定可以满足常规问题求解的计算效率和解的性能间的平衡。

完成上述分组后,同一组的车即被等效看作一个特殊的车辆节点,计算所有的特殊车辆节点,即可获得车辆的最优通行顺序。于是,在执行计算所得的通行顺序时,属于同一组的车辆会连续通过冲突区,不受其他车辆的影响而中断。在此基础上,展开所有以小组为单位的最优车辆通行顺序,形成以单个车辆为单位的通行顺序。显然,基于分组的路权分配模型显著降低了原问题的计算时间复杂度,尤其当车辆数 n 比较大时更能凸显其优势。显然,若设定的最大组数为 c,基于分组的路权分配模型的计算时间复杂度则为 $O(c! \cdot n)$。

为了更直观地理解基于分组的路权分配模型的优势,以图 5-3 所示的场景为例进行简单说明。使用上述分组方法后,场景中的 7 辆车可以分为 4 个组。于是,通过枚举的方法可快速得到 4 个组车辆的所有可行通行顺序,并可从所有可行通行顺序中搜索到最优解,如图 5-4 所示。最后,将以组为基本单元的通行顺序进一步展开形成以车辆为基本单元的通行顺序,即包含有图 5-4 中括号内的车辆通行顺序。由此可见,该场景通行顺序的解空间中包含的车辆通行顺序的个数,将由原来未分组时的 7！减少到分组后的 6。

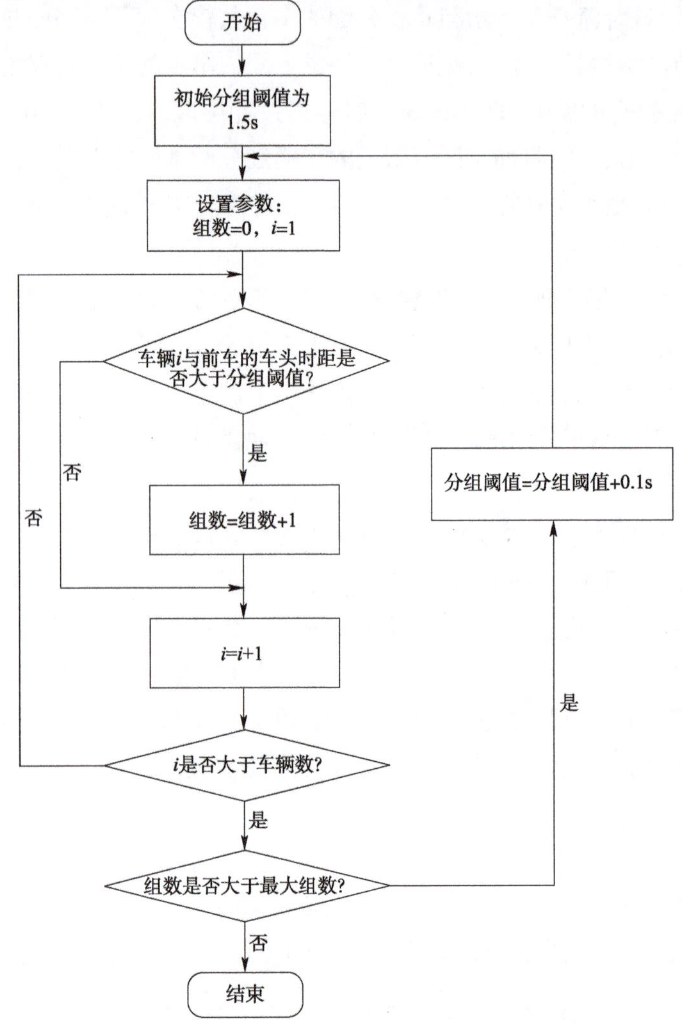

图 5-2　匝道合流场景下基于分组的路权分配模型流程图

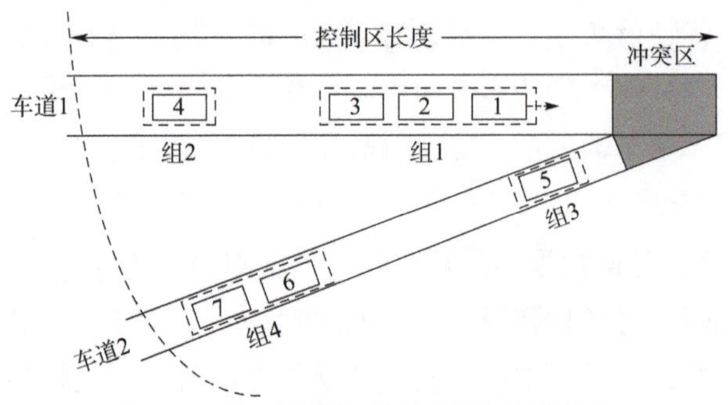

图 5-3　基于分组的匝道汇流路权分配模型

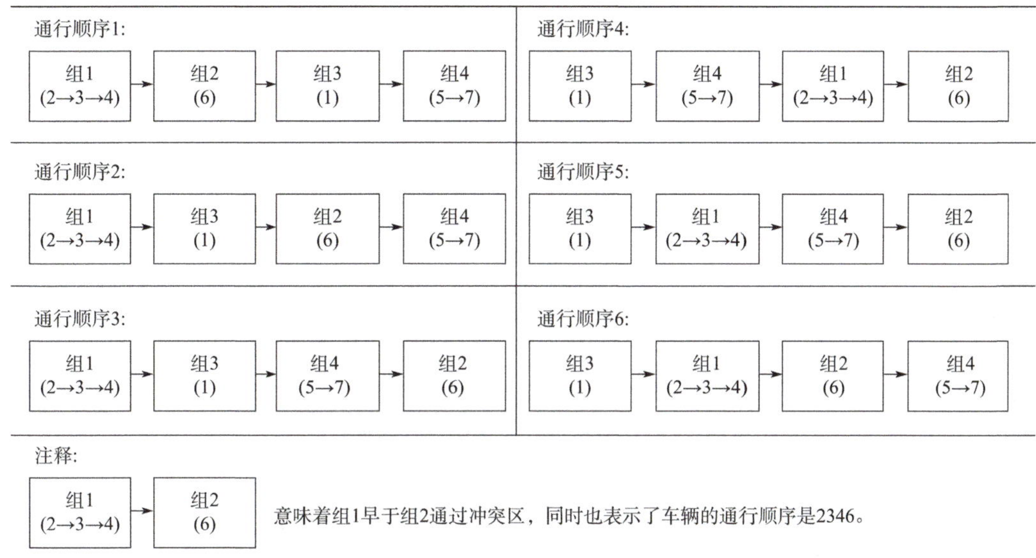

图 5-4 分组方法下的车辆可行通行顺序

5.2.2 基于规则的路权分配模型

一般情况下,车辆通过匝道冲突区域的路权分配按照先进先出(First-in-First-out,FIFO)的通行策略即可获得较好的通行效率;同时,基于 FIFO 的路权分配方法,其计算效率较高,可以较好地满足实时性的需求。但在 FIFO 基础上,采用特定规则的策略对车辆的通行顺序进行微小的调整,还可进一步提升交通通行效率,以收获更为理想的路权分配效果。实际应用中,可在充分考虑当前车辆运动状态以及车辆位置分布的基础上,制定合适的启发式规则对 FIFO 的通行顺序进行调整,以实现更为优化的车辆路权分配,即建立基于规则的路权分配模型。

基于规则的路权分配模型的主要思想,是在深入分析匝道场景交通控制特性的基础上,总结出可以保证在较短计算时间内获得足够好的通行顺序的调整规则,并保证在路权分配性能和计算效率之间取得较好的平衡。下面详细介绍匝道场景下基于规则的路权分配模型的构建过程。

匝道场景下车辆分别从不同车道即主路和匝道进入汇入区域时,通常总会出现主路和匝道车辆彼此交叉汇入的“交替汇入”情形,为保证安全通行,此时需要较大的安全车头时距,因此,主路和匝道的“交替汇入”将产生更多的时间延误。为此,将“交替汇入”调整为“分组汇入”,如图 5-5 所示,可以使匝道汇入场景的车辆通行时间缩短。因此,在满足一定条件的情况下,将“交替汇入”调整为“分组汇入”,可以在保证实时性的情况下得到近似最优的路权分配结果。

通常,基于规则的路权分配模型可归纳为以下四种情形。

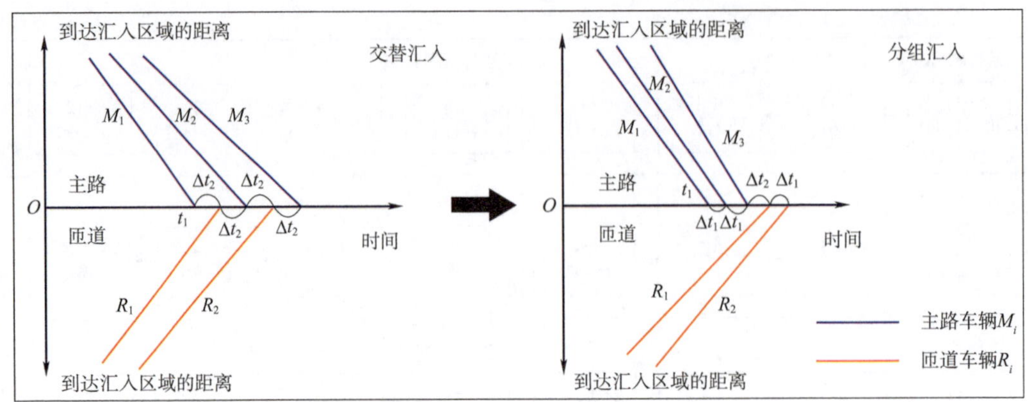

Δt_1 表示同一车道相邻车辆到达汇入区域的安全车头时距；Δt_2 表示不同车道相邻车辆到达汇入区域的安全车头时距

图 5-5 “交替汇入”和“分组汇入”示意图

1）通行顺序调整情形 1

本情形是指主路上车辆较多且匝道某辆来车夹在主路来车之间的情况，其通行顺序调整的条件以及相应的调整规则如表 5-1 所示，其调整过程示意如图 5-6 所示。如果匝道上车辆 R_{n_2} 到达汇入区域的时间在主路上新检测到的车辆 M_{new} 和已有的车辆 M_{n_1} 到达汇入区域的时间之间，就将主路车辆 M_{new} 的通行顺序向前调整，调整后的通行顺序为 $MS=\{M_{\text{new}},R_{n_2},R_{\text{new}}\}$。于是，可依据式(5-1)至式(5-3)为各车分配进入冲突区域的时间。

调整情形 1 的调整条件与规则　　表 5-1

调整条件	匝道上车辆到达汇入区域的时间，在主路上已有车辆和新检测到的车辆到达汇入区域的时间之间，且满足 $t_{\text{assign}}^{M_{n_1}}+\Delta t_1 \geq t_{\min}^{M_{\text{new}}}$
调整规则	主路上新检测到的车辆将优先匝道车辆进入冲突区域，即调整后的通行顺序为 $MS=\{M_{\text{new}},R_{n_2},R_{\text{new}}\}$

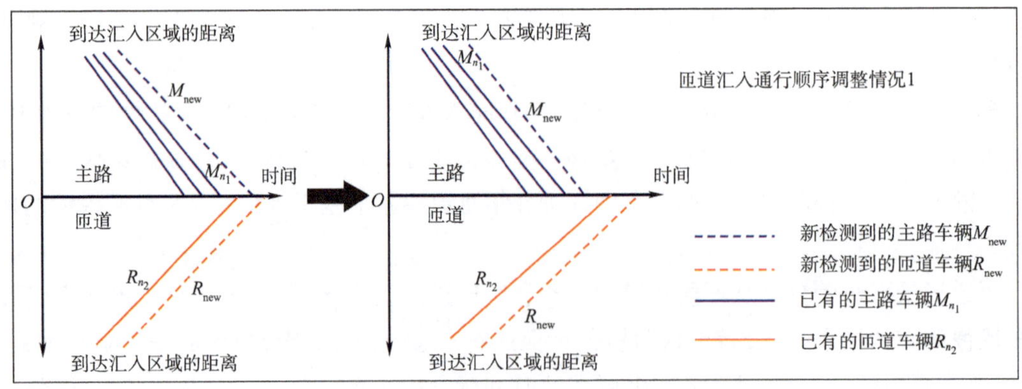

图 5-6 调整情形 1 通行顺序调整前后示意图

$$t_{\text{assign}}^{M_{\text{new}}}=\max\{t_{\text{assign}}^{M_{n_1}}+\Delta t_1, t_{\min}^{M_{\text{new}}}\} \tag{5-1}$$

$$t_{\text{assign}}^{R_{n_2}}=\max\{t_{\text{assign}}^{M_{\text{new}}}+\Delta t_2, t_{\min}^{R_{n_2}}\} \tag{5-2}$$

$$t_{\text{assign}}^{R_{\text{new}}}=\max\{t_{\text{assign}}^{R_{n_2}}+\Delta t_1, t_{\min}^{R_{\text{new}}}\} \tag{5-3}$$

其中，$t_{assign}^{M_{new}}$表示主路上新检测到的车辆M_{new}到达汇入区域的分配时间；$t_{assign}^{M_{n_1}}$表示主路上已有车辆M_{n_1}到达汇入区域的分配时间；$t_{assign}^{R_{n_2}}$表示匝道车辆R_{n_2}到达汇入区域的分配时间；$t_{assign}^{R_{new}}$表示匝道上新检测到的车辆R_{new}到达汇入区域的分配时间；Δt_1表示同一车道相邻车辆到达汇入区域的安全车头时距；Δt_2表示不同车道相邻车辆到达汇入区域的安全车头时距；$t_{min}^{M_{n_1}}$表示主路上已有车辆M_{n_1}到达汇入区域的最小时间；$t_{min}^{R_{n_2}}$表示匝道车辆R_{n_2}到达汇入区域的最小时间；$t_{min}^{R_{new}}$表示匝道上新检测到的车辆R_{new}到达汇入区域的最小时间。

2）通行顺序调整情形2

本情形是指匝道上车辆较多且主路某辆来车夹在匝道来车之间的情况，其通行顺序调整的条件以及相应的调整规则如表5-2所示，其调整过程示意如图5-7所示。如果主路上车辆M_{n_1}到达汇入区域的时间，在匝道上新检测到的车辆R_{new}和原有车辆R_{n_2}到达汇入区域的时间之间，就将匝道上新检测到的车辆R_{new}的通行顺序向前调整，调整后的通行顺序为$MS=\{R_{new},M_{n_1},M_{new}\}$。于是，可依据式(5-4)至式(5-6)为各车分配进入冲突区域的时间。

调整情形2的调整条件与规则　　表5-2

调整条件	主路上车辆到达汇入区域的时间，在匝道上新检测到的车辆和已有车辆到达汇入区域时间之间，且满足$t_{assign}^{R_{n_2}}+\Delta t_1 \geqslant t_{min}^{R_{new}}$
调整规则	匝道上新检测到的车辆将优先主路上已有车辆通过冲突区域，即调整后的通行顺序为$MS=\{R_{new},M_{n_1},M_{new}\}$

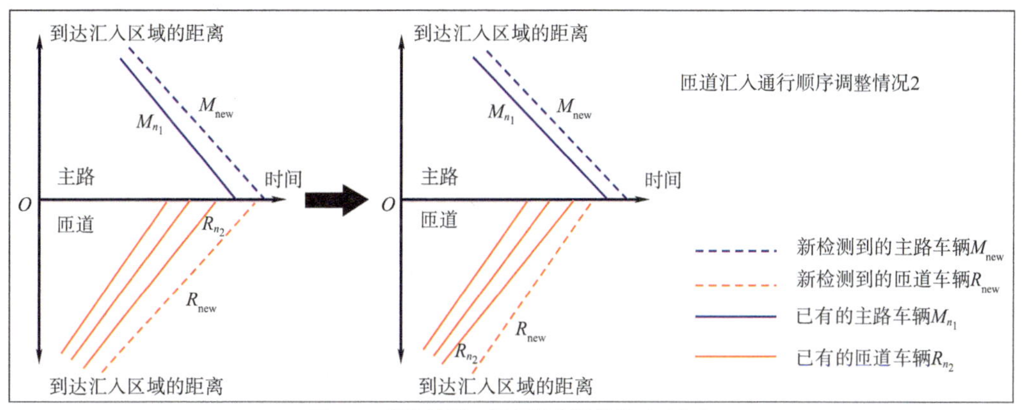

图5-7　调整情形2通行顺序调整前后示意图

$$t_{assign}^{R_{new}}=\max\{t_{assign}^{R_{n_2}}+\Delta t_1, t_{min}^{R_{new}}\} \tag{5-4}$$

$$t_{assign}^{M_{n_1}}=\max\{t_{assign}^{R_{new}}+\Delta t_2, t_{min}^{M_{n_1}}\} \tag{5-5}$$

$$t_{assign}^{M_{new}}=\max\{t_{assign}^{M_{n_1}}+\Delta t_1, t_{min}^{M_{new}}\} \tag{5-6}$$

3）通行顺序调整情形3

本情形是指主路上车辆较多且匝道某辆来车夹在主路某辆来车与一组来车之间的情况，其通行顺序调整的条件以及相应的调整规则如表5-3所示，其调整过程示意如图5-8所示。

如果匝道上车辆R_{n_2}和R_{new}到达汇入区域的时间，在主路上已有车辆M_{n_1}和新检测到的一组车辆M_{new}到达汇入区域的时间之间，就将匝道车辆R_{n_2}和R_{new}的通行顺序向前调整，让其优先主路车辆M_{n_1}进入冲突区域，调整后的通行顺序为$MS=\{R_{n_2},R_{new},M_{n_1},M_{new}\}$。于是，可依据式(5-7)至式(5-10)为各车分配进入冲突区域的时间。

调整情形3的调整条件与规则 表5-3

调整条件	匝道上车辆到达汇入区域的时间，在主路上已有车辆和新检测到的一组车辆到达汇入区域的时间之间，且满足$t_{assign}^{R_{n2}}+\Delta t_1 \geqslant t_{min}^{R_{new}}$
调整规则	匝道上新检测到的车辆将优先主路上已有车辆进入冲突区域，即调整后的通行顺序为$MS=\{R_{n_2},R_{new},M_{n_1},M_{new}\}$

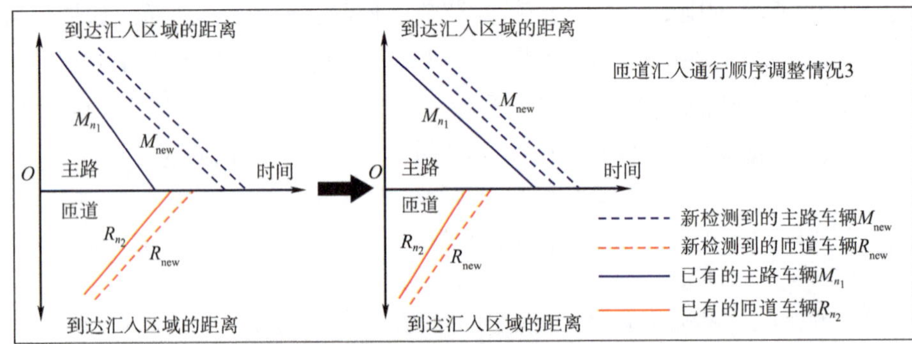

图5-8 匝道汇入通行顺序调整情况3示意图

$$t_{assign}^{R_{n2}}=\max\{t_{assign}^{R_{n2}-1}+\Delta t_1,t_{min}^{R_{n2}}\} \tag{5-7}$$

$$t_{assign}^{R_{new}}=\max\{t_{assign}^{R_{n2}}+\Delta t_1,t_{min}^{R_{new}}\} \tag{5-8}$$

$$t_{assign}^{M_{n1}}=\max\{t_{assign}^{R_{new}}+\Delta t_2,t_{min}^{M_{n1}}\} \tag{5-9}$$

$$t_{assign}^{M_{new}}=\max\{t_{assign}^{M_{n1}}+\Delta t_1,t_{min}^{M_{new}}\} \tag{5-10}$$

4）通行顺序调整情形4

本情形是指匝道上车辆较多且主路某辆来车夹在匝道某辆来车与一组来车之间的情况，其通行顺序调整的条件以及相应的调整规则如表5-4所示，其调整过程示意如图5-9所示。如果主路上一些车辆M_{n_1}和M_{new}到达汇入区域的时间，在匝道上已有车辆R_{n_2}和新检测到的一组车辆R_{new}到达汇入区域的时间之间，就将主路上车辆M_{n_1}和M_{new}的通行顺序向前调整，调整后的通行顺序为$MS=\{M_{n_1},M_{new},R_{n_2},R_{new}\}$。于是，可依据式(5-11)至式(5-14)为各车分配进入冲突区域的时间。

调整情况4的调整条件与规则 表5-4

调整条件	主路上一些车辆到达汇入区域的时间，在匝道上已有车辆和新检测到的一组车辆到达汇入区域的时间之间，且满足$t_{assign}^{M_{n1}}+\Delta t_1 \geqslant t_{min}^{M_{new}}$
调整规则	主路上新检测到的车辆将优先匝道上已有车辆进入冲突区域，即调整后的通行顺序为$MS=\{M_{n_1},M_{new},R_{n2},R_{new}\}$

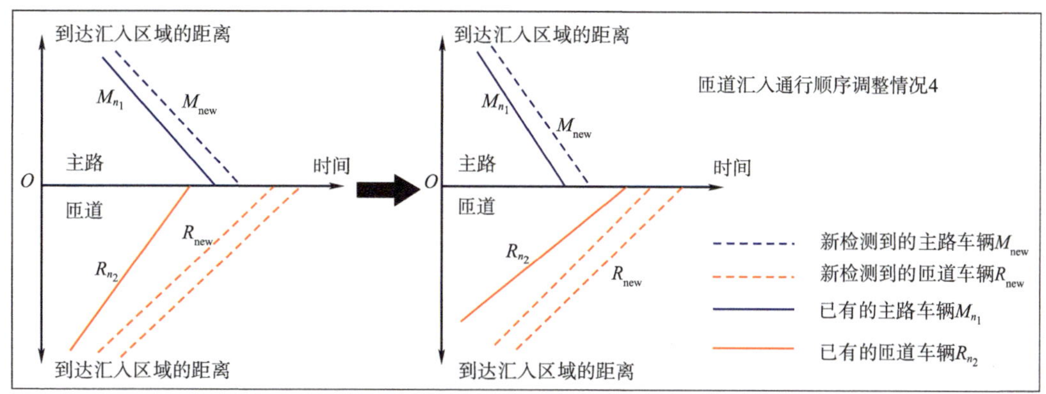

图 5-9 调整情形 4 通行顺序调整前后示意图

$$t_{\text{assign}}^{M_{n1}} = \max\{t_{\text{assign}}^{M_{n1}-1} + \Delta t_1, t_{\min}^{M_{n1}}\} \tag{5-11}$$

$$t_{\text{assign}}^{M_{\text{new}}} = \max\{t_{\text{assign}}^{M_{n1}} + \Delta t_1, t_{\min}^{M_{\text{new}}}\} \tag{5-12}$$

$$t_{\text{assign}}^{R_{n2}} = \max\{t_{\text{assign}}^{M_{\text{new}}} + \Delta t_2, t_{\min}^{R_{n2}}\} \tag{5-13}$$

$$t_{\text{assign}}^{R_{\text{new}}} = \max\{t_{\text{assign}}^{R_{n2}} + \Delta t_1, t_{\min}^{R_{\text{new}}}\} \tag{5-14}$$

5.2.3 基于动态规划的路权分配模型

车辆路权分配问题求解的计算复杂度很大程度取决于车辆冲突的消解过程。采用合适的冲突消解方式,对路权分配问题进行重新构建,可有效降低冲突区域附近的路权分配问题求解的计算复杂度。引入动态规划的思想,在充分考虑车车冲突关系和交通流基本原理的基础上,对冲突区域附近的路权分配问题进行重构,可在多项式时间计算复杂度下获得路权分配的最优解。因此,与基于分组和规则的路权分配模型不同,基于动态规划的路权分配模型提出了全新的状态空间构建方式,本质上是对路权分配问题进行了重构,使得计算复杂度由指数型降低为多项式型,并且能够保证解的最优性。

通过适当地设计动态规划的状态变量、状态转移和决策依据,基于动态规划的路权分配模型可以有效控制解空间的规模,以在多项式求解时间复杂度内求解获得全局最优的通行顺序,并可对解的最优性和求解效率给出严格的理论证明。

实质上,基于动态规划的路权分配模型就是将车辆路权分配问题的求解转化为一个多阶段的决策过程,每个阶段为一辆车分配路权。在构建动态规划模型时,将匝道通行特性和约束嵌入动态规划模型的状态转移过程中,使得状态空间仅包含可行的路权分配方案,大大降低了问题的复杂度。此外,为了保证路权分配结果的最优性,引入最优性原理完成每个阶段的决策。因此,基于动态规划的路权分配模型可在足够短的时间内计算得到最优的路权分配方案。

方便起见,考虑主路上汇入冲突区域的车道表示为车道 1,匝道车道表示为车道 2,则图 5-10 ~图 5-12 给出了基于动态规划的路权分配模型求解过程示意。

首先,动态规划模型的状态变量定义为$s_i(m_i, n_i, r_i)$,其中,s_i表示第i阶段的状态;m_i表示车道1上已经被分配了路权的车辆总数;n_i表示车道2上已经被分配了路权的车辆总数;r_i表示在当前阶段i获得路权的车辆的车道编号。图5-10给出了基于该状态变量定义的动态规划状态空间构建过程。显然,该状态变量的定义方式保证了状态转移过程服从马尔可夫性质,同时不同的前期状态可能会通过不同的路径到达同一个后期状态,由此极大地减少了模型的状态数量,对降低路权分配问题的复杂性起到了重要作用。

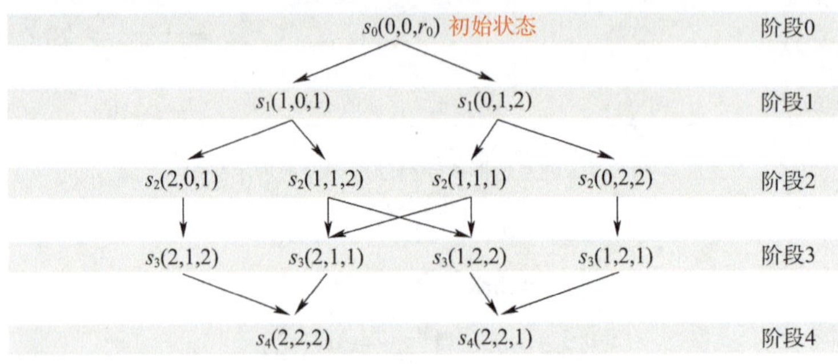

图5-10 动态规划状态空间的构建

其次,基于动态规划的路权分配模型在状态转移过程中,考虑了同一车道内需要遵循FIFO规则的车辆,可进一步减小状态空间的规模。具体来说,模型没有将获得路权的车辆编号当作状态,而是通过记录各车道上已经被分配了路权的车辆数来间接确定被分配路权的车辆,这样就方便地将同一车道内需要遵循FIFO规则的车辆嵌入到状态转移中,同时考虑匝道通行的特性和约束,使得状态空间中只包含了可行的车辆通行顺序,进而可有效提高求解效率。

最后,将通行效率最大化的目标函数用作动态规划的判据函数,以此指导每一个阶段的决策。由于判据函数的递推是基于最优性原理进行的,其结果保证了最终可以获得最优的路权分配方案。动态规划最优决策过程及反向回溯过程分别见图5-11、图5-12。

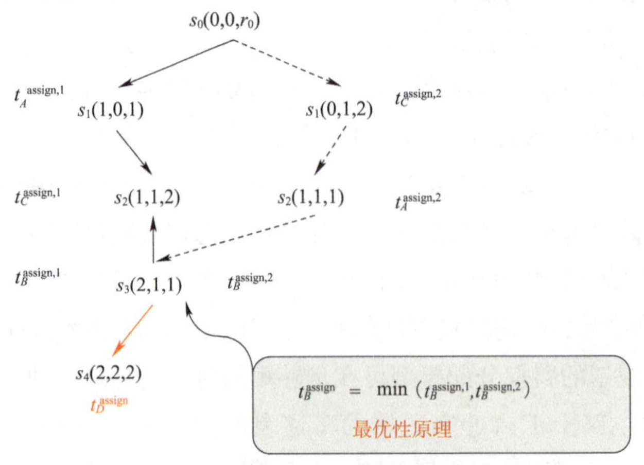

图5-11 动态规划最优决策过程

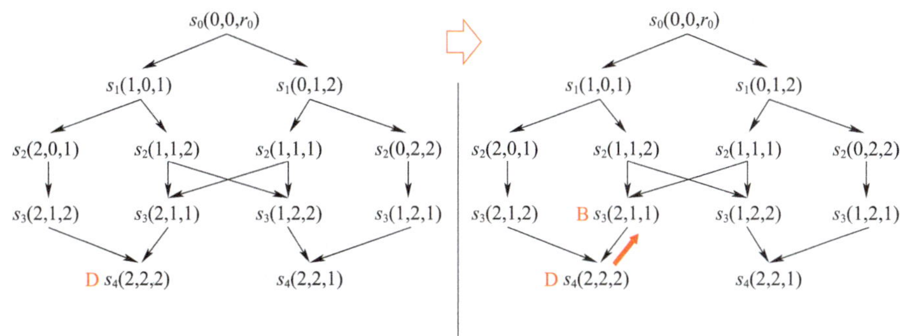

图 5-12 动态规划反向回溯过程

经过相关理论推导,基于动态规划的路权分配模型的计算复杂度可概括为:假设车道 1 和车道 2 上的车辆数分别为 m 和 n,则动态规划状态空间的状态数为 $(2mn+m+n+1)$,状态转移数为 $(4mn)$,动态规划方法的计算时间复杂度为 $O(mn)$。

5.3 路口场景下路权分配模型构建

相对于匝道合流场景而言,路口场景(如图 5-13 所示)下的路权分配问题更加复杂。当前,能同时兼顾计算效率和协同控制性能的路口路权分配模型可分为三类,分别为基于动态重排序的路权分配模型、基于蒙特卡洛树搜索的路权分配模型和基于动态规划的路权分配模型。下面将分别对这三类模型进行介绍。

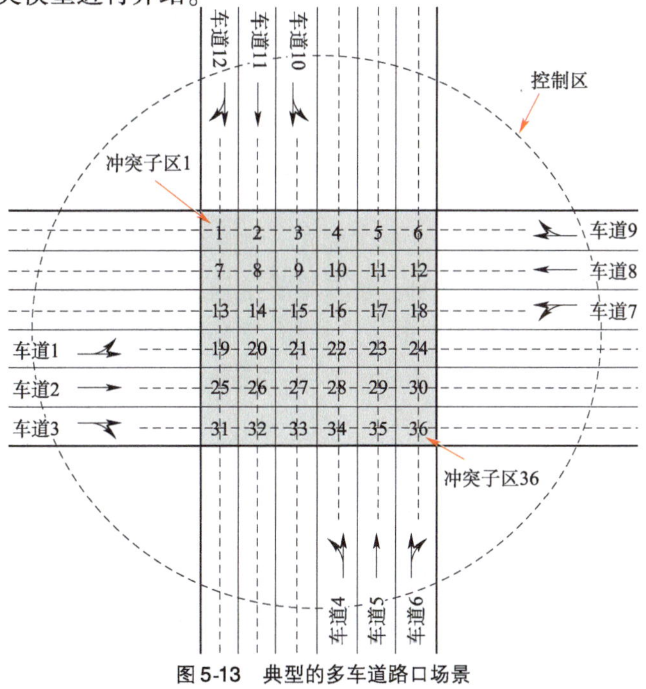

图 5-13 典型的多车道路口场景

5.3.1 基于动态重排序的路权分配模型

一般情况下,车辆通过路口冲突区域的路权分配按照先进先出(FIFO)的通行策略即可获得较好的通行效率。为了应对不同类型交通状态下的路权分配问题求解的需要,在FIFO策略的基础上对车辆的通行优先级进行微小的调整,可收获更为理想的路权分配效果。其中,基于动态重排序的路权分配模型可在充分考虑当前车辆运动状态、车辆冲突关系以及车流分布状态的基础上,对FIFO策略确定的车辆通行顺序进行动态调整,可以在提升路权分配效果的同时,还可保证较低的计算复杂度。

基于动态重排序的路权分配模型的主要思想,是当路口上游有新的车辆驶入控制区域时,在维持控制区域内上一阶段车辆通行顺序相对不变的基础上,将新进入的车辆插入一个有利于提升通行效率的通行顺序位置,从而形成新的可行路权分配方案。基于动态重排序的路权分配模型采用事件驱动机制,其模型的计算复杂度为$O(Mn)$,其中,M为路口的车道数;n为控制区域内的车道数。模型求解的算法总结如算法5-1所述。

算法5-1 :动态重排序路权分配算法

Input:所有车辆的运动信息及原始的车辆通行顺序 S

Output:一个新的可行的通行顺序 Sn

1:寻找当前控制区域内的车辆在原始的通行顺序 S 中的位置 k;

2:将新到达的车辆依次插入 S 中的任意两车之间;

3:判断新的通行顺序是否可行;

4:若可行,计算新的顺序目标值并与当前最优的目标值对比,择优取之,返回2;

5:若不可行,返回2,直到所有排序方案均已评估为止。

5.3.2 基于蒙特卡洛树搜索的路权分配模型

路口场景下车辆路权分配问题的求解需要在大规模的解空间中搜索,使得路权分配过程难以获得最优解;同时,解空间中的大部分解都是质量较劣的解,只有很少一部分的解接近最优解。因此,为了缩短获得足够好的解的计算时间,需要设计相关策略剔除质量较劣的解,使得路权分配模型只在质量较好的解集中实施搜索;进而使得在有限计算时间内获得足够优化的路权分配结果的概率大大提升,由此产生了基于蒙特卡洛树搜索的路权分配模型。

基于蒙特卡洛树搜索的路权分配模型的主要思想,是将路口区域内车辆路权分配问题的解空间用树形结构进行描述,并将随机搜索方法与面向交通应用的启发式规则相结合,进而在树形解空间中搜索足够优化的解,以较好地平衡计算效率和求解质量的矛盾。

1)树搜索问题构建

车辆通过路口冲突区的路权分配问题可以转化为搜索车辆最优通行顺序的树搜索问题。

所有可行的通行顺序构成搜索树的解空间，而该搜索树的每个叶子节点表示一个可行的参量路口通行顺序。

图5-14所示的路口场景，描述了路权分配问题解空间的树表达形式，其中字母表示路口区域内的车辆。搜索树根节点设置为空；根节点的每个直接子节点由一个字符组成，表示该路口通行顺序中的第一辆车；之后每增加一层，字符串就增加一个字母，如第三层的节点的字符串由两个字符组成；以此类推，每个子节点都扩展它的子节点，直到这棵搜索树最底层的所有叶子节点就代表了所有可行的路口通行顺序，如图5-15所示。

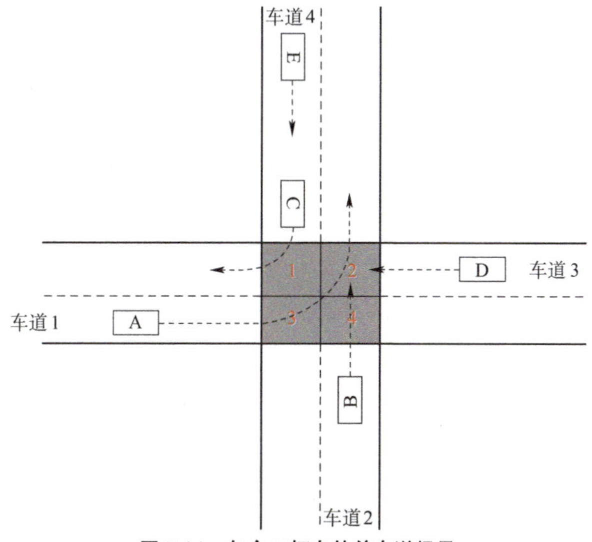

图5-14 包含5辆车的单车道场景

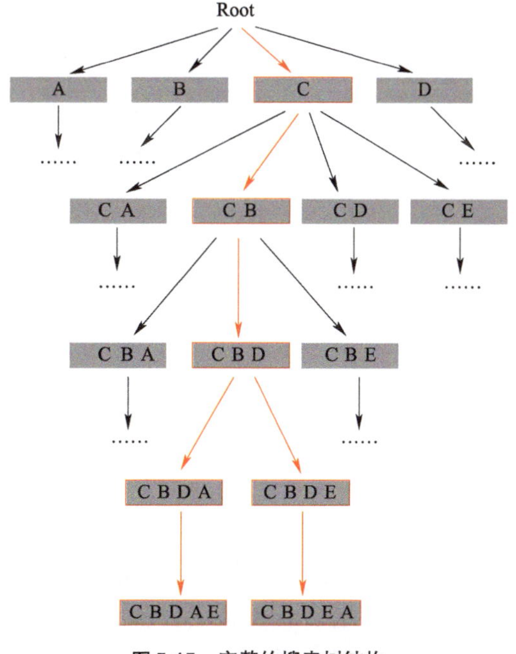

图5-15 完整的搜索树结构

由此可见,通过上述搜索树的构建,路权分配问题求解转化为在搜索树中找到对应于最优目标函数值的子节点。由于搜索树的节点数将随车辆数指数增加,因此在实际应用中不宜使用类似于枚举的方法遍历搜索树中的所有节点,这样需要的计算时间会很长。经实验分析发现,子节点的目标函数值可用来评价其父节点为最优解的潜能值。受反向传播评价研究方法的启发,可根据每个节点的对应潜能值,通过仅搜索整个树空间中的一小部分节点,即可实现在足够短的时间内计算寻找到一个接近最优的节点。

2)基于蒙特卡洛树搜索的路权分配方法

如前所述,当路口控制区内有大量车辆时,无法在有限的时间内计算扩展出搜索树的全部节点。考虑蒙特卡罗树搜索方法在解决围棋等领域相似问题时取得的出色效果,将该方法引入到路口场景路权分配问题的求解中,以实现有潜力成为最优解的节点的搜索。

在蒙特卡洛树搜索中,每个节点都会赋予一个分数用于评价该节点成为最优节点的潜能。在此定义一个节点的分数与其对应部分通行顺序的目标函数值相关,然后基于这些分数确定搜索树优先扩展的分支。一般而言,蒙特卡洛树搜索方法可通过迭代的方式逐步构建一棵完整的搜索树。其中,一次迭代过程包含四个步骤:选择、扩展、仿真和反传,如图 5-16 所示。

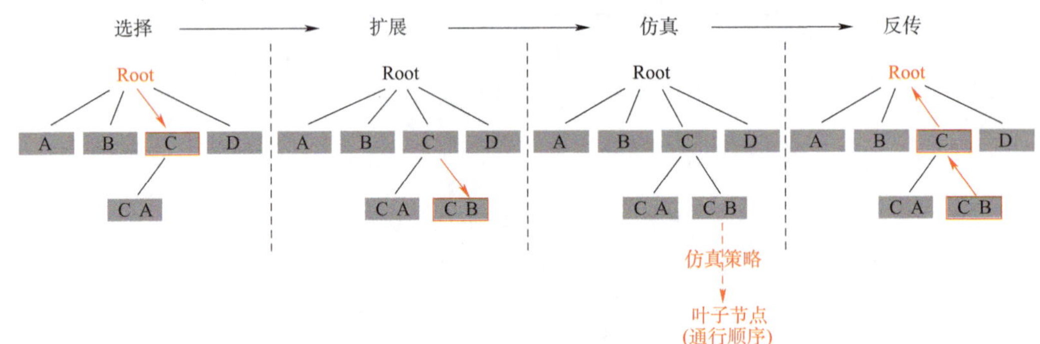

图 5-16　基于蒙特卡洛树搜索的路权分配方法一次迭代的内容

(1)选择:从根节点出发,基于如下的策略不断选择最需要扩展的节点,直到被选择的节点是不可扩展的节点。

$$\underset{i}{\operatorname{argmax}} Q_i + C\sqrt{\frac{\ln n}{n_i}} \tag{5-15}$$

其中,Q_i是子节点 i 的分数,并且Q_i的取值范围为$[0,1]$;n 是当前节点被访问过的次数;n_i是子节点 i 被访问过的次数;C 是权重参数。分数最大的子节点将被选中作为下一个扩展的节点。可扩展的节点是指该节点不是叶子节点,且拥有未被访问过的子节点。式(5-15)中的第一项可以选择当前评价分数最高的子节点,而第二项则更多地探索那些搜索数较少的节点。

(2)扩展:为选中的节点随机生成一个新的子节点,并将该新节点加入到树结构中。

(3)仿真:从新节点出发,开始运行仿真策略不断生成新的子节点,直到生成一个完整的通行顺序,并根据该完整的通行顺序的目标函数值去评价新节点的潜能。在经典的蒙特卡洛树搜索方法中使用随机采样的方式,从当前部分通行顺序还未包含的车辆中随机选择一辆,并添加到该部分通行顺序的尾部,直至生成完整的通行顺序,即达到树的最大深度。例如,当运用随机采样方法对图5-16中的CB节点进行处理时,将会在它的下一层中随机扩展一个子节点,比如产生的子节点是CBA。然后节点CBA又会重复上述步骤随机采样生成它的子节点,直到最后生成一个叶子节点(例如,节点CBADE)。最后,本算法根据节点CBADE的目标函数值评价节点CB的潜能。部分情况下,随机生成的完整通行顺序可能违反同车道需要遵循FIFO策略的车辆位置约束,因此需要进行检查并舍弃不合理的通行顺序。在仿真步骤结束后,可以通过如下步骤更新新增节点的分数:

①应用算法5-2计算新节点对应的部分通行顺序的目标函数值$\overline{J_i}$;

算法5-2:通行顺序轨迹求解算法

Input:一个(完整或部分的)通行顺序 P

Output:通行顺序中包含的车辆的目标函数值 J 和其期望到达时间t_a

for $i \in [1, \text{length}(P)]$ do

for $z \in Z_i$ do

V_j是通过冲突子区 z 的最后一辆车

$t_{a,P(i),z} = \max(t_{\min,P(i),z}, t_{\max,z} + \Delta_{j,a})$

end for

考虑车辆在冲突区内的速度是固定的,调整$t_{a,P(i),z}$

for $z \in Z_i$ do

$t_{\max,z} = t_{a,P(i),z}$

end for

end for

$J = \sum_{i=1}^{\text{length}(P)} t_{a,P(i),Z_i(1)}$

②应用算法5-2计算新节点仿真生成的完整通行顺序对应的目标函数值$\widehat{J_i}$;

③由于Q_i的取值范围为[0,1],使用如下的式子对$\overline{J_i}$和$\widehat{J_i}$进行标准化:

$$q_i = 1 - (J_i - J_{i,\min})/(J_{i,\max} - J_{i,\min}) \tag{5-16}$$

其中,$J_{i,\max}$是节点i所有兄弟节点中取得的最大目标函数值,$J_{i,\min}$是节点i所有兄弟节点中取得的最小目标函数值。

④新节点的分数Q_i可用下式计算:

$$Q_i = \omega \bar{q}_i + (1-\omega)\hat{q}_i \tag{5-17}$$

其中,ω为权重参数。

(4)反传:将新节点的分数Q_i沿着其父节点的方向不断向上传递,直至根节点。

显然,在上述蒙特卡洛树的迭代过程中,每次迭代所获得的最优通行顺序都在不断更新中。当达到设置的最大搜索时间时，迭代过程停止并返回当前最优通行顺序，进而可根据当前最优通行顺序，使用算法 5-2 计算所有车辆的期望到达时间。

基于上述分析，可以看到该路权分配方法的性能受到最大搜索时间、权重值 C 和权重参数 ω 等的影响，因而在具体应用中需要根据实际场景选择合适的参数值。

3)蒙特卡洛树方法与启发式规则的结合

如前所述，经典的蒙特卡洛树搜索方法在仿真过程中采用随机采样方法生成叶子节点。然而，从一个节点出发可能生成大量的不同类型的完整通行顺序，通过随机采样生成的完整通行顺序就很难准确描述一个节点的真实潜能。为了弥补这个缺陷，引入人类经验的启发式规则可以帮助确定仿真过程中应该被优先扩展(加到候选的通行顺序中)的节点(车辆)。

下面的两种启发式规则可大大提升蒙特卡洛树搜索方法有效性。其中，启发式规则 1 帮助快速剪枝不合理的顺序，启发式规则 2 帮助确定候选车辆中应该优先选择的车辆。

(1)启发式规则 1：同车道的车辆中，离冲突区更近的车辆应该优先加入候选通行顺序。

(2)启发式规则 2：进入相同冲突子区的多辆车中，最快到达冲突子区的车辆应该优先加入候选通行顺序中。

根据这两个规则，可以将新的仿真过程整理为算法 5-3。

算法 5-3 ：启发式仿真策略

Input：所有车辆的位置和速度

Output：一个可行的通行顺序

1：在所有未被列入通行顺序的车辆中，选择每条车道上离冲突区最近的车辆作为候选车辆，并分别计算它们到达所有冲突子区的时间。

2：如果存在一辆车，其到达所有冲突子区的时间都最小，那么就将它加到通行顺序中；如果不存在这样的车，则在所有车辆中随机选择一辆作为候选车辆，并加到通行顺序中。

3：重复上述步骤 1 和 2 直至生成一个完整的通行顺序。

4：通过算法 5-2 计算生成的通行顺序对应的目标函数值。

与经典的蒙特卡洛树搜索方法在扩展和仿真过程中都使用随机采样的方法相比，基于蒙特卡洛树搜索的路权分配模型只有在扩展步骤使用随机采样方法，才能实现其对节点潜能的判断。与基于 FIFO 策略的可行规划方法相比，基于蒙特卡洛树搜索的路权分配模型只对还未加到通行顺序中的部分车辆依照类似的原则进行路权分配，而其余车辆的顺序则仍需根据它们的潜能进行确定，以避免基于蒙特卡洛树搜索的路权分配模型收敛到一个过度贪心的解。

5.3.3 基于动态规划的路权分配模型

路口冲突区附近车辆路权分配问题求解的计算复杂度很大程度取决于车辆冲突的消解过程。因此，采用合适的冲突消解方式对路权分配问题进行重新构建，可有效降低冲突区域附近的路权分配问题求解的计算复杂度。与匝道合流场景相比，路口场景下车车冲突关系更为复杂，车辆之间不仅存在冲突的情形，也存在不冲突的情形，即车辆可以同时通过路口冲突区而不发生冲突。这种复杂的车辆冲突关系给路权分配问题的建模带来很大的困难。在5.2.3小节所述模型的基础上，本节将详细介绍路口场景下基于动态规划的路权分配模型及其应用。

基于动态规划的路口路权分配模型的主要思想，是在深入分析路口区域车辆冲突关系的基础上，利用一个小规模的状态空间来描述原路权分配问题的解空间，进而在该小规模的状态空间中快速搜索到足够优的解。

考虑图5-17所示的路口场景，基于动态规划的路口路权分配模型的应用同样可以分3个步骤，即状态定义、状态转移和决策过程。

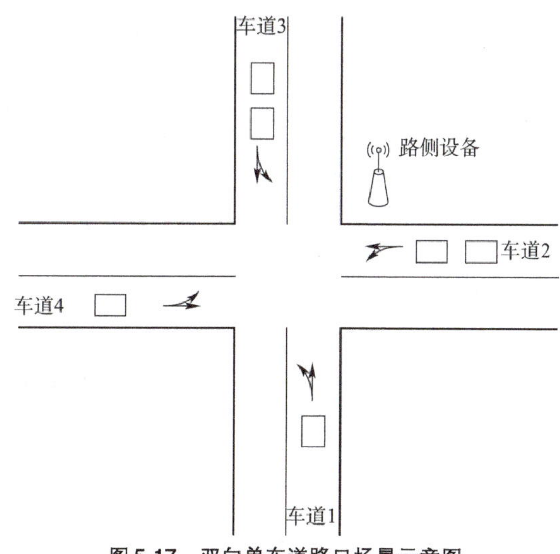

图5-17 双向单车道路口场景示意图

1）状态定义

首先，状态变量定义为：

$$s_r(n_1, n_2, n_3, n_4) \tag{5-18}$$

其中，n_i 表示当前阶段车道 i 上已经获得路权的车辆数目，$i = 1,2,3,4$；r 表示当前阶段获得路权的相位编号，如图5-18所示。例如，若当前阶段 $r = 1$，则当前阶段只有南北方向直行车辆可以通行。

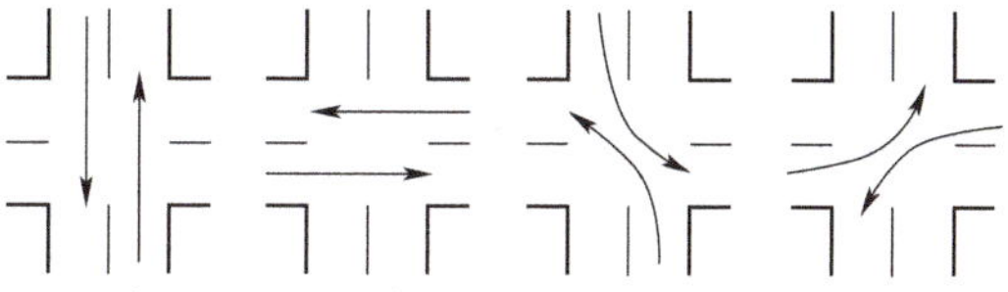

$r = 1$ $r = 2$ $r = 3$ $r = 4$

图5-18 路口相位与路权类型

2）状态转移

基于所定义的状态变量，我们定义状态转移函数如下：

$$s_{r'}(n_1',n_2',n_3',n_4')=\Gamma(s_r(n_1,n_2,n_3,n_4),u) \tag{5-19}$$

其中，u为决策变量，表示当前阶段路口的路权类型，即：$u\in U,U=\{1,2,3,4\}$（图5-18中的4种类型）。$\Gamma(\cdot)$为状态转移函数，其实现过程如下：

（1）若$u=1$，则$n_1'=n_1+\Delta n_1,n_3'=n_3+\Delta n_3$，其中，$\Delta n_1$和$\Delta n_3$分别表示当前阶段车道1和车道3上属于路权类型1的车辆数（连续的直行车辆数）；

（2）若$u=2$，则$n_2'=n_2+\Delta n_2,n_4'=n_4+\Delta n_4$，其中，$\Delta n_2$和$\Delta n_4$分别表示当前阶段车道2和车道4上属于路权类型2的车辆数（连续的直行车辆数）；

（3）若$u=3$，则$n_1'=n_1+\Delta n_1,n_3'=n_3+\Delta n_3$，其中，$\Delta n_1$和$\Delta n_3$分别表示当前阶段车道1和车道3上属于路权类型3的车辆数（连续的左转车辆数）；

（4）若$u=4$，则$n_2'=n_2+\Delta n_2,n_4'=n_4+\Delta n_4$，其中，$\Delta n_2$和$\Delta n_4$分别表示当前阶段车道2和车道4上属于路权类型4的车辆数（连续的左转车辆数）。

基于上述状态转移关系，可得到各状态的目标函数值递推关系，如下：

$$J(s_{r'}(n_1',n_2',n_3',n_4'))=J(s_r(n_1,n_2,n_3,n_4))+\Delta T \tag{5-20}$$

其中，ΔT表示最小安全间距；$J(s)$表示状态s的目标函数值（即到当前状态s，所有已获得路权车辆进入冲突区时的最大目标函数值）。

3）决策过程

基于前述状态转移及目标函数递推关系，可为各状态计算出最优目标函数值及对应的最优前任状态，如下：

$$J^*=\min_{s\in S}J^s \tag{5-21}$$

其中，J^*表示当前状态的最优目标函数值；J^s表示状态s的目标函数值；s表示当前状态的前任状态；S表示包含当前状态的所有前任状态的集合。

依据上述步骤，最终可得到状态$s_r(N_1,N_2,N_3,N_4),r\in U$的最优目标函数值（即为无信号路口车辆协同决策问题的解），其中N_i表示车道i上的车辆数量。依据各状态的最优目标函数值及相关的最优前任状态，可为各车分配进入冲突区域的时间，进一步地，依据所分配的时间可以求得各车的速度值，从而完成车辆在路口区域的路权分配任务。

5.4 常用路权分配模型比较与应用效果分析

5.4.1 基本路权分配模型

FIFO策略是用于解决路权分配问题的基本方法，也常用来与其他策略进行对比，以评价其他路权分配模型的性能。因此，在进行模型对比分析之前，先介绍两种对比模型，即基于

FIFO 的路权分配模型和基于改进型 FIFO 的路权分配模型。

基于 FIFO 的路权分配模型的主要思想，是依据车辆进入路口控制区域的先后顺序，依次为各车分配路口通行路权，即较早进入路口控制区域的车辆具有通过冲突区的较高的通行权。在具体实施过程中，只需将新进入控制区域的车辆添加在已有通行顺序的末尾，同时将已经通过冲突区域的车辆从当前通行顺序中移除，即可获得新的路权分配方案。在各车竞争路权的过程中，基于 FIFO 的路权分配模型可最大限度地保证车辆的公平性。此外，该模型的计算时间复杂度为 $O(n)$，n 表示控制区域内的车辆数目，因此可进行实时在线计算。

针对几何形状对称的路口，基于 FIFO 的路权分配模型具有较好的车辆通行性能，但对于几何形状不对称的路口而言，该模型通常会导致较差的通行效率。基于改进型 FIFO 的路权分配模型可应对上述不足。在改进型的方案中，在进行路权分配规划时还考虑了车辆与冲突区的距离，根据车辆与冲突区的距离确定车辆的通行顺序，即距离冲突区较近的车辆可以获得较高的通行优先权。基于改进型 FIFO 的路权分配模型的计算效率为 $O(n\log(n))$，n 表示控制区域内的车辆数目，因此同样可进行实时在线计算。

因此，本节将基于 FIFO 的路权分配模型作为基本模型，在几何形状对称的路口场景中，与其他模型进行对比分析；而基于改进型 FIFO 的路权分配模型则在几何形状不对称的路口场景中，与其他模型进行对比分析。

5.4.2 交通需求及几何形状对称的路口性能对比

为了评估上述路权分配模型的优劣，采用具有 20 辆车通行的四向单车道路口作为实验场景。对比分析中，首先计算出其所有可行通行顺序对应的目标函数值，并采用直方图展示，如图 5-19 所示。其中横轴表示车辆通行顺序对应的目标函数值，纵轴表示各目标函数值对应的通行顺序的个数在整个解空间中所占的比例。

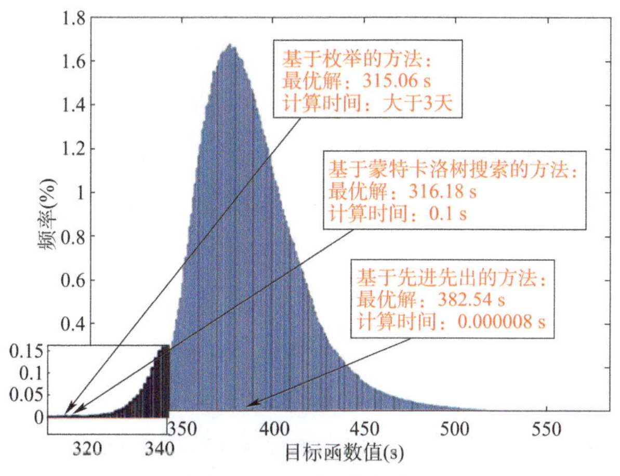

图 5-19 可行通行顺序目标函数值分布图

显然,基于蒙特卡洛树搜索的路权分配模型得到的近似最优解与全局最优解相差很小,通行时间仅差1.12s。在计算时间方面,该方法只花费了100ms,而最优规划方法用时大约3天。基于FIFO的路权分配模型的计算时间最小,但是它的解远离全局最优解。上述实验中,通过枚举所有可能的通行顺序发现,基于蒙特卡洛树搜索方法找到的解在近100亿个解中排名第648名,而基于FIFO方法的解在所有解中排第4563421793名。因此,基于蒙特卡洛树搜索的路权分配模型可在计算效率和求解质量之间保持较好的平衡。

由于最优规划方法耗时太长,同时针对具有25辆车通行的路口场景,其计算几乎无法给出结果(一般计算时间在10天以上),因此,后续的面向复杂场景的实验中,主要与基于FIFO的路权分配模型进行对比分析。考虑图5-13所示的路口场景,变化车辆平均到达率,可分析不同交通需求对基于蒙特卡洛树搜索的路权分配模型求解的影响。对于每个给定的平均到达率,仿真一个20min的交通通行过程,可得对比结果如表5-5所示。

不同路权分配方法在路口交通管理中的对比结果　　表5-5

到达率[veh/(h·ln)]	方法	平均延迟(s)	交通通行量(veh)
100	先进先出	0.5864	425
	蒙特卡洛树	0.2928	425
200	先进先出	4.0776	804
	蒙特卡洛树	0.5898	804
300	先进先出	39.8313	1095
	蒙特卡洛树	1.1407	1168

显然,基于蒙特卡洛树搜索的路权分配模型在所有交通情况下都显著地降低了通行时间延误和提高了交通通行量。

5.4.3 交通需求不对称的路口性能对比

交通需求主要反映在两个方面:一是每条车道的车辆到达率;二是起点-终点(Origin-Destination,OD)模式。为了分析非对称交通流条件下不同路权分配模型的效果,将部分车道的车辆到达率设置为大于其他车道,同时改变部分车道的转弯车辆比例,以产生非对称的交通流。

本实验采用图5-13所示路口作为仿真场景,同时设计了三种OD模式。

(1)OD模式1:最左侧车道上的车辆50%概率直行,50%概率左转;最右侧车道上的车辆50%概率直行,50%概率右转;中间车道的车辆只允许直行。

(2)OD模式2:最左侧车道上的车辆20%概率直行,80%概率左转;最右侧车道上的车辆50%概率直行,50%概率右转;中间车道的车辆只允许直行。

(3)OD模式3:最左侧车道上的车辆50%概率直行,50%概率左转;最右侧车道上的车辆20%概率直行,80%概率右转;中间车道的车辆只允许直行。

考虑以上三种模式，基于蒙特卡洛树搜索的路权分配模型和基于 FIFO 的路权分配模型在非对称交通流情况下的通行效率对比结果如图 5-20 所示。由此可见，无论车辆到达率是何种模式，基于蒙特卡洛树搜索的路权分配模型相比基于 FIFO 的路权分配模型，都显著降低了通行时间延误；由于左转车辆会占据更多的道路空间（经过更多的冲突子区），因此当左转车辆增多后，往往会导致通行时间延误增大；不同的到达模式对基于 FIFO 的路权分配模型的影响非常明显，尤其当交通流的非对称程度加剧后，基于 FIFO 的路权分配模型的性能会明显变差。与之相比，基于蒙特卡洛树搜索的路权分配模型，在所有交通流情况下都表现出了优异的控制性能。

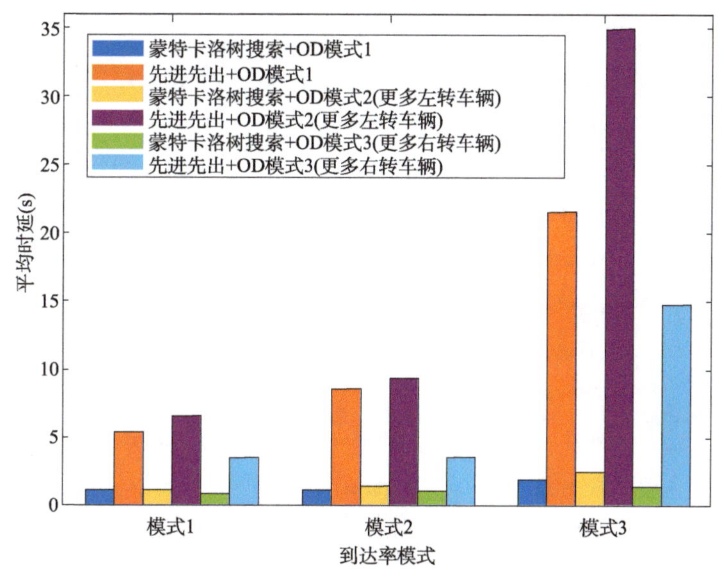

图 5-20 基于蒙特卡洛树搜索和先进先出的方法在非对称交通流情况下的对比结果

5.4.4 几何形状不对称的路口性能对比

为了探索路口几何形状对不同路权分配模型应用性能的影响，考虑一个四向单车道路口，并设置其中一个方向上道路的长度为 150m，而其余方向道路的长度为 250m，从而形成一个几何现状不对称的路口；同时，车辆到达率从 90vel/(h · ln) 到 420vel/(h · ln) 进行变化，分析不同交通需求对各类模型应用性能的影响。值得说明的是，由于基于 FIFO 的路权分配模型在非对称路口场景中的缺点明显，常常会出现一辆很接近冲突区的车辆需要让行另一辆远离冲突区的车辆的情况。因此，本对比实验引入 5.4.1 小节所述的基于改进型 FIFO 的路权分配模型作为对比策略，根据车辆与冲突区的距离确定车辆的通行顺序，即离冲突区更近的车辆可以获得更高的通行优先权；此外，将 5.3.1 小节所述的基于动态重排序的路权分配模型加入对照组，以实现更为全面、综合的对比分析。本对比实验的评价指标包含平均延迟、平均能耗和平均燃油消耗，相关对比实验结果如表 5-6 所列。

不同路权分配方法在非对称形状路口情况下的对比结果　　表 5-6

到达率 [veh/(h·ln)]	方　法	平均延迟 (s)	平均能耗 (m^2/s^2)	平均燃油消耗 (ml)
90	蒙特卡洛树搜索	2.1934	0.0724	9.1198
	动态重排序	2.1934	0.0724	9.1198
	改进 FIFO	2.2276	0.0950	9.1487
	FIFO	3.0406	1.0353	9.7547
180	蒙特卡洛树搜索	2.4485	0.1927	9.4962
	动态重排序	2.4592	0.1817	9.4969
	改进 FIFO	2.6281	0.2582	9.6263
	FIFO	3.9139	1.8221	10.4395
270	蒙特卡洛树搜索	2.6569	0.3624	9.6725
	动态重排序	2.7529	0.4375	9.7182
	改进 FIFO	3.0658	0.5392	9.9725
	FIFO	4.6047	2.7749	10.8996
360	蒙特卡洛树搜索	3.2419	0.7804	10.1009
	动态重排序	3.4250	0.9020	10.1341
	改进 FIFO	4.5203	1.1992	10.8750
	FIFO	5.9534	3.7580	11.6220
450	蒙特卡洛树搜索	3.8204	2.0426	10.4218
	动态重排序	4.2526	1.5560	10.4764
	改进 FIFO	6.4420	2.3650	11.6238
	FIFO	8.5438	5.5766	12.6873

根据实验结果可得出以下两个主要结论：

(1)基于改进型 FIFO 的路权分配模型在各种评价指标上比基于 FIFO 的路权分配模型展现出了更好的性能。然而，当车辆到达率较高时，基于改进型 FIFO 的路权分配模型依旧难以获得令人满意的效果。

(2)基于蒙特卡洛树搜索的路权分配模型在提升通行效率方面优于其他模型，而基于动态重排序的路权分配模型在能耗方面比基于蒙特卡洛树搜索的路权分配模型更优。该结论表明频繁地调整车辆通行顺序可提高交通效率，但不可避免地会带来能耗和排放的增加。

因此，在实际应用中，应根据不同的需求选择合适的路权分配模型。

第6章 CHAPTER 6

分布式路权分配模型构建及应用

6.1 模型适用场景

集中式路权分配模型主要适用于交通路网中的关键节点,例如高速公路匝道合流区和城市道路路口通行区。对于整个交通系统而言,依旧存在集中式路权分配模型尚未覆盖的其他典型场景,例如路段场景和大规模路网场景。

相关研究表明,在上述典型场景的路权分配采用分布式控制模式,可较集中式控制模式更有效地保证交通安全、提高交通效率,并促进整个交通系统层面的交通群体协同决策的实施。

分布式路权分配模型适用的两类典型场景包括路段场景和大规模路网场景。本章将对这两类场景的分布式路权分配模型进行详细分析和讨论。

6.1.1 路段场景

与匝道、路口等典型场景不同,路段区域不存在位置固定的核心冲突区,但各车与其附近车辆仍存在局部冲突。如何为各车分配道路资源,使得车辆安全、高效地通行,是路段场景下路权分配的主要任务。如果将路段区域划分成具有相同尺寸的多个栅格,如图 6-1 所示,则同一时刻每个栅格只能容纳一辆车。于是,路段场景下的路权分配问题可转化成为各车分配使用各栅格的路权的求解过程。

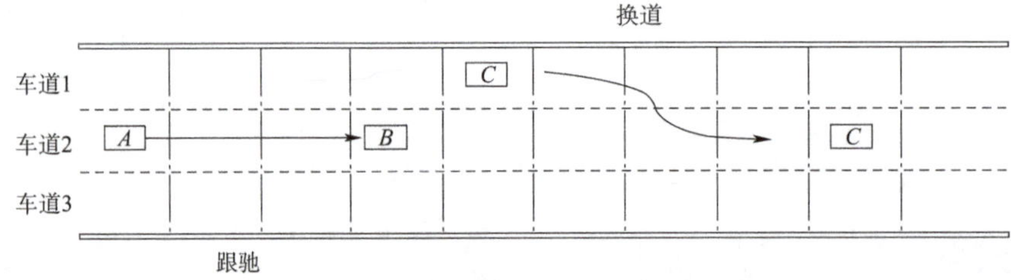

图 6-1　典型路段场景下的路权分配

路段场景下的路权分配问题包含两类,即车辆换道的路权分配(如图 6-1 中的车辆 C)和车辆跟驰的路权分配(如图 6-1 中的车辆 A)。由于路段场景下没有安装中心控制器,一般情况下也少有路侧设备支持,因此需要采用分布式的控制模式,各车作为分布式系统的基本节点,彼此协同以实施车辆行驶过程中对通行路权的决策,最终完成车辆换道和跟驰情形下路权分配任务的求解。

6.1.2 路网场景

由路口和路段组成的大规模路网场景,同样是典型的分布式路权分配模型的适用场景。

如图 6-2 所示的路网场景包含多个路口和路段区域，具有覆盖范围广、参与车辆多等特点。大规模路网场景下，如果应用集中式路权分配模型求解通行路权顺序，其计算复杂度极大，现实根本无法使用；而采用分布式路权分配模型求解，则可以简化问题的求解，并提供实用的解决方案。

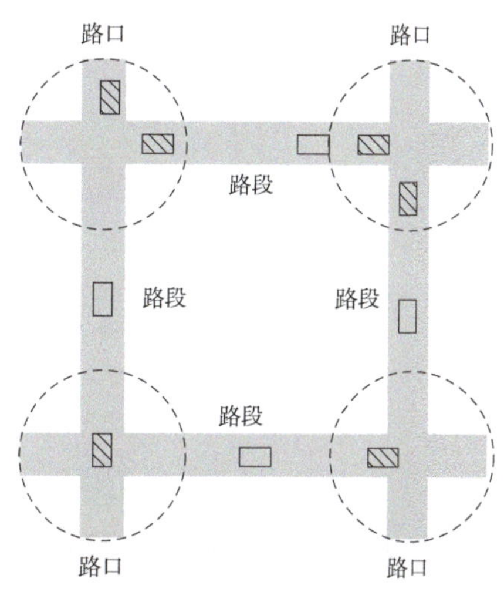

图 6-2 典型路网场景与路权分配

与面向路口和路段区域的路权分配问题一样，路网场景下的路权分配同样是为各车分配冲突区的道路资源。但有所不同的是，路网场景的冲突同时包含了核心冲突区（路口冲突区）的冲突和局部冲突区（路段冲突区）的冲突。这就给路网场景下的路权分配问题求解带来很大的困难。

本章后续章节将详细介绍路段场景和路网场景下的分布式路权分配模型。

6.2 路段场景下分布式路权分配模型构建

路段场景下的分布式路权分配主要涵盖两类任务，即车辆换道的路权分配和车辆跟驰的路权分配。下面分别介绍这两种场景下的路权分配模型。

6.2.1 车辆换道的路权分配模型

图 6-3 所示场景下的车辆换道的路权分配问题，可采用基于双层规划的路权分配模型进行求解。基于双层规划的路权分配模型的主要思想，是将道路系统中的车车冲突进行分类，例如，换道过程中的冲突称之为局部冲突，而工作区附近的冲突称之为核心冲突，进而构建不同模型分层次解决不同类型的车车冲突关系，以达到降低计算复杂度的目的。

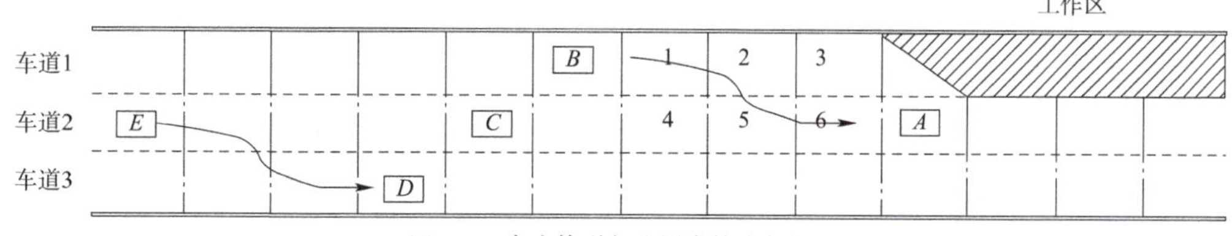

图 6-3 存在换道行为需求的路段场景

基于双层规划的路权分配模型的上层重点完成核心冲突区的通行优化，通过优化附近车辆通行顺序，来最大化特定的控制目标，如提升交通效率；下层则在确定好的核心冲突区车辆通行顺序的基础上，解决换道过程中的局部冲突。基于双层规划的路权分配模型的结构如图6-4所示。

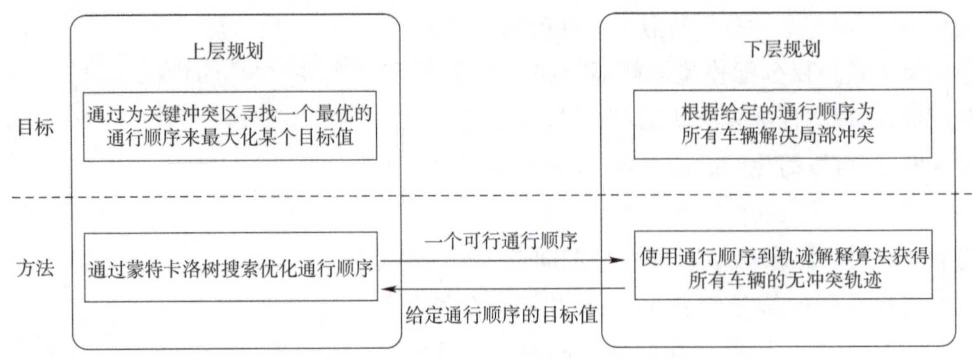

图6-4 基于双层规划的路权分配方法框架

模型的上层规划将搜索核心冲突区最优车辆通行顺序转化为一个树搜索问题,然后采用蒙特卡洛树搜索方法并结合启发式规则加速搜索过程。与传统最优规划策略的遍历所有可行通行顺序不同,蒙特卡洛树搜索方法倾向于重点搜索有潜力成为最优通行顺序的解,而这类通行顺序通常只占整个解空间的一小部分。

模型的下层规划则设计了一个将通行顺序关联到车辆轨迹的解释算法,可根据核心冲突区的通行顺序快速地为所有的车辆规划无冲突轨迹,其中优先级较高的车辆将会优先获得规划轨迹。同时,该解释算法还可为上层规划确定的通行顺序进行性能评价,即下层规划设计一个算法快速且准确地规划出车辆行驶轨迹,并据此对上层规划确定的通行顺序进行评价。然而,通常情况下,下层规划问题的求解是一个计算复杂度较高的过程,一般难以甚至不能获得最优解。考虑实际过程中次优解通常并不会明显降低基于双层规划的路权分配模型的协调性能,同时为保证整体求解过程的实时性,在实施过程中通常选择以较短的时间获得近似最优解,而不是牺牲大量计算时间以求取全局最优解。

实际应用中,可以通过迭代的过程求解模型上下层对应的问题,因此迭代过程中最优路权分配方案将不断更新,直到设定的最大计算时间限制;此时搜索过程结束,并返回搜寻到的最优路权分配结果以及其对应的所有车辆的无冲突轨迹。

一般情况下,基于FIFO策略的通行顺序就是一个可行的路权分配方案;另外结构化道路限制了车辆运动,使得车辆仅能在有限的空间内调整路权分配。因此,可以通过设计启发式规则快速获得一个近似服从FIFO策略的通行顺序,然后不断调整该顺序中部分车辆的路权,以获得一个更优的路权分配方案。这也保证了对于任意场景,采用基于双层规划的路权分配模型至少可以找到一个可行解。此外,启发式规则的应用使得通过模型的上层规划获得的大部分通行顺序保持在合理范围内。当下层无法实现某个上层规划确定的通行顺序时,会反馈给上层一个很大的目标函数值,表示该通行顺序不可行;上层收到这个反馈信息后,即可调整下一次规划的搜索方向,以避免再次生成类似的不可行的通行顺序。

由此可见,实际上基于双层规划的路权分配模型除了可以通过分布式控制模式实现外,还可以通过中央控制器实现,具体的过程需要考虑如何平衡系统灵活性和计算复杂性。

因此,实际应用中应根据特定场景的需求决定采取哪种控制模式。在分布式控制模式中,由于车辆会共享行驶状态和意图信息,而所有靠近冲突区的车辆会通过自组织的形式组成一个网络,并动态地挑选局部区域内的一辆领头车,为周围车辆规划最优轨迹,同时将规划结果返回给其他车辆。相对应地,在集中式控制模式中,所有车辆都将直接与中央控制器或路侧设备进行通信,共享各自的行驶状态和意图信息,中央控制器在获得区域内所有车辆行驶状态和意图信息的情况下,通过自身配备的高性能计算设备或接入云端,完成优化问题的求解。

1)上层规划实现

如5.3.2小节所述,路权分配问题的解空间可以用包含所有可行通行顺序的树空间进行描述,树空间的每个叶子节点表示一种可行的路权分配方案,即通行顺序。于是,在该树空间中搜索最优解,即可获得该模型求解出的最优通行顺序。

为减少计算时间,可以舍弃不可能成为最优或潜力较低的路权分配方案。不失一般性,可假设:

①受道路几何或交通规则约束必须换道的车辆只有一种可能动作(即换道);

②对交通系统运行性能会产生负面影响的车辆禁止换道;

③其他车辆可任意选择直行或换道;

④同车道上前车应比所有后车都具有更高的通行优先权。

显然,一辆车可能有两种可行动作,直行或换道。树空间中使用下角标"change lane"表示车辆存在换道行为。于是,随机选择车辆和动作即可生成完整的路权分配方案。

下面以图6-3所示的场景为例,介绍上层规划的具体实施过程。

遵循上述假设,可为三车道的路段场景上车辆的行为进行分析。依据假设①可以知道,在中间车道上的车辆可以选择直行或换道,需要使用下角标描述车辆的行为;车道1上的车辆必须选择换道,从而避免与工作区发生冲突;车道3上的车辆一定不会换道,以保证中间车道有更多的空间可以容纳从车道1换道而来的车辆。因此车道1和车道3上的车辆行为是固定的,不需要使用下角标描述它们的行为。依据假设②可以知道,同车道上的前车应比所有的后车都具有更高的通行优先权。

以图6-3所示的场景为例诠释采用树表达解空间的构建过程。首先,将根节点设置为空。根节点的每个直接子节点(位于第二层)对应的顺序包含一个字符,表示该通行顺序中的第一辆车。基于假设可知,第一辆车只能是三个车道上的头车。例如在图6-3所示场景中的初始通行顺序是车辆A、车辆B及车辆D。此外,由于车辆A有可能存在换道行为,因此车辆A还应有另一个子节点,该子节点带有下角标"change lane",表示在该节点的车辆A会进行换道。在第三层的节点中,每个节点对应的顺序包含两个字符,表示该通行顺序中的前两辆车。如果选择车辆A直行作为通行顺序中的第一辆车,那么车辆C就变成了车道2的新头车。如图6-5所示,以车辆A直行作为父节点,通行顺序中的第二辆车可能是车辆B、车辆C或车辆

D。相似地，每个子节点又可以扩展它的子节点，不断重复直到结束。最终该搜索树底层的叶子节点就表示所有可行的通行顺序方案。

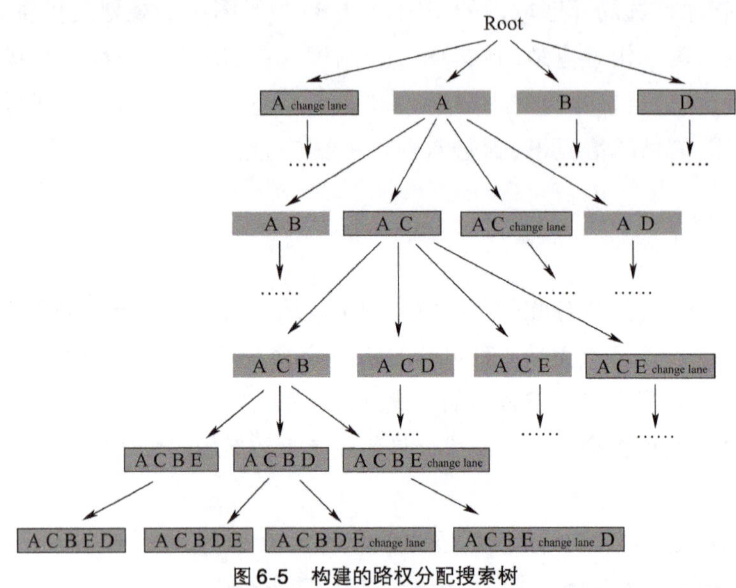

图6-5 构建的路权分配搜索树

当场景中有大量车辆时，几乎不可能在有限的计算时间内扩展出一棵完整的搜索树，以包含所有的节点。因此，基于双层规划的路权分配模型，就是在上层规划中使用蒙特卡洛树搜索方法去搜寻有可能成为最优解的节点。蒙特卡洛树搜索方法在围棋等领域的成功应用，说明了它是解决此类问题的有效方法。

通过不断的迭代，蒙特卡洛树搜索方法可以构建一棵完整的搜索树。而每次迭代通常包括四个步骤：选择、扩展、仿真和反传，如图6-6所示。5.3.2小节详细介绍了这四个步骤的实施过程，在此不再赘述。

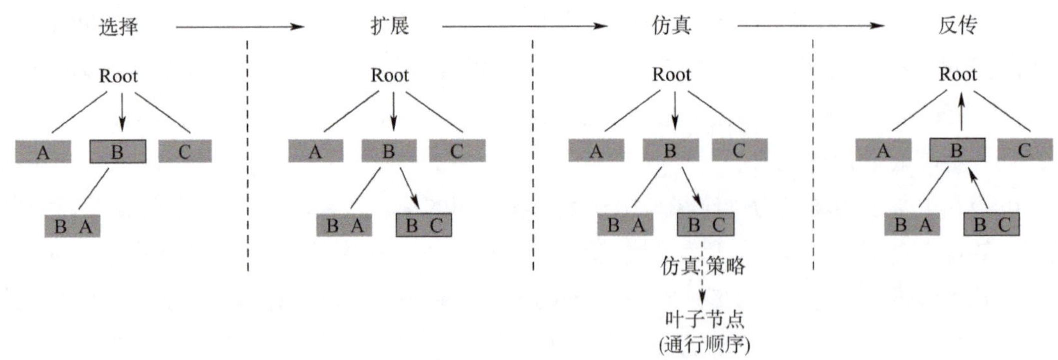

图6-6 蒙特卡洛树搜索方法的一次迭代内容

在搜索树的构建过程中，最优通行顺序会得到不断更新。当达到预设的最大计算时间时，搜索过程结束并返回当前最优的通行顺序。基于该最优通行顺序，所有车辆的速度和加速度曲线可通过下层规划中的通行顺序到轨迹的关联映射关系计算而得。

采用经典的蒙特卡洛树搜索方法，在其启动新的迭代时，从还未包含在通行顺序中的车辆中随机选取一车辆加入现有顺序进行评估；然后不断重复，将采样车辆加入到现有顺序中直到形成完整的通行顺序。迭代过程中不需产生分支，而是一直向下直到到达树的最大深度。例如，对图6-6中的节点BC使用随机采样方法，首先会在其下层随机生成一个直接的子节点，假设是BCA；则节点BCA重复上述过程，直到生成一个叶子节点，例如节点BCADE；最后根据新节点对应的通行顺序和由其仿真生成的通行顺序，评价该新节点成为最优节点的潜能。

考虑不允许换道的情形，则同车道车辆之间的相互顺序是固定的，对应的解空间的大小就是多重集（由所有车辆的车道下角标组成的集合）的全排列数。同理，如果允许换道，那么解空间的大小将接近所有车辆下角标组成的集合的全排列数。当车辆数较多时，后者将远大于前者。以图6-3所示的场景为例，前者的多重集合为{1,2,2,2,3}，而后者构成的集合为{A,B,C,D,E}。多重集合的全排列数可由下式计算：

$$\frac{n!}{m_1!\ m_2!\ \cdots m_k!} \tag{6-1}$$

其中，m_1，m_2和m_k为多重集合的元素重复数；n是多重集合的大小。因此，上述例子的多重集的全排列数为20，而集合的全排列数为5！=120。因此当控制区内有大量车辆并考虑存在换道行为时，可行通行顺序的数量将变得巨大。此时随机采样策略难以准确评估一个节点的真实潜能。

为解决该问题，参照5.3.2小节所述的方法，在仿真策略中加入基于人类知识的启发式规则，可用于选择应该被优先扩展（加到候选的通行顺序串中）的节点（车辆）。具体计算过程如算法6-1所述。其中，定义集合Ω为包含所有车辆下角标的集合，且这些车辆的下角标已根据车辆的纵向位置事先进行了排序。例如，Ω(1)表示离控制区入口距离最远的车辆的下角标。

算法6-1：启发式仿真策略

Input：集合Ω

Output：一个可行的通行顺序

1：设置$i=1$，在所有车辆中，首先考虑车辆$\Omega(i)$。

2：如果车辆直行，则将其加入通行顺序。

3：如果车辆换道，则判断是否满足避撞条件。如果满足，则将其加入通行顺序；否则，设置$i=i+1$；分析车辆$\Omega(i)$，重复步骤2和3直到一辆车被加到通行顺序中。

4：从集合Ω中删除车辆$\Omega(i)$，并重复步骤1、2和3直到生成完整的通行顺序。

5：通过通行顺序到轨迹的关联关系计算该通行顺序的目标函数值。

2）下层规划实现

在上层确定的通行顺序下，下层设计了一个将通行顺序关联到轨迹的解释算法，用于求解所有车辆期望到达时间和加速度曲线。具体计算过程如算法6-2所述。

算法 6-2:通行顺序到轨迹解释算法

Input:一个通行顺序 P
Output:对应的目标函数值 J 和所有车辆的期望到达时间
while 存在车辆的纵向距离不满足避撞约束 **do**;
所有的规划车辆根据它们的期望轨迹行驶;
所有的未规划车辆跟踪它们的前车;
end while
for $k \in [1, \text{length}(P)]$ **do**
  通行顺序中的第 k 辆车的标号是 i;
    if V_i 直行 **then**
      for $z \in Z_i$ do
        $t_{a,i,z} = \max(t_{\min,i,z}, t_{\max,z} + \Delta t)$;
      end for
      $z_{\min} = 0$
else
为车辆 V_i 找到一条换道轨迹,满足使其不会和通行顺序中拥有比它更高优先级的车辆发生碰撞;
$z_{\min}$ 是车辆 V_i 完成换道时占据的元胞;
for $z \in Z_i$ **do**
      if $z > z_{\min}$ **then**
        $t_{a,i,z} = \max(t_{\min,i,z}, t_{\max,z} + \Delta t)$;
      else
        根据换道轨迹更新车辆到达时间 $t_{a,i,z}$;
      end if
    end for
  end if
  while True do
    初始化 $a_{z,\min}$ 为一个充分大的数;
    for $z \in Z_i \& z > z_{\min}$ **do**
      计算一个常加速度 a_z,使得车辆 V_i 可以在期望时间 $t_{a,i,z}$ 到达元胞 z;
      if $a_z < a_{z,\min}$ **then**
      $a_{z,\min} = a_z$
      $z_{\min} = z$
      end if
    end for
    车辆 V_i 已经以常加速度 $a_{z,\min}$ 到达元胞 $z_{\min}$,并据此更新车辆 V_i 位置和速度;
    for $z \in Z_i$ **do**
      if $z \leqslant z_{\min}$ **then**
        车辆 V_i 以常加速度 $a_{z,\min}$ 行驶到达元胞 z,并更新 $t_{a,i,z}$;
      else
        通过减去车辆 V_i 到达元胞 $z_{\min}$ 所花费的时间来更新 $t_{a,i,z}$;
      end if
    end for

```
40:     if z_min 是集合 Z_i 中的最后一个元素 then
41:         break;
42:     end if
43:   end while
44:   for z ∈ Z_i do
45:       t_max,z = t_a,i,z ,
46:   end for
47: end for
48: J = Σ_{i=1}^{length(P)} t_a,P(i),Z_i,last
```

在算法 6-2 中，$P(k)$ 是给定通行顺序（部分）中的第 k 个元素；Z_i 是一个集合，包含了车辆 V_i 会通过的所有元胞；$t_{\max,z}$ 是元胞 z 已经被占用的最大到达时间；$t_{a,i,z}$ 表示车辆 V_i 到达元胞 z 的期望到达时间；$t_{\min,i,z}$ 表示车辆 V_i 到达元胞 z 的最小到达时间。算法 6-2 的流程图如图 6-7 所示。流程图的上部分说明，车辆可以通过加减速动作调整与前车的车距以保证留有一个充足空间实现换道，其实质是基于距离的方法判断碰撞存在的风险。

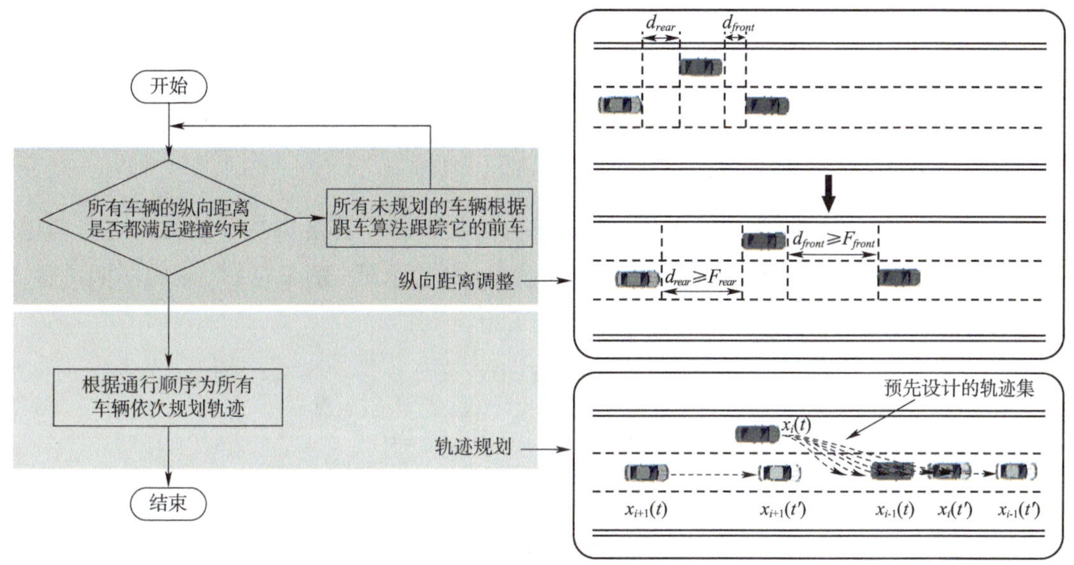

图 6-7　算法 6-2 的流程图

在具体实施过程中，一般假设所有车辆的换道轨迹都是相同的。然而，只存在一种可行换道轨迹时常会导致轨迹规划问题无解。为此，可对算法 6-2 中的第 13 行进行必要的调整。例如，首先构建一个包含不同换道轨迹的轨迹集由于这些轨迹都是根据不同的初速度和末速度等边界条件生成的，于是基于换道车辆的初速度和其他约束条件，从轨迹集中寻找一条性能出色且与其他路权优先级更高的车辆无冲突的换道轨迹；然后，使用该车选择的轨迹，更新道路时空占用信息。由此看见，基于双层规划的路权分配模型可通过上述方式求解获得轨迹优化问题的可行解。

通行顺序确定后，获取所有车辆的轨迹就变成了优化问题的一个降维问题，并可以使用算法 6-2 进行求解,且求解该问题的计算时间仅在毫秒级。因此,下层规划可以为上层规划给出的通行顺序快速地提供一个性能评价。值得注意的是,虽然在上述评估中使用了交通效率作为目标函数,但实际上可以在基于双层规划的路权分配模型的目标函数中增加能耗优化目标,或对多目标进行优化。为实现这些目标,仅需对算法 6-2 第 48 行的目标函数进行相应修改即可,而其余部分保持不变,这也体现了基于双层规划的路权分配模型具有很强的扩展性。

6.2.2 车辆跟驰的路权分配模型

针对图 6-8 所示的前车-领航式车辆跟驰场景,车辆的路权分配问题可转化为车辆的速度控制问题,从而消解车辆之间的冲突和保证车流的稳定。

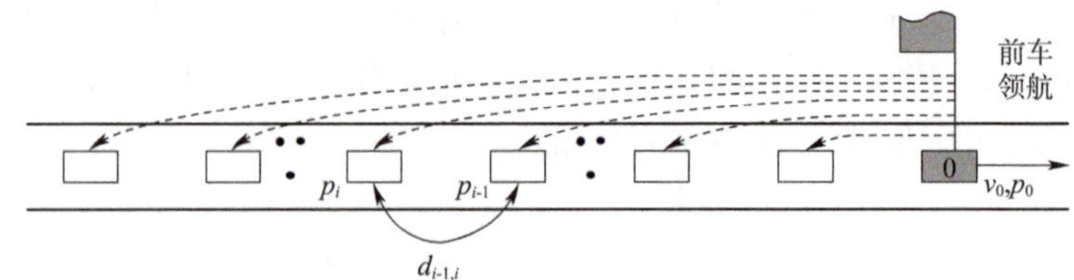

图 6-8 前车-领航式车辆跟驰场景

1)车辆跟驰的速度控制模型

车辆跟驰的控制目标,是车队内的车辆在各种交通环境下都能保持一致的速度和期望的间距。用 $v_i(t)$ 表示第 i 辆车在 t 时刻的车辆速度,$p_i(t)$ 表示第 i 辆车在 t 时刻的车辆位置,其中 $i=0,1,2\cdots N$,那么车辆跟驰的控制目标可表示为:

$$\begin{cases}\lim\limits_{t\to\infty}\|v_i(t)-v_0(t)\|=0\\ \lim\limits_{t\to\infty}\|p_{i-1}(t)-p_i(t)-d_{i-1,i}\|=0\end{cases},i\in N \tag{6-2}$$

其中,$d_{i-1,i}$为节点 $i-1$ 与节点 i 之间的期望距离。

期望距离 $d_{i-1,i}$的大小决定了车辆跟驰队列的构型,分为恒定距离型队列和恒定时距型队列。以恒定距离型队列为例,设定连续车辆之间的距离均保持固定的期望车间距 d_{des},其中 d_{des}为给定的大于零的常数,那么恒定距离型车辆跟驰队列必存在式(6-3)描述的关系:

$$d_{i-1,i}=d_{\mathrm{des}},i\in N \tag{6-3}$$

考虑通信环节中相关因素如时延、丢包等的影响,可设计通用的车辆跟驰速度控制模型如下:

$$v_i(t+1)=a_i(t)\cdot\Delta t+v_i(t) \tag{6-4}$$

$$\begin{aligned}u_i(t)=-\sum_{j\in\mathrm{II}_i}\{&K_{ij,p}\cdot[p_i(t-\tau_1)-p_j(t-\tau_2)-d_{i,j}]+\\&K_{ij,v}\cdot[v_i(t-\tau_1)-v_j(t-\tau_2)]\}\end{aligned} \tag{6-5}$$

其中，$a_i(t)$为第i辆车在t时刻的车辆加速度；$u_i(t)$为t时刻的控制量；$K_{ij,p}$、$K_{ij,v}$分别为速度控制模型的位置偏差和速度偏差的增益；τ_1为车内信息传输的时延，τ_2为车间信息传输的时延；下角标j表示第i辆车的信息邻域II_i内的车辆编号。由于采用了前车－领航者跟随式的信息交互拓扑结构，所以集合II_i包含前车与领航车。

式(6-5)仅采用了车辆基本状态信息，在车路协同环境下，还能获取到车辆决策信息，即车辆的加速度，因此车辆跟驰速度控制模型可改进为：

$$\begin{aligned}u_i(t)=-\sum_{j\in \mathrm{II}_i}\{&K_{ij,p}\cdot[p_i(t-\tau_1)-p_j(t-\tau_2)-d_{i,j}]+\\&K_{ij,v}\cdot[v_i(t-\tau_1)-v_j(t-\tau_2)]+\\&K_{ij,a}\cdot[a_i(t-\tau_1)-a_j(t-\tau_2)]\}\end{aligned}\tag{6-6}$$

其中，$K_{ij,a}$为速度控制模型的加速度偏差的增益。

2）车辆跟驰的速度控制稳定性分析

为便于进行稳定性分析，可将上述速度控制模型描述成一个紧凑的矩阵形式。

定义跟车误差状态为：

$$\tilde{\boldsymbol{x}}_i(t)=\boldsymbol{x}_i(t)-\boldsymbol{x}_0(t)-\tilde{\boldsymbol{d}}_i\tag{6-7}$$

其中，$\tilde{\boldsymbol{d}}_i=[d_{i,0},0,0]^T$。同时，假设车队采用恒定间距的跟驰方式，则有$d_{i,0}=-i\cdot d_{\mathrm{des}}$；进一步假设前车为匀速运动，即$x_0(t)=v_0t$，则跟车误差的动力学方程可表示为：

$$\dot{\tilde{\boldsymbol{x}}}_i(t)=\boldsymbol{A}_i\tilde{\boldsymbol{x}}_i(t)+\boldsymbol{B}_iu_i(t)\tag{6-8}$$

于是，上述车辆速度控制模型可以表述为：

$$\begin{aligned}u_i(t)&=-\sum_{j\in \mathrm{II}_i}\boldsymbol{k}_{ij}^T\cdot[\tilde{\boldsymbol{x}}_i(t)-\tilde{\boldsymbol{x}}_j(t)]\\&=-\left\{\sum_{j=1}^{N}a_{ij}\cdot\boldsymbol{k}_{ij}^T\cdot[\tilde{\boldsymbol{x}}_i(t)-\tilde{\boldsymbol{x}}_j(t)]+p_i\cdot\boldsymbol{k}_{i0}^T*\tilde{\boldsymbol{x}}_i(t)\right\}\end{aligned}\tag{6-9}$$

其中，$k_{ij}^T=[K_{ij,p},K_{ij,v},K_{ij,a}]$。因此，单个车辆的跟车误差的动力学方程为：

$$\dot{\tilde{\boldsymbol{x}}}_i(t)=\boldsymbol{A}_i\tilde{\boldsymbol{x}}_i(t)-\boldsymbol{B}_i\sum_{j\in \mathrm{II}_i}\boldsymbol{k}_{ij}^T\cdot[\tilde{\boldsymbol{x}}_i(t)-\tilde{\boldsymbol{x}}_j(t)]\tag{6-10}$$

将状态变量和控制变量写成如下的矩阵形式：

$$\boldsymbol{X}=[\tilde{\boldsymbol{x}}_1^T,\tilde{\boldsymbol{x}}_2^T,\cdots,\tilde{\boldsymbol{x}}_N^T]^T\in R^{3N\times 1}\tag{6-11}$$

$$\boldsymbol{U}=[u_1,u_2,\cdots,u_N]^T\in R^{N\times 1}\tag{6-12}$$

则可得车队跟车误差的动力学方程为：

$$\boldsymbol{U}(t)=-\boldsymbol{K}(G_{N+1})\cdot\boldsymbol{X}(t)\tag{6-13}$$

其中，$K(G_{N+1})$为对应信息交互拓扑结构G_{N+1}的控制增益矩阵，而且

$$K(G_{N+1})=\begin{bmatrix} p_1\boldsymbol{k}_{10}^T+\sum_{j=1}^{N}a_{1j}\boldsymbol{k}_{1j}^T & -a_{12}\boldsymbol{k}_{12}^T & \cdots & -a_{1N}\boldsymbol{k}_{1N}^T \\ -a_{21}\boldsymbol{k}_{21}^T & p_2k_{20}^T+\sum_{j=1}^{N}a_{2j}\boldsymbol{k}_{2j}^T & \cdots & -a_{2N}\boldsymbol{k}_{2N}^T \\ \vdots & \vdots & \ddots & \vdots \\ -a_{N1}\boldsymbol{k}_{N1}^T & -a_{N2}\boldsymbol{k}_{N2}^T & \cdots & p_Nk_{N0}^T+\sum_{j=1}^{N}a_{Nj}\boldsymbol{k}_{Nj}^T \end{bmatrix}$$

至此，车队的动力学方程可表示为：

$$\dot{\boldsymbol{X}}(t)=\bar{\boldsymbol{A}}\boldsymbol{X}(t)-\bar{\boldsymbol{B}}\boldsymbol{K}(G_{N+1})\boldsymbol{X}(t)=[\bar{\boldsymbol{A}}-\bar{\boldsymbol{B}}\boldsymbol{K}(G_{N+1})]\boldsymbol{X}(t) \tag{6-14}$$

其中，$\bar{\boldsymbol{A}}=\begin{bmatrix}\boldsymbol{A}_1 & & & \\ & \boldsymbol{A}_2 & & \\ & & \ddots & \\ & & & \boldsymbol{A}_N\end{bmatrix}\in R^{3N\times 3N}$，$\bar{\boldsymbol{B}}=\begin{bmatrix}\boldsymbol{B}_1 & & & \\ & \boldsymbol{B}_2 & & \\ & & \ddots & \\ & & & \boldsymbol{B}_N\end{bmatrix}\in R^{3N\times N}$

进一步假设车队由同样的车辆组成，即它们的动力学特性相同，即

$$\boldsymbol{A}_i=\boldsymbol{A},i=1,2,\cdots,N \tag{6-15}$$

$$\boldsymbol{B}_i=\boldsymbol{B},i=1,2,\cdots,N \tag{6-16}$$

同时考虑每辆车的速度控制模型的增益也相同，即

$$\boldsymbol{k}_{ij}=\boldsymbol{k}=[k_p,k_v,k_a]^T \tag{6-17}$$

因此，不失一般性，拓展式(6-13)所示的前车-领航者车辆跟驰场景下的车辆速度控制模型为通用模型，则有：

$$\boldsymbol{U}=-(\boldsymbol{L}+\boldsymbol{P})\otimes\boldsymbol{k}^T\boldsymbol{X}(t) \tag{6-18}$$

其中，$\boldsymbol{L}$ 和 $\boldsymbol{P}$ 可以分别表示不同信息交互拓扑结构下的拉普拉斯矩阵和牵引矩阵；⊗表示Kronecker 乘积。于是，车辆跟驰队列的动力学方程可描述为：

$$\dot{\boldsymbol{X}}(t)=\boldsymbol{I}_N\otimes\boldsymbol{A}\cdot\boldsymbol{X}(t)-\boldsymbol{I}_N\otimes\boldsymbol{B}\cdot(\boldsymbol{L}+\boldsymbol{P})\otimes\boldsymbol{k}^T\boldsymbol{X}(t)=\boldsymbol{A}_c\cdot\boldsymbol{X}(t) \tag{6-19}$$

其中，$\boldsymbol{A}_c$ 称为车辆队列的闭环系统特征矩阵。

由闭环系统的劳斯稳定判据可得，上述系统的闭环稳定性等价于 $\boldsymbol{A}-\lambda_i\boldsymbol{B}\boldsymbol{k}^T$，其中，$\lambda_i$ 为 $\boldsymbol{L}+\boldsymbol{P}$ 矩阵的特征根，且矩阵 $\boldsymbol{A}-\lambda_i\boldsymbol{B}\boldsymbol{k}^T$ 的特征多项式为：

$$|s\boldsymbol{I}-\boldsymbol{A}+\lambda_i\boldsymbol{B}\boldsymbol{k}^T|=s^3+\frac{\lambda_ik_a+1}{\tau}s^2+\frac{\lambda_ik_v}{\tau}s+\frac{\lambda_ik_p}{\tau} \tag{6-20}$$

于是，应用劳斯稳定判据进行稳定性分析有：

$$\begin{array}{ccc} s^3 & 1 & \dfrac{\lambda_ik_v}{\tau} \\ s^2 & \dfrac{\lambda_ik_a+1}{\tau} & \dfrac{\lambda_ik_p}{\tau} \\ s^1 & \dfrac{\lambda_ik_v(\lambda_ik_a+1)-\lambda_ik_a\tau}{\tau(\lambda_ik_a+1)} & 1 \\ s^0 & \dfrac{\lambda_ik_p}{\tau} & \end{array} \tag{6-21}$$

考虑 $\tau>0,\lambda_i>0$,则有系统渐进稳定当且仅当

$$\begin{cases} k_p>0 \\ k_v>\dfrac{k_p\tau}{(\lambda_i k_v+1)}, i=1,2,\cdots,N \\ k_a>-\dfrac{1}{\lambda_i} \end{cases} \tag{6-22}$$

因此,可根据上述稳定条件选取路段场景下车辆速度控制模型的增益。

6.3 路网场景下分布式路权分配模型构建

路网场景下的路权分配,就是对多个冲突区的道路资源的分配,由于每辆车可能会通过多个冲突区,使得车辆在不同冲突区获得的路权相互影响。因此,相对于仅含单个冲突区的场景而言,路网场景下的路权分配问题求解难度更大。

本节以图 6-9 所示的路网场景为例,详细介绍路网场景下的路权分配模型。其他类型的路网可按相似的思路完成路权分配问题的求解。

该路网包含 4 个核心冲突区,每个核心冲突区配有一个集中控制器,用于规划该冲突区的车辆行驶路权及其轨迹。相邻的集中控制器间共享交通状态信息,在此基础上实现不同冲突区之间的协同决策。

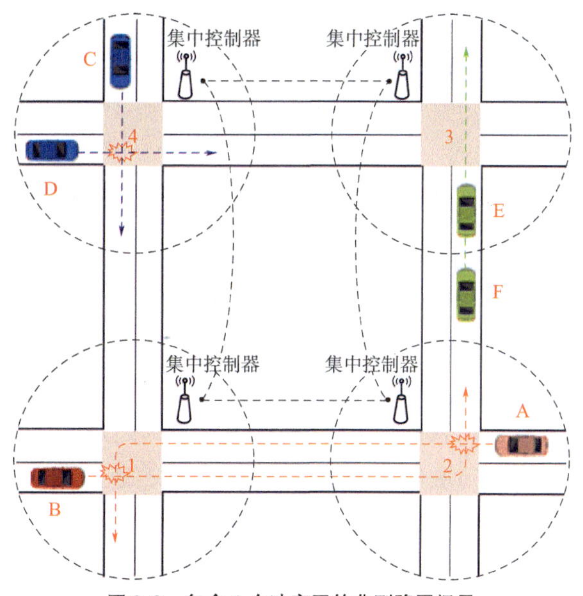

图 6-9 包含 4 个冲突区的典型路网场景

由于每辆车可能会通过多个冲突区,因此车辆之间的冲突关系变得相对复杂,如车辆之间不仅在当前冲突区争夺路权时存在冲突,而且在相邻冲突区也可能存在冲突。图 6-9 中的车

辆 A 和车辆 B 在冲突区 1 和冲突区 2 均存在冲突,这种现象会导致因果环。例如:路权分配模型需要为车辆 B 优化在核心冲突区 1 的通行顺序,而车辆 B 在核心冲突区 1 的通行顺序又受车辆 A 在核心冲突区 1 的通行顺序的影响,车辆 A 在核心冲突区 1 的通行顺序还受其在核心冲突区 2 的通行顺序的影响;车辆 A 在核心冲突区 2 的轨迹也受车辆 B 在核心冲突区 2 的轨迹影响,而车辆 B 在核心冲突区 2 的轨迹又受其在核心冲突区 1 的轨迹影响。这样就形成了如图 6-10 所示的因果环,即大规模路网场景下的交通群体协同决策问题存在强耦合性,这极大地增加了问题的求解难度。

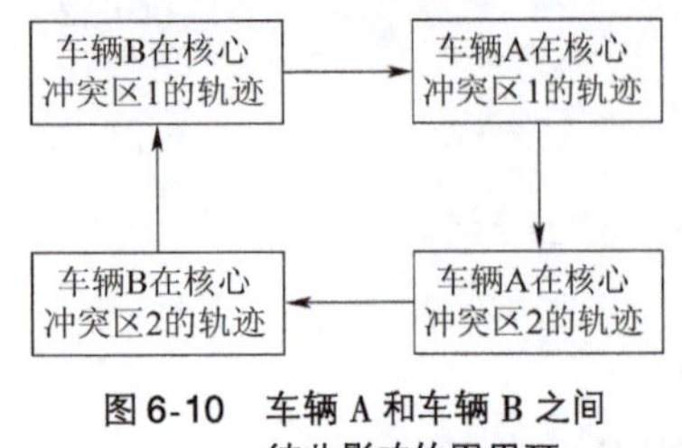

图 6-10　车辆 A 和车辆 B 之间彼此影响的因果环

6.3.1　基于全局优化的路权分配模型

基于全局优化的路权分配模型指的是从运筹学的角度对路网场景下的路权分配问题进行建模,包含决策变量选择、目标函数构建和约束条件描述。

1)决策变量选择

与路口场景类似,路网场景下的路权分配就是为每辆车分配进入各冲突区的时间。选择 $t_{\text{assign},(i,j),k}$ 为决策变量,表示车辆 (i,j) 被分配的进入冲突区 k 的时间,其中车辆 (i,j) 表示路口 i 附近的第 j 辆车。如图 6-11a)所示,路网中的每辆车都将被分配一个或多个到达时间,用于描述其在各冲突区的路权;如图 6-11b)所示,车辆之间的路权分配(通行顺序优化)则可以通过为相关车辆分配进入各冲突区域的时间来实现。于是,依据所分配的各车进入各冲突区域的时间,即可方便地获得各车的最优时空轨迹。

2)目标函数构建

基于为各车分配的进入各冲突区域的时间,以延误时间为优化目标函数,则车辆在各冲突区的延误时间可用下式计算:

$$J_{(i,j)}^{k} = t_{\text{assign},(i,j),k} - t_{\min,(i,j),k} \tag{6-23}$$

其中,$J_{(i,j)}^{k}$ 表示车辆 (i,j) 通过冲突区域 k 的延误时间;$t_{\min,(i,j),k}$ 表示车辆 (i,j) 通过冲突区域 k 的最短通行时间。

路网场景下的路权分配,其目标就是要优化所有车辆通过路网的平均延误时间,并使平均延误时间尽可能最小。在车辆行驶路线确定的情况下,车辆通过路网的总延误时间等于该车通过各冲突区的延误时间之和,即:

$$J_{(i,j)} = \sum_{k=1}^{K} J_{(i,j)}^{k} \tag{6-24}$$

其中,$J_{(i,j)}$ 表示车辆 (i,j) 通过整个路网的延误时间;K 表示车辆 (i,j) 在路网中通过的冲突区个数。

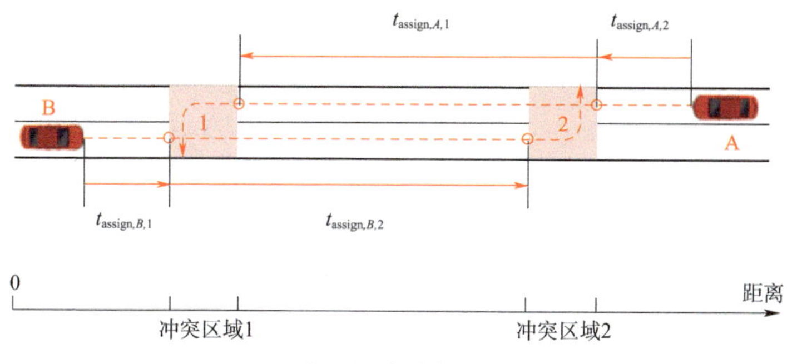

a)分配进入各冲突区的时间

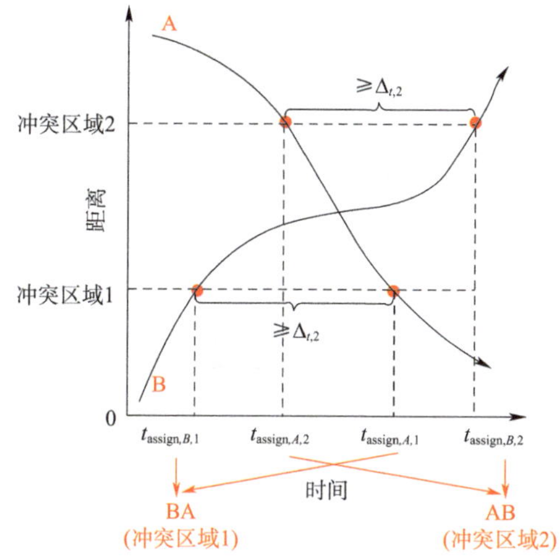

b)车辆A和车辆B之间的可行时空轨迹图

图6-11 车辆A和B冲突消解与路权分配示意图

因此，路网场景下的路权分配模型可用目标函数表示为：

$$\min_{t_{\text{assign},(i,j),k}} \frac{\sum_{i=1}^{P}\sum_{j=1}^{Q} J_{(i,j)}}{N} \tag{6-25}$$

其中，P 和 Q 分别表示路网中的路口数目和各路口区域的车辆数；N 表示整个路网中的车辆总数。

3)约束条件描述

路网场景下的路权分配模型的求解过程需满足三类约束条件，包含车辆动力学约束、避免追尾冲突约束和避免交叉冲突约束。

(1)车辆动力学约束。

为了避免为车辆分配的进入某冲突区域的时间不合理，即该时间违反车辆动力学约束，给各车分配的进入冲突区域的时间需要满足以下约束：

$$t_{\text{assign},(i,j),k} \geqslant t_{\min,(i,j),k} \tag{6-26}$$

(2)避免追尾冲突约束。

为了避免同一车道上相邻两车间的追尾碰撞,同一车道上相邻两车需要遵循先进先出的原则,即:

$$t_{\text{assign},(i,j),k}-t_{\text{assign},(i',j'),k}\geqslant \Delta t_1 \tag{6-27}$$

其中,Δt_1 表示同一车道上相邻两车间的最小安全时距,且车辆(i',j')位于车辆(i,j)的前方。

(3)避免交叉冲突约束。

为了避免不同方向车辆在通过冲突区时的交叉冲突,车辆需要有序进入冲突区。引入二进制整数变量构建避免交叉冲突的约束为:

$$t_{\text{assign},(i,j),k}-t_{\text{assign},(i',j'),k}+M\cdot b_{(i,j),(i',j')}\geqslant \Delta t_2 \tag{6-28}$$

$$t_{\text{assign},(i',j'),k}-t_{\text{assign},(i,j),k}+M\cdot\left(1-b_{(i,j),(i',j')}\right)\geqslant \Delta t_2 \tag{6-29}$$

其中,Δt_2 表示不同车道车辆间的最小安全时距;M 是足够大的正数;$b_{(i,j),(i',j')}\in\{0,1\}$ 表示车辆(i',j')和车辆(i,j)之间的相对通行顺序。

于是,基于全局优化的路网场景下路权分配模型可以总结为:

$$\min_{t_{\text{assign},(i,j),k}} \frac{\sum_{i=1}^{P}\sum_{j=1}^{Q}J_{(i,j)}}{N} \tag{6-30}$$

$$s.t.\ ,(6\text{-}26),(6\text{-}27),(6\text{-}28)\&(6\text{-}29)$$

显然,式(6-30)所表示的路网场景下路权分配问题为混合整数规划(Mixed-Integer Programming,MIP)问题,且不同方向上任意两个车辆之间就会产生一个二进制整数变量。因此,基于全局优化的路权分配模型的求解复杂度随着冲突数的增加呈指数型增长,通常其应用难以满足实时性的要求。后面将详细介绍可有效平衡计算效率和协调性能的两类方法。

6.3.2 基于序贯分解的路权分配模型

基于序贯分解的路权分配模型的主要思想,是分别在时间和空间的维度上对式(6-30)所描述的模型进行分解,以实现分布式决策过程,进而降低计算复杂度。

在式(6-30)描述的模型应用时,需要在一次优化过程中为每辆车规划通过整个路网的行驶轨迹,这凸显了相邻冲突区之间存在的强耦合关系。实际上,考虑其他冲突区附近的车辆对当前冲突区的路权分配的影响很小,可以利用"序贯分解"的思想对路权分配问题进行分解,以降低计算复杂度。实施过程中,首先在空间维度将路网分解成不同类型的区域,然后让各车依次通过不同的区域以完成路网通行任务,于是不同区域内车辆的路权分配问题就可以单独求解。这等价于将模型(6-30)中有关相邻冲突区之间的约束条件进行了松弛,大大减少了模型中的整数变量的数目。

图6-12展示了在时间和空间维度上将模型(6-30)分解成多个子模型的过程。$f_i(\cdot)$表

示分解后的第 i 个子模型；x_i 表示子问题的第 i 个优化对象，即路网中的第 i 辆车。于是，可以围绕时间和空间维度两个方面总结序贯分解思想在问题求解过程中的应用过程。

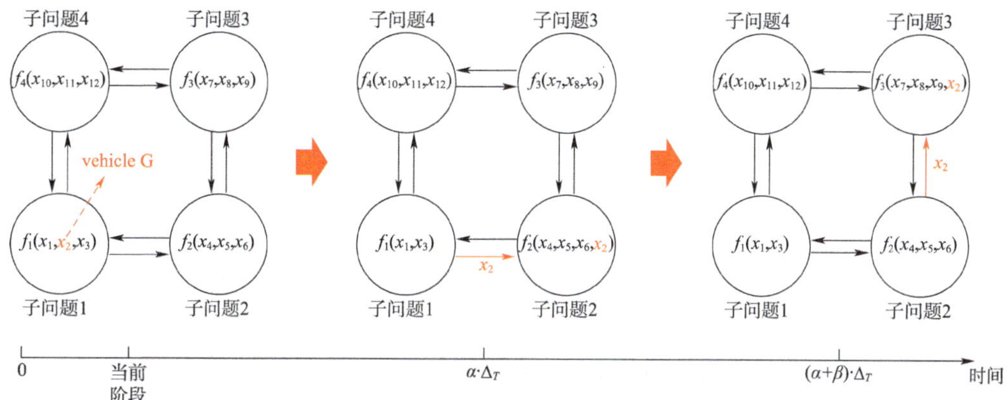

图 6-12　基于序贯分解的路权分配模型

在空间维度上，利用序贯分解的思想，根据路网结构将路网分解成多个不同的子区域，每个子区域的路权分配问题即是路网的路权分配问题的子问题。这样就将路网的路权分配模型分解成了由各子区域对应的子模型的集成，而路网中不同子区域的优化对象（车辆）也就被分配到了不同的子模型中。此时，每个子模型均为一个小规模的优化问题，且各子模型可以同步求解，分别为有限数目的车辆分配路权。

在时间维度上，考虑车辆需要在路网中依次穿过多个冲突区，于是路网中的优化对象（车辆）就随着时间的推移被依次纳入不同的路权分配子模型中求解，进而依次获得对应区域的路权。因此，对于路网中的某个优化对象（车辆）而言，它穿过路网的轨迹是随着时间的推移，依次由不同小规模路权分配子问题优化求解并贯穿而得，而不是使用模型(6-30)在整个路网的一次性路权分配问题求解时获得。

以图 6-9 中的车辆 B 为例可以看到，车辆 B 在该路网中需要依次穿过三个冲突区，即冲突区 1、冲突区 2 和冲突区 3；因此车辆 B 将依次被纳入三个冲突区对应的三个子模型中分配路权，即子模型 1、子模型 2 和子模型 3。图 6-12 细化了该分解的过程，其中的优化对象 x_2 就描述了车辆 B 路权求解的分解过程。首先，对象 x_2 在子模型 1 中获得经优化的路权后进入子模型 2 覆盖的区域，随后获得子模型 2 分配的优化路权，待最后进入子模型 3 的区域又获得子模型 3 的分配结果。可见，车辆 B 穿过路网的任务由三个不同的子模型协同完成。

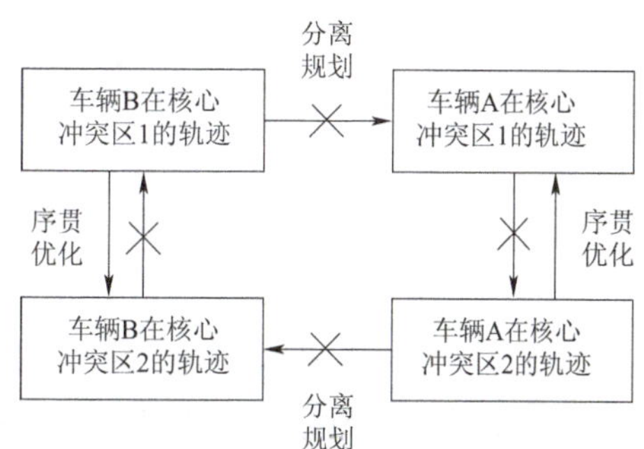

图 6-13　序贯分解策略对路权分配因果环的消解

显然，采用基于序贯分解的路权分配模型后，由于路网中的车辆被分配到不同的子模型中对路权进行求解，且同一辆车的求解任务在时间维度上得到了分解，于是图 6-10 描述的因果环即被打破，形成了如图 6-13 所示的情形。即应用基于序贯分解的路权分配模型后，当为车辆 B 分配其在冲突区 1 处的路权时，无需考虑车辆 A 在冲突区 1 分配的路权对车辆 B 的影响；同理，车辆 B 在冲突区 2 处分配的路权也不会对车辆 A 在冲突区 2 分配的路权产生影响。此外，车辆 A、车辆 B 在冲突区 1 分配的路权和在冲突区 2 分配的路权也将在不同的子模型求解过程中得到优化。由此可见，车辆 A 和车辆 B 之间的所有因果环被完全打破，车辆路权分配的决策过程实现了解耦。

总之，相对于基于全局优化的路权分配模型而言，基于序贯分解的路权分配模型可有效减小路网场景下路权分配问题的规模，从而大大降低计算复杂度。在此基础上，即可进一步设法解决通行效率提升的问题。

6.3.3 基于预测规划的路权分配模型

基于预测规划的路权分配模型的主要思想，是路网场景下在采用序贯分解方法实现路权分配的基础上，通过共享相邻区域的实时交通信息，引入相邻区域关联关系，从而实现不同区域间的协同决策，以最大限度地保证交通通行效率，且有效地权衡计算复杂度和通行效率的矛盾。简言之，各路口的子模型在进行路权分配时，不仅需要考虑当前路口区域内的车辆行驶状态和交通环境信息，同时还需要将上游路段的车辆信息纳入当前路口的路权分配，使得分配结果能够更好地适应接下来变化的交通状态。同理，下游路口也要为当前路口区域的车辆通行预留必要的路权，使这些车辆一旦进入当前路口控制区，即可马上按照最优路权顺序通行，而不用等待下一次路权分配过程的触发。实质上，该模型考虑上下游路口交通状态对当前路口的影响，体现了对未来路权规划或交通状态变化的预测，因此该模型称为基于预测规划的路权分配模型。下面介绍基于预测规划的路权分配模型的构建过程。

1）子模型覆盖区域

在序贯分解和预测规划思想的实现过程中，需要对路网划分后各子模型的覆盖区域进行界定。路网划分的实质就是将处于不同冲突区域的车辆分配到不同的子模型中求解，以分担计算压力。因此，需要将路网中的冲突区域提取出来，并定义各子模型覆盖的两类基本区域，即路口区域和路段区域。如图 6-14 所示，路口区域包含一个核心冲突区和其相邻的部分区域，而路段区域则指远离冲突区且可用于连接相邻路口的区域。

路口区域的覆盖范围 l_c，通常由可保证实时、可靠的一次直联通信范围所决定，其大小和作用与单路口的场景相似。因此，各路口区域车辆间的路权分配问题，可转换为单路口求解算法的整合与拓展。由于子模型的计算复杂度随来自上游路段车辆数的增加而增加，因此纳入子模型的路段区域的大小由其计算资源决定。在计算资源充足的情况下，纳入子模型的路段区域的范围越大越好，此时各子模型可以获得更多来自上游路段的交通状态信息，以辅助和服务当前路口区域的路权分配。此外，基于预测规划的路权分配模型要求，路口控制器需要在路段上的车辆进入控制区域之前为其预留好优化的路权，以保证路段上的车辆一旦进入控制区域，即可按照最优路权顺序通行，而不用等待下一次路权分配过程的触发。因此。纳入子模型

的路段范围的大小存在一个下界,即:

$$l_r \geqslant v_c \cdot \Delta T \tag{6-31}$$

其中,l_r 表示纳入各子模型的路段区域的大小;v_c 表示路段上车辆的行驶速度;ΔT 表示控制器求解路权分配方案的时间间隔。式(6-31)还说明,路段上的车辆在进入路口控制区之前,应至少参加一次子模型的优化过程。

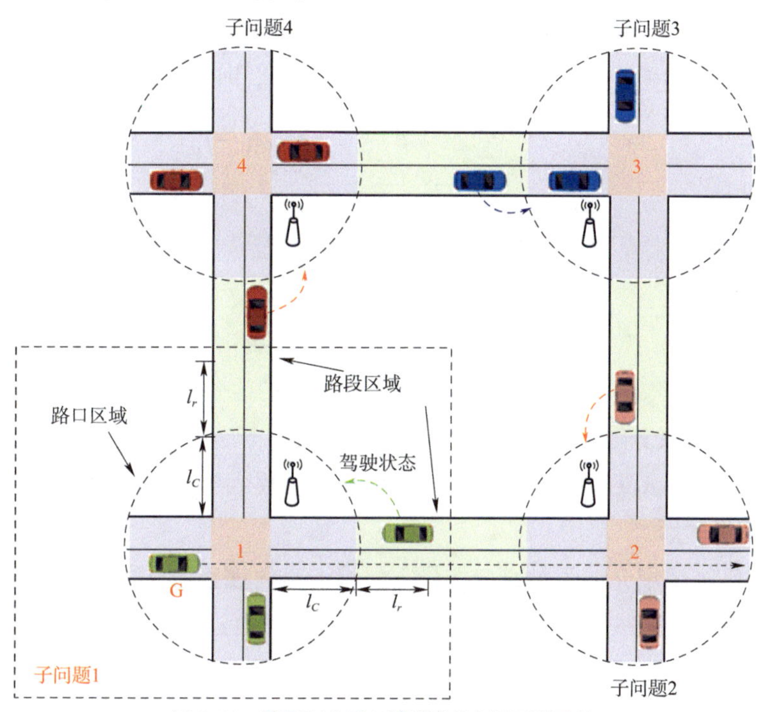

图6-14 路网划分后各子模型的空间覆盖区域

2)子模型构建方法

基于上述路网划分,可仿照6.3.1小节优化问题的构建方式,从多目标优化的角度对子模型进行描述。与模型(6-30)类似的是,子模型的决策变量依旧是为每辆车分配的进入相应冲突区的时间 $t_{\text{assign},(i,j),k}$,所不同的是,每个子模型只需为局部区域内的车辆求解有限时空范围内的路权。因此,子模型的优化目标就是保证车辆通过当前路口区域时的平均延误时间最小。此外,路段上车辆的运动状态同样需要纳入子模型的优化目标范围,以实现基于预测规划的路权分配。于是,子模型 k 的目标函数可以描述成一个加权和的形式,即

$$J = \frac{\sum_{j=1}^{Q_1} \omega_1 \cdot J_{(i,j)}^k + \sum_{j=Q_1+1}^{Q_2} \omega_2 \cdot J_{(i,j)}^k}{Q_1 + Q_2} \tag{6-32}$$

其中,Q_1 和 Q_2 分别表示路口区域 k 和其上游路段上的车辆数。一般来说,靠近冲突区的车辆比远离冲突区的车辆具有更高的通过冲突区的优先权。因此,路口区域车辆和路段区域车辆通过冲突区的时间延误需要加权平均,即需要对其分配不同的权重系数 ω_1 和 ω_2,此处的

权重系数将影响模型求解过程中搜索方向的确定，具有指导作用。进一步地，由式(6-32)可知，各子模型只需完成有限车辆的路权分配，相对于模型(6-30)而言，子模型的决策变量的个数得到大大降低，从而可减小问题求解计算的规模。

与模型(6-30)类似，子模型求解的约束条件包含车辆动力学约束、避免追尾冲突约束和避免交叉冲突约束，即如式(6-26)、式(6-27)、式(6-28)和式(6-29)所列。对于某一辆车而言，由于只需考虑当前冲突区域避免冲突发生的约束条件，而其他冲突区域冲突消解不在当前子模型的考虑，因此子模型 k 是一个较小规模的 MIP 问题，即：

$$\min_{t_{\text{assign},(i,j),k}} \frac{\sum_{j=1}^{Q_1} \omega_1 \cdot J^k_{(i,j)} + \sum_{j=Q_1+1}^{Q_2} \omega_2 \cdot J^k_{(i,j)}}{Q_1 + Q_2} \quad (6\text{-}33)$$

$$s.t.\ (6\text{-}26),(6\text{-}27),(6\text{-}28)\&(6\text{-}29)$$

3)子模型求解算法

相对于模型(6-30)，模型(6-33)的规模得到了极大的缩减，然而直接求解模型(6-33)依旧是一个十分耗时的过程。实际上，基于蒙特卡洛树搜索的改进方法可用于上述问题的高效求解。在单个路口的路权分配问题中，蒙特卡洛树搜索方法已经表现出了较好的效果，而在路网场景下，通过为路口和路段区域车辆分配不同的权重系数，可加快搜索过程，保证在较短的计算时间内获得较优的解。

5.3.2 小节已经详细介绍了单路口场景下蒙特卡洛树搜索方法的实施步骤。在搜索过程中，需要为树空间中的每一个节点分配一个分数来评价其靠近最优解的潜能，分数的数值等于目标函数值(即车辆平均延误时间)。在路网场景下，为了加速搜索过程，提升有限时间内的搜索性能，需要对式(6-32)给出的目标函数进行调整如下：

$$S = \frac{\sum_{j=1}^{Q'_1} \omega_1 \cdot J^k_{(i,j)} + \sum_{j=Q'_1+1}^{Q'_2} \omega_2 \cdot J^k_{(i,j)}}{Q'_1 + Q'_2} \quad (6\text{-}34)$$

其中，Q'_1和 Q'_2分别表示路口区域 k 和其上游路段上的车辆数；S 表示节点的分数。其他细节可参考 5.3.2 小节相关内容。

所有子模型的求解过程完成后，路口区域的车辆和路段区域的车辆将获得进入相应冲突区的时间，据此可反推出各车行驶需要的路权顺序。路口区域的车辆需立即按分配的路权行驶，该路权顺序能较好地适应上游路段的车流。而对于路段区域的车辆，路口控制器会为其预留好已分配的进入冲突区的时间，使其一旦进入控制区即可根据所预留的分配时间行驶，而无需等待下一次路权分配过程的启动。可见，基于预测规划的路权分配模型可较好地提升交通效率，从而平衡好路网场景下路权分配问题的计算复杂度和协调性能的关系。

子模型的求解过程可总结成图 6-15 示意的过程，其中，t 表示系统时间；T 表示需要完成路权分配的总时间；t_p 表示上一次分配过程的开始时间；$t_{\text{assign},IA,i}$表示分配给路口区域车辆进入冲突区的时间；$t_{\text{assign},RS,i}$表示分配给路段区域车辆进入冲突区的时间。

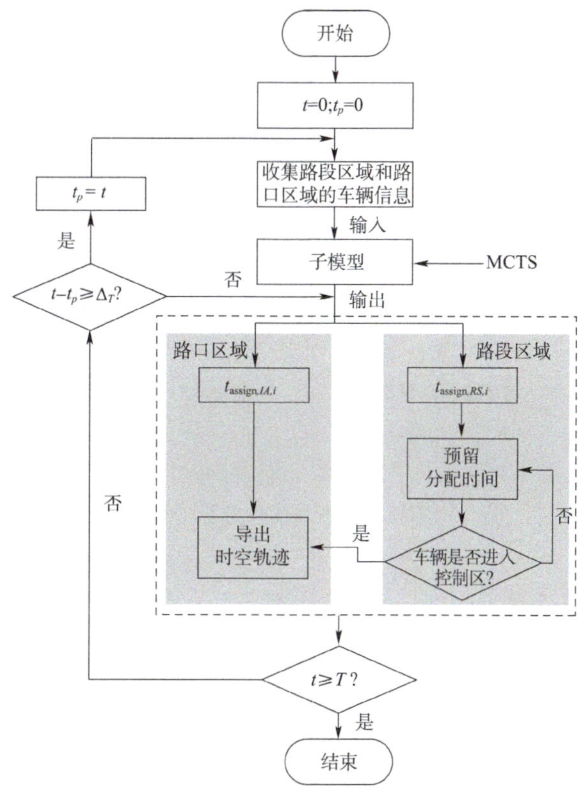

图6-15 子模型求解算法示意图

6.4 路网场景下分布式路权分配模型应用

以上节介绍的分布式路权分配模型为例，本节分别在简单路网和复杂路网两种场景下验证分布式路权分配模型在计算效率和协调性能方面的优势。

6.4.1 简单路网场景下分布式路权分配模型验证

本节以图6-16和图6-17所示的路网为例，将分布式路权分配模型与基于全局优化的路权分配模型(详见6.3.1节)和基于FIFO的路权分配模型进行对比。

1)最优性分析

在图6-16所示场景下，仿真10min连续交通过程，统计不同模型下车辆通过路网的延迟和计算时间指标，仿真结果见表6-1所列。根据表中结果可知，在协调性能方面，分布式路权分配模型的协调性能接近基于全局优化的路权分配模型，优于基于FIFO的路权分配模型；在计算效率方面，分布式路权分配模型的计算时间接近基于FIFO的路权分配模型，而基于全局优化的路权分配模型的计算时间随着车辆数的增长而急剧上升。因此，可以说明路网场景下的分布式路权分配模型可以在计算效率和协调性能之间取得很好的权衡。

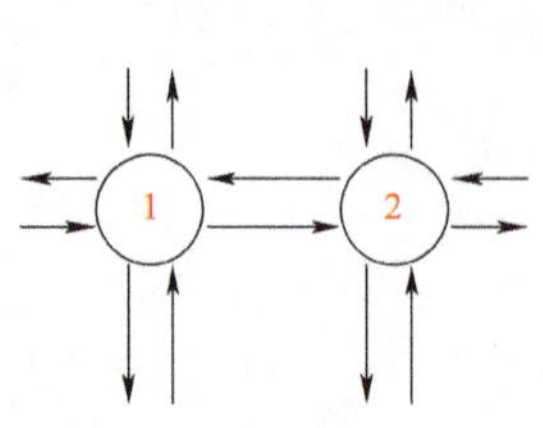

图6-16 简单路网场景示意图（包含2个路口）

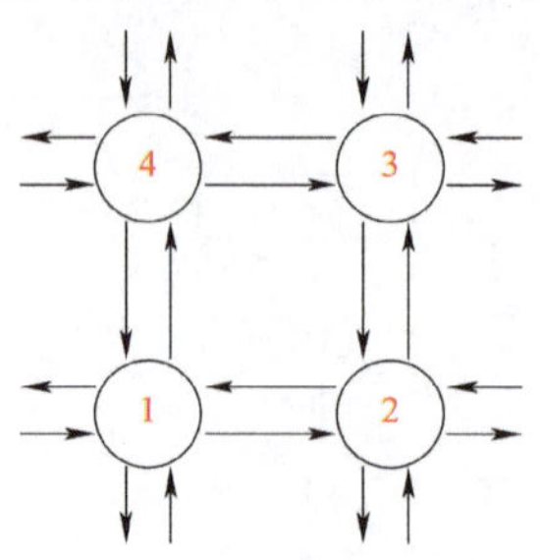

图6-17 简单路网场景示意图（包含4个路口）

不同模型下最优性分析结果 表6-1

到达率[veh/(h·ln)]	路权分配模型	通行延迟(s)	计算时间(s)
1200	FIFO	1.9722	0.0024
	全局优化	1.3406	0.4518
	分布式	1.7331	0.1
2400	FIFO	24.7314	0.0022
	全局优化	2.8081	1.0066
	分布式	3.1039	0.1
3600	FIFO	65.4656	0.0045
	全局优化	5.4663	75.3943
	分布式	5.7381	0.1

2)性能评估

在图6-17所示场景下，仿真10min连续交通过程，统计车辆通过路网总的延迟、车辆通过路网的平均速度以及各冲突区的平均延迟等指标，以评估分布式路权分配模型在提升整体交通效率和保证交通平衡方面的性能。相关结果如表6-2所列。根据表中结果可知，分布式路权分配模型在总的通行延迟、平均速度以及各单路口的延迟等指标上均优于基于FIFO的路权分配模型。这进一步说明，分布式路权分配模型不仅有效提升了路网整体的通行能力，同时还保证了路网中不同区域的交通趋于平衡。

不同策略路权分配模型性能对比结果 表6-2

到达率[veh/(h·ln)]	路权分配模型	通行延迟(s)	平均速度(m/s)	路口1延迟(s)	路口2延迟(s)	路口3延迟(s)	路口4延迟(s)
1200	FIFO	1.8636	12.8034	0.9111	0.7454	0.5946	1.3006
	分布式	0.9119	13.1093	0.5785	0.4859	0.3906	0.4095

续上表

到达率[veh/(h·ln)]	路权分配模型	通行延迟(s)	平均速度(m/s)	路口1延迟(s)	路口2延迟(s)	路口3延迟(s)	路口4延迟(s)
2400	FIFO	2.2289	12.6885	1.0578	1.0695	1.0789	1.2487
	分布式	1.3356	12.9729	0.6375	0.6362	0.6825	0.7151
800	FIFO	24.7228	8.5098	11.9398	10.5659	12.2515	11.3652
	分布式	3.0898	12.4495	2.0031	1.5472	1.2535	1.3229

6.4.2 复杂路网场景下分布式路权分配模型验证

为了进一步验证分布式路权分配模型的性能,本节将采用图6-18所示的复杂路网场景对分布式路权分配模型在提升交通效率方面的效果进行深入分析。如图6-18所示,路网中的各路口均为多车道路口,且车辆具有复杂的转向和冲突关系。此外,相邻路口之间的距离是随机设置的。值得注意的是,图6-18所示场景可以看作是分布式决策机制装备的超大规模路网中的基本节点,因此分布式路权分配模型在图6-18所示场景下的各方面性能可以很好地表征分布式路权分配模型在更大规模路网中的性能。

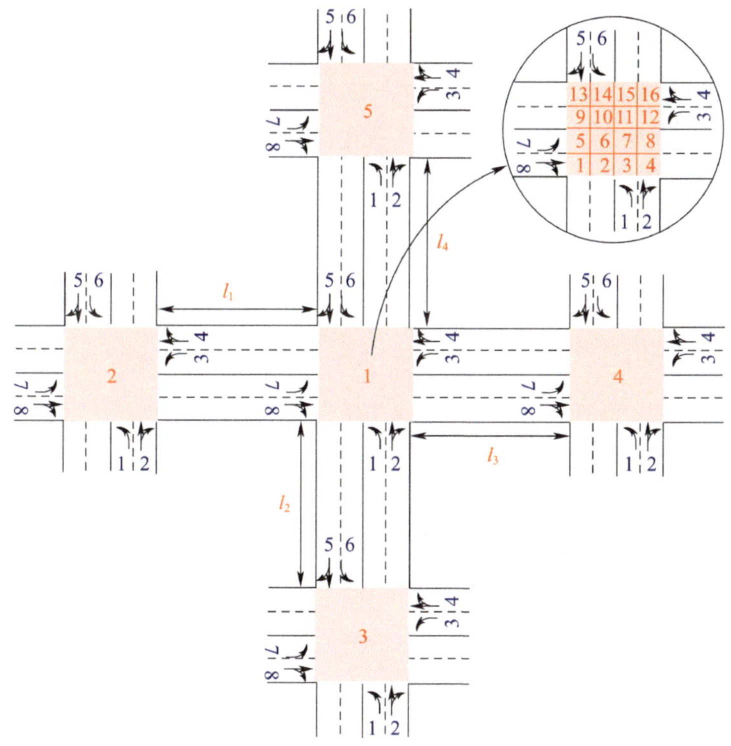

图6-18 复杂路网场景(多路口、多车道)

首先,在6.3节所提的分布式机制中引入不同的单路口路权分配模型,评估各单路口路权分配模型在路网场景下的性能。本节分别引入基于FIFO的路权分配模型、基于动态重排序的路权分配模型(5.3.1 节所述)和基于蒙特卡洛树搜索的路权分配模型(5.3.2 节所述),仿真结果如表 6-3 所列。

复杂路网场景的不同模型性能比较结果　　表 6-3

到达率 [veh/(h·ln)]	路权分配模型	路口 1 延迟 (s)	总通行延迟 (s)	平均速度 (m/s)
4800	FIFO	8.1906	25.7099	9.5021
	动态重排序	3.1599	8.5948	11.5071
	蒙特卡洛树搜索	1.7641	6.6179	11.7431
7200	FIFO	22.4209	48.8589	8.3771
	动态重排序	4.0319	12.2744	10.9886
	蒙特卡洛树搜索	2.5104	9.9962	11.2685
9600	FIFO	33.5967	67.8842	6.7781
	动态重排序	7.0261	21.1602	9.9586
	蒙特卡洛树搜索	5.4461	17.9007	10.3111

从表 6-3 所列结果可以看出,基于蒙特卡洛树搜索的路权分配模型在路网场景下的性能依旧优于基于 FIFO 的路权分配模型和基于动态重排序的路权分配模型。因此,在将 6.3 节所介绍的分布式机制部署在路网场景时,推荐使用基于蒙特卡洛树搜索的路权分配模型。

其次,为了进一步分析 6.3 节所介绍的分布式路权分配模型的相关性能,下面重点讨论 6.3.3 节介绍的基于预测规划的路权分配模型在提升路网通行效率方面的效果。在图 6-18 所示场景下,将基于预测规划的路权分配模型与 6.3.2 节所介绍的基于序贯分解的路权分配模型进行对比,对比结果如表 6-4 所列。

基于预测规划的路权分配模型性能验证　　表 6-4

到达率 [veh/(h·ln)]	路权分配模型	路口 1 延迟 (s)	总通行延迟 (s)	平均速度 (m/s)
4800	序贯分解	2.4106	7.8566	11.5483
	预测规划	1.7641	6.6179	11.7431
7200	序贯分解	3.3085	11.9501	11.0063
	预测规划	2.5104	9.9962	11.2685
9600	序贯分解	6.0441	18.7891	10.1845
	预测规划	5.4416	17.9007	10.3111

从表 6-4 中的仿真结果可以看出,基于预测规划的路权分配模型可在基于序贯分解的路权分配模型的基础上进一步提升交通效率,这再次验证了 6.3 节介绍的分布式路权分配模型在路网场景下的优越性能。

第7章

CHAPTER 7

交通群体轨迹规划模型构建及应用

7.1 基于启发式规则的轨迹规划模型

交通群体协同决策机制表明,路权分配模型以提升交通效率为目标,而轨迹规划模型用于降低车辆行驶的能耗和排放。因此,在部分只以提升交通效率为目标而不关注能耗和排放的场景下,为了降低轨迹规划问题求解的计算复杂度,可依据路权分配结果,采用启发式算法完成轨迹规划任务。下面介绍一种基于启发式规则的轨迹规划模型的构建与求解。

7.1.1 启发式轨迹规划模型构建

依据第3章至第6章的相关介绍可知,路权分配模型将为相关车辆分配进入冲突区域的时刻,各车在进行轨迹规划时需要保证车辆在规定的分配时间进入冲突区。基于启发式规则的轨迹规划模型将车辆的运动假定为匀变速运动或者匀速运动。在此基础上,车辆的运动方式可归纳为下述5种模式。

1)模式1:匀加速+匀速运动

模式1表示依据分配给车辆的进入冲突区的时间,车辆需要先做匀加速运动,然后在达到一定速度后保持匀速行驶。如图7-1所示,车辆在 t_0 时刻从速度 v_0 匀加速,并经 t_1 时间后达到 v_{cru},最终在分配的时间 t_a 到达冲突区入口。在该模式下,需要求解的物理量包含加速度 a,时间 t_1 和巡航速度 v_{cru}。

2)模式2:匀加速运动

模式2表示当车辆离冲突区较远时,依据分配给车辆的进入冲突区的时间,车辆需保持匀加速运动。如图7-2所示,车辆在 t_0 时刻从速度 v_0 开始以加速度 a 一直匀加速,最终在分配的时间 t_a 到达冲突区入口。在该模式下,需要求解的物理量为加速度 a。

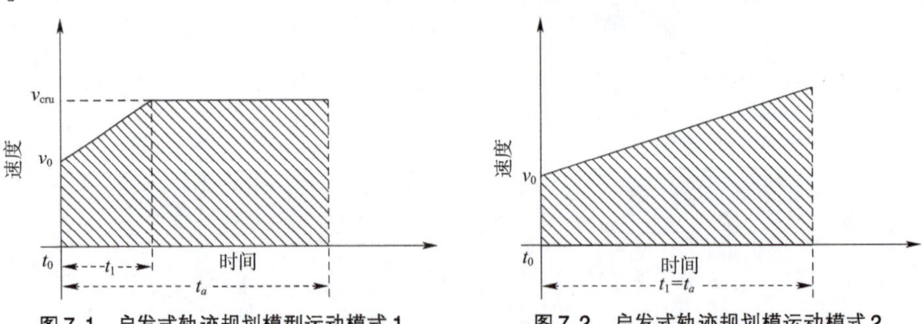

图7-1 启发式轨迹规划模型运动模式1

图7-2 启发式轨迹规划模运动模式2

3)模式 3:匀减速+匀速运动

模式 3 表示依据分配给车辆的进入冲突区的时间,车辆需要先减速至巡航速度,然后保持巡航速度匀速行驶。如图 7-3 所示,车辆在 t_0 时刻从速度 v_0 以加速度 a 一直匀减速,并经 t_1 时间达到 v_{cru},最终在分配的时间 t_a 到达冲突区入口。在该模式下,需要求解的物理量包含加速度 a,时间 t_1 以及巡航速度 v_{cru}。

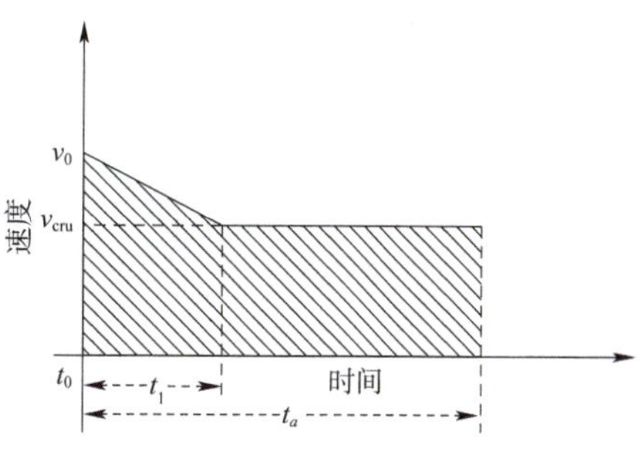

图 7-3 启发式轨迹规划模型运动模式 3

4)模式 4:匀减速运动

模式 4 表示当车辆离冲突区较近时,依据分配给车辆的进入冲突区的时间,车辆需做匀减速运动。如图 7-4 所示,车辆在 t_0 时刻从速度 v_0 开始以加速度 a 一直匀减速,最终在分配的时间 t_a 到达冲突区入口。在该模式下,需要求解的物理量为加速度 a。

5)模式 5:匀速运动

模式 5 表示依据分配给车辆的进入冲突区的时间,车辆可保持当前速度匀速行驶。如图 7-5 所示,车辆保持现有速度匀速行驶即可在规定的时刻进入冲突区域。

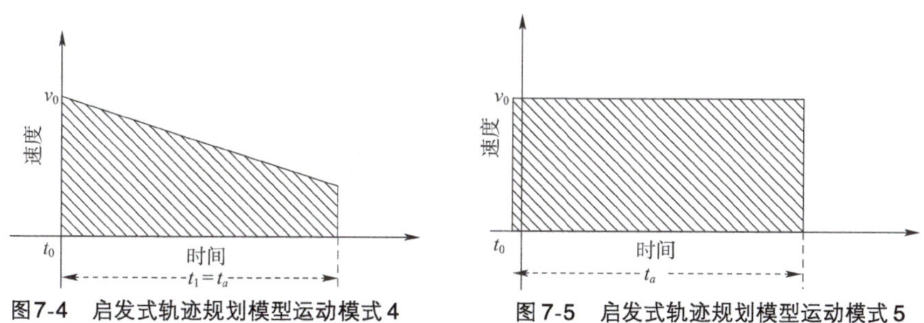

图 7-4 启发式轨迹规划模型运动模式 4　　图 7-5 启发式轨迹规划模型运动模式 5

7.1.2 启发式轨迹规划模型求解

1)模式 1 求解

如图 7-1 所示,假设车辆距冲突区距离为 x_0,则加速度 a、时间 t_1 和巡航速度 v_{cru} 可推导如下:

$$a = a_{max} \tag{7-1}$$

$$\Delta t = \frac{\sqrt{(a \cdot t_a)^2 + 2a(v_0 \cdot t_a - x_0)}}{a} \tag{7-2}$$

$$t_1 = t_a - \Delta t \tag{7-3}$$

$$v_{cur} = v_0 + a \cdot t_1 \tag{7-4}$$

其中,Δt 为车辆以加速度 a 加速行驶的时间长度。

2)模式 2 求解

如图 7-2 所示,假设车辆距冲突区距离为 x_0,则加速度 a 可推导如下:

$$a = \frac{2x_0 - 2v_0 \cdot t_a}{t_a^2} \tag{7-5}$$

3)模式 3 求解

如图 7-3 所示,假设车辆距冲突区距离为 x_0,则加速度 a、时间 t_1 以及巡航速度 v_{cru} 可推导如下:

$$a = a_{min} \tag{7-6}$$

$$\Delta t = \frac{\sqrt{(a \cdot t_a)^2 + 2a(v_0 \cdot t_a - x_0)}}{a} \tag{7-7}$$

$$t_1 = t_a + \Delta t \tag{7-8}$$

$$v_{cur} = v_0 + a \cdot t_1 \tag{7-9}$$

4)模式 4 求解

如图 7-4 所示,假设车辆距冲突区距离为 x_0,则加速度 a 可推导如下:

$$a = \frac{2x_0 - 2v_0 \cdot t_a}{t_a^2} \tag{7-10}$$

5)模式 5 求解

如图 7-5 所示,假设车辆距冲突区距离为 x_0,则匀速行驶的速度 v_0 可推导如下:

$$v_0 = \frac{x_0}{t_a} \tag{7-11}$$

7.2 基于最优控制的轨迹规划模型

基于启发式规则的轨迹规划模型可高效地求解车辆的轨迹规划问题,并有效执行路权分配结果,但该模型没有设定轨迹规划的优化目标。一般情况下,轨迹规划模型以降低车辆行驶的能耗和排放为目标,而基于启发式规则的轨迹规划模型无法实现车辆能耗和排放的优化。因此,本节将介绍一种基于最优控制的轨迹规划模型,其在执行路权分配方案的基础上,可有效降低车辆行驶的能耗和排放。

7.2.1 最优控制模型构建

基于最优控制的轨迹规划模型的主要思想,是将车辆的轨迹规划问题描述成一个最优控制问题,以优化车辆的加速度曲线,使其在规定时间内进入冲突区域。该模型以能源消耗指标作为优化目标,如式(7-12)所示。此外,该目标函数在一定程度上也可表示驾驶舒适度。

$$F_i = \frac{1}{2}\int_{t_0^i}^{t_{\text{assign}}^i} a_i^{\,2}(t)\,\mathrm{d}t \tag{7-12}$$

其中,F_i 为第 i 辆车的目标函数;$a_i(t)$ 为第 i 辆车在 t 时刻的加速度值。

在最小化车辆行驶的能耗和排放的同时,还需满足车辆一些固有特性的限制条件,如最大速度、最大加速度等。于是,可以将最优运动规划问题描述成以下凸优化问题,为了便于清晰表示,接下来的部分将省去符号的下角标 i。

$$\min_{a(t)} \frac{1}{2}\int_{t_0}^{t_a} a^2(t)\,\mathrm{d}t \tag{7-13}$$

$$s.\,t.\ \dot{p}(t) = v(t),\dot{v}(t) = a(t) \tag{7-14}$$

$$p(t_0) = 0, p(t_a) = L \tag{7-15}$$

$$v(t_0) = v_0, v(t_a) = v_a \tag{7-16}$$

$$v_{\min} \leqslant v(t) \leqslant v_{\max},\ \forall t \in [t_0, t_a] \tag{7-17}$$

$$a_{\min} \leqslant a(t) \leqslant a_{\max},\ \forall t \in [t_0, t_a] \tag{7-18}$$

$$p(t) + \delta \leqslant \widehat{p}(t),\ \forall t \in [t_0, t_a] \tag{7-19}$$

虽然上述问题为一个凸优化问题,可以通过一些已有的工具箱求解,如 CVX 工具等,但是由于车辆控制对计算的实时性要求极高,在实际应用中通过商业软件求解上述问题难以完成在线计算。下面详细介绍上述优化问题的解析解的推导过程,以实现高效计算。

7.2.2 最优控制模型解析解推导

结合式(7-13)描述的优化问题的目标函数以及车辆运动学模型,可以得到该问题的汉密尔顿函数如下:

$$H_i(t,x_i(t),u_i(t)) = L_i(t,x_i(t),u_i(t)) + \lambda^T \cdot f_i(t,x_i(t),u_i(t)) \tag{7-20}$$

其中,车辆的状态为 $x_i(t) = [p_i(t) v_i(t)]^T, \dot{x}_i(t) = f_i(t,X_i(t),u_i(t))$。于是,对汉密尔顿函数进行改写可得:

$$H_i(t,X_i(t),u_i(t)) = \frac{1}{2}u_i^{\,2} + \lambda_i^p \cdot v_i + \lambda_i^v \cdot u_i \tag{7-21}$$

其中,λ_i^p 和 λ_i^v 表示协状态变量。由此可知,函数最优性的必要条件为:

$$\frac{\partial H_i}{\partial u_i} = u_i + \lambda_i^v = 0 \tag{7-22}$$

于是,车辆的最优控制可表示为:

$$u_i = -\lambda_i^v \tag{7-23}$$

进一步地，考虑欧拉-拉格朗日方程的如下表示：

$$\dot{\lambda}_i^p = -\frac{\partial H_i}{\partial p_i} = 0 \tag{7-24}$$

$$\dot{\lambda}_i^v = -\frac{\partial H_i}{\partial v_i} = -\lambda_i^p \tag{7-25}$$

解式(7-24)可以得到：

$$\lambda_i^p = b_i \tag{7-26}$$

其中，b_i 表示在求解最优控制积分过程中的常数。同时，由式(7-25)可以推出：

$$\lambda_i^v = -(b_i t + c_i) \tag{7-27}$$

其中，c_i 表示每辆车在求解最优控制积分过程中的常数。

因此，车辆的最优控制，即最优的加、减速度可以表示为：

$$a_i^*(t) = b_i t + c_i \tag{7-28}$$

将上式代入车辆运动学模型，可以得到每辆车的速度和位置关系如下：

$$v_i^*(t) = \frac{1}{2} b_i t^2 + c_i t + d_i \tag{7-29}$$

$$p_i^*(t) = \frac{1}{6} b_i t^3 + \frac{1}{2} c_i t^2 + d_i t + e_i \tag{7-30}$$

其中，d_i 和 e_i 是每辆车在求解最优控制积分过程中的常数。这些常数可以利用初始条件和结束条件确定。

为了在实际中保证每辆车都达到最优控制的效果，需要实时在线调整上述常量，即 b_i, c_i, d_i 和 e_i。考虑这些常量可以用时间和状态进行表示，即表示为 $b_i(t, p_i, v_i)$ 和 $c_i(t, p_i, v_i)$，于是将式(7-29)和式(7-30)，加上系统的初始条件以及结束条件，组成一个包含四个等式的系统，形如 $T_i h_i = q_i$，可得：

$$\begin{bmatrix} \frac{1}{6}t^3 & \frac{1}{2}t^2 & t & 1 \\ \frac{1}{2}t^2 & t & 1 & 0 \\ \frac{1}{6}(t_{\text{assign}}^i)^3 & \frac{1}{2}(t_{\text{assign}}^i)^2 & t_{\text{assign}}^i & 1 \\ \frac{1}{2}{t_0}^2 & t_0 & 1 & 0 \end{bmatrix} \cdot \begin{bmatrix} b_i \\ c_i \\ d_i \\ e_i \end{bmatrix} = \begin{bmatrix} p_i(t) \\ v_i(t) \\ p_i(t_{\text{assign}}^i) \\ v_i(t_0) \end{bmatrix} \tag{7-31}$$

其中，$p_i(t_{\text{assign}}^i) = L$，表示车辆最终到达汇入区域。

因此，常量向量 $h_i = [b_i, c_i, d_i, e_i]^T$ 可以用下式计算：

$$h_i(t, p_i(t), v_i(t)) = (T_i)^{-1} \cdot q_i(t, p_i(t), v_i(t)) \tag{7-32}$$

且每辆车的最优加速度可以用下式表示为：

$$a_i^*(t) = b_i(t, p_i(t), v_i(t))t + c_i(t, p_i(t), v_i(t)) \tag{7-33}$$

7.3 基于控制障碍函数的轨迹规划模型

随着交通群体优化目标函数复杂性的增加、车辆非线性动力学的引入和求解过程中考虑噪声因素的干扰等，优化目标求解计算的复杂度呈指数级增大，通过引入控制障碍函数，可设计基于控制障碍函数的轨迹规划模型，降低计算的复杂度，并提升计算效率。该模型将非线性优化问题转化为一系列二次规划问题，可显著降低原问题的求解复杂度。本节以图 7-6 所示的多车道路口场景为例，详细介绍基于控制障碍函数的轨迹规划模型的构建过程。

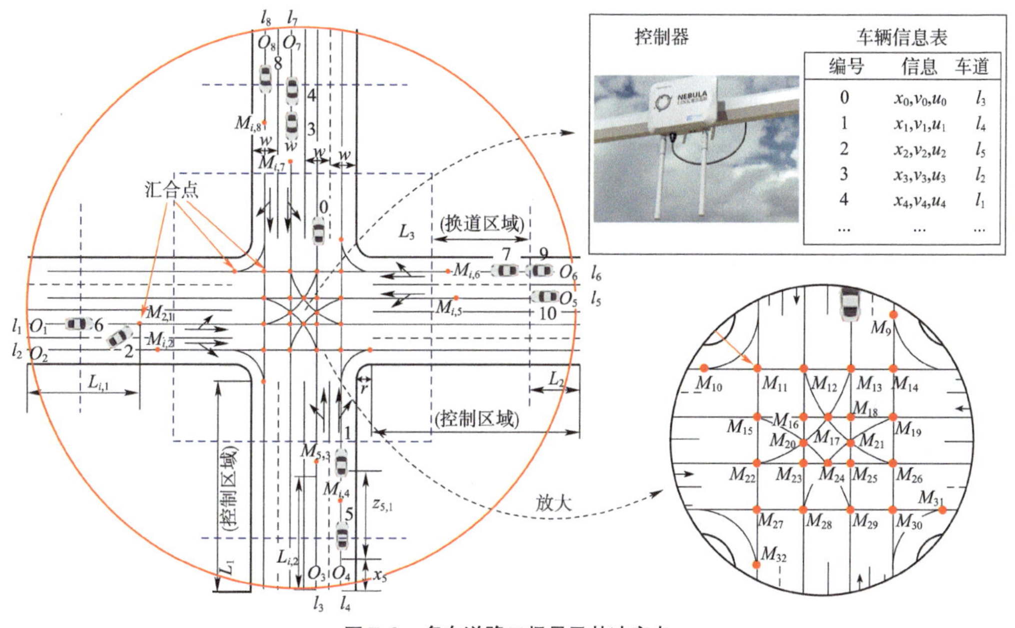

编号	信息	车道
0	x_0,v_0,u_0	l_3
1	x_1,v_1,u_1	l_4
2	x_2,v_2,u_2	l_5
3	x_3,v_3,u_3	l_2
4	x_4,v_4,u_4	l_1
...	...	...

图 7-6　多车道路口场景及其冲突点

7.3.1　车辆轨迹规划模型构建

在构建基于控制障碍函数的轨迹规划模型的过程中，考虑车辆行驶的轨迹规划本身就是一个优化过程，可以将轨迹规划的求解构建成一个优化问题。该优化问题的目标是减少车辆行驶过程中的能耗和排放，求解过程的约束条件则包含三类，分别为同车道的前后车安全约束、与其他车道车辆的横向避撞约束以及车辆的物理约束。

1）优化目标

考虑车辆行驶的能耗和排放与加速度相关，且存在单调递增关系，于是其轨迹规划问题可用目标函数的形式表示为：

$$J_i = \int_{t_i^0}^{t_i^m} C(a_i(t))\mathrm{d}t \tag{7-34}$$

其中，t_i^0 和 t_i^m 分别表示车辆 i 进入控制区域的时间和分配的进入冲突区域的时间；$a_i(t)$ 为车辆的加速度；$C(\cdot)$ 为一个严格递增函数。

与7.2节类似，式(7-34)中的 $C(a_i(t))$ 是一个二次函数，通过最小化 $\frac{1}{2}a_i^2(t)$ 即可优化车辆行驶的能耗和排放。经过标准化处理，目标函数的优化目标可以表示为

$$\min_{a_i(t),t_i^m} \int_{t_i^0}^{t_i^m} \left[\alpha + \frac{(1-\alpha)\frac{1}{2}a_i^2(t)}{\frac{1}{2}\max\{a_{\max}^2, a_{\min}^2\}} \right] \mathrm{d}t \tag{7-35}$$

其中，$\alpha \in [0,1)$。定义 $\beta = \frac{\alpha\max\{a_{\max}^2, a_{\min}^2\}}{2(1-\alpha)}$，并用 $\frac{\beta}{\alpha}$ 乘以式(7-35)，则整理后上式变换为：

$$\min_{a_i(t),t_i^m} \beta(t_i^m - t_i^0) + \int_{t_i^0}^{t_i^m} \frac{1}{2}a_i^2(t)\mathrm{d}t \tag{7-36}$$

显然，式(7-36)的第二部分是车辆加速度的函数，表示车辆在可知区域内的加速度越大，则能耗和排放越大；通常可以通过调整其在控制区域内的大小来优化车辆的能耗排放。式(7-36)的第一部分描述车辆从进入控制区域到进入冲突区域的通行时间，通行时间越长，能耗和排放越大；β 是该通行时间的权重，可以通过选择参数 $\alpha \in [0,1)$ 的值来改变其大小，用于调整该通行时间在能耗排放优化过程中的影响程度，如通过增大权重来惩罚该通行时间，促使车辆快速通过路口。

2)约束条件

(1)前后车安全约束。

令 i_p 表示同车道上车辆 i 的前车，为了避免前后车辆的追尾碰撞，则两车的车间距 $z_{i,i_p}(t) = x_{i_p}(t) - x_i(t)$ 须满足以下约束：

$$z_{i,i_p}(t) \geqslant \varphi v_i(t) + \delta, \forall t \in [t_i^0, t_i^m] \tag{7-37}$$

其中，δ 是最小安全车间距；φ 是车辆反应时间。

(2)横向安全约束。

令 t_i^k 表示车辆 i 到达冲突点 M_k 的时间。考虑车辆 i 可能与通过同一冲突点的其他方向的来车发生碰撞，并考虑包括换道行为引起的浮动冲突点在内的所有冲突点，于是当车辆 i 通过冲突点时，必须保证拥有足够的安全空间，于是有

$$z_{i,j}(t_i^k) \geqslant \varphi v_i(t_i^k) + \delta_i \tag{7-38}$$

其中，车辆 j 是可能与车辆 i 发生碰撞的车辆。对于车辆 i 来说，如何确定车辆 j 是个具有挑战性的问题，本节后续将对该问题进行讨论。

与要求任意时刻冲突区内只能拥有不多于一辆车的情形不同,本处构建的轨迹规划模型使用基于冲突点的约束代替原有要求,即不使用固定区域,而使用冲突点的周围空间来定义避撞约束。周围空间的大小则取决于车辆的速度,因此模型构建更加灵活。

(3)车辆物理约束。

由于车辆的电机等执行器存在物理极限,因此车辆的速度和控制输入必然满足物理约束:

$$v_{\min} \leqslant v_i(t) \leqslant v_{\max}, \forall t \in [t_i^0, t_i^m] \tag{7-39}$$

$$a_{i,\min} \leqslant a_i(t) \leqslant a_{i,\max}, \forall t \in [t_i^0, t_i^m] \tag{7-40}$$

其中,$v_{\max}$和$v_{\min}$表示控制区内允许的最大和最小速度;$a_{i,\max}$和$a_{i,\min}$分别表示车辆i的最小和最大加速度。为了简化分析,假设所有车辆的最大和最小加速度相同,分别用$a_{\max}$和$a_{\min}$表示。

基于冲突点的轨迹规划方法可用来求解式(7-36)所述的优化问题。该方法主要包括横向安全约束确定和轨迹规划控制器设计两项任务。横向安全约束确定的任务是确定浮动冲突点的位置,进而确定车辆i需要满足的所有横向约束。轨迹规划控制器设计的任务是设计联合最优控制障碍函数(Optimal Control Barrier Function,OCBF)的控制器,以保证优化问题的实现。一旦这两个任务得到解决,式(7-36)定义的优化问题就变得更加完整。

7.3.2 横向安全约束确定

考虑车辆在通过路口冲突区域时对行驶安全的要求,求解式(7-36)所述的优化问题时,需确定车辆行驶需满足的相关横向约束条件。考虑图7-6所示的十字路口,其拥有双向4车道,每个方向车辆通过路口时有3种可能的行驶方向(左转、直行和右转),存在32个冲突点,同时车辆i可能会同时与多辆车产生横向冲突,因此在如此复杂的环境下确定该路口车辆横向安全约束条件就格外困难。

同时,由于车辆在进入路口控制区域前是随机分布在不同车道上的,如车辆需要在路口转弯,则它在到达路口前还须换道到对应转向的车道。也就是说,需首先确定车辆换道到对应转向车道的冲突点,在此基础上再分不同情形确定路口车辆横向安全的所有约束条件。

1)确定换道冲突点

考虑车辆i到达车道起点O_2、O_4、O_6或O_8(也可以是O_1、O_3、O_5或O_7)后左转(或右转),则它必须在到达路口前换道到对应转向的车道。于是,为完成换道动作,车辆i需要根据道路上其他车辆的分布和运动情况确定换道冲突点。该换道冲突点不是固定的,是随道路上其他车辆的分布和运动情况的变化而变化的,因此又称为浮动冲突点,记为$M_{i,k}$。

不失一般性,换道冲突点具有以下三个特性:

(1)车辆无论在何处换道,都只使用一段固定长度的路径,因此车辆i的无约束最优控制结果与冲突点$M_{i,k}$的位置无关。

(2)横向安全约束作用于时刻 t_i^k,而前后车安全约束作用于整个时间段 $t\in[t_i^0,t_i^k]$,因此横向安全约束下的最优控制解会比前后车安全约束下的解更优。此外,在冲突点 $M_{i,k}$后,横向约束就演变成与目标车道上某辆车相关的前后车安全约束,因此希望选择的浮动冲突点 $M_{i,k}$ 应尽可能靠近路口。

(3)当车辆 i 受同车道前车 i_p 的约束时,车辆 i 需要同时满足与前车 i_p 的前后车安全约束以及与其他方向来车 j 的横向安全约束。显然,当与前车 i_p 的约束触发后,车辆 i 继续留在当前车道会受到更多约束。因此,一旦与前车的约束被激活,车辆 i 就应该尽快换道,此时冲突点的位置可由下式确定:

$$L_{i,k}=x_i^*(t_i^a) \tag{7-41}$$

其中,$x_i^*(t_i^a)$表示车辆 i 无约束情况下的最优轨迹;t_i^a 表示第一次触发车辆 i 与 i_p 的安全约束的时间。若该约束没有被触发,则冲突点的位置为:

$$L_{i,k}=L_2+L_3 \tag{7-42}$$

其中,L_2 表示车辆从进入控制区域到换道冲突点的距离;L_3 表示车辆换道长度。而且 t_i^a 时刻,车辆的行驶轨迹还须满足以下约束:

$$x_{i_p}^*(t_i^a)-x_i^*(t_i^a)=\varphi v_i^*(t_i^a)+\delta \tag{7-43}$$

其中,$x_{i_p}^*(t_i^a)$是车辆 i_p 的无约束轨迹;$v_i^*(t_i^a)$是车辆 i 的最优速度。此时,如果车辆 i_p 的最优轨迹包含受约束情况下的轨迹,则式(7-43)给出的是 t_i^a 的上界。

综合应用上述三个特性可知,如果车辆 i 在当前车道与前车的前后车安全约束没有被触发,则冲突点的位置为 $L_{i,k}=L_2+L_3$;否则,用式(7-41)和式(7-43)计算冲突点的位置 $L_{i,k}$。此外,由于不同起点 $O_1,\cdots,O_8$ 到冲突点的距离不同,且换道车辆需要额外的一段换道路径,因此需要为那些在不同车道上,但却会经过相同冲突点 M_k 的车辆进行坐标变换。换句话说,车辆 i 获得车辆 j 的信息后,它相对车辆 j 的坐标须按如下关系进行变换:

$$x'_j(t)=\begin{cases}x_j(t)+L_{i,k}-L_{j,k}+s,\text{如果只有车辆 } i \text{ 换道}\\x_j(t)+L_{i,k}-L_{j,k}-s,\text{如果只有车辆 } j \text{ 换道}\\x_j(t)+L_{i,k}-L_{j,k},\text{其他情况}\end{cases} \tag{7-44}$$

其中,$L_{i,k}$和 $L_{j,k}$分别表示冲突点 M_k 距离车辆 i 和 j 的起点的距离;s 表示由车辆的换道动作引起的额外的行驶距离。

2)横向安全约束搜索策略

车辆的冲突类型可依据其所在的车道进行分类。如图 7-6 所示可分为:

(1)到达车道 l_1,l_3,l_5,l_7 的车辆将会分别通过 2 个冲突点(右转)、4 个冲突点(左转)和 5 个冲突点(直行)。

(2)到达车道为 l_2,l_4,l_6,l_8 的车辆将会分别通过 1 个冲突点(右转)和 5 个冲突点(左转和直行)。

显然,一辆车最多只需要通过 5 个冲突点即可完成通行。一旦车辆到达冲突区,即可确定它将经过的所有冲突点,因此增加原始车道和冲突点信息,可以对图 7-6 中的顺序表进行扩展。扩充后的控制区内所有车辆通行冲突点信息表如图 7-7 所列。

$S(t)$ 冲突点信息表		所在车道	原始车道	第一冲突点	第二冲突点	第三冲突点	第四冲突点	第五冲突点
0	x_0,v_0,u_0	l_3	l_3	M_{29}	M_{25}	M_{21}	M_{18}	M_{13}
1	x_1,v_1,u_1	l_4	l_4	M_{30}	M_{26}	M_{19}	M_{14}	M_9
2	x_2,v_2,u_2	l_2	l_2	M_{21}	M_{22}	M_{20}	M_{17}	M_{13}
3	x_3,v_3,u_3	l_7	l_7	M_{12}	M_{16}	M_{20}	M_{23}	M_{28}
4	x_4,v_4,u_4	l_7	l_7	M_{12}	M_{16}	M_{20}	M_{23}	M_{28}
5	x_5,v_5,u_5	l_4	l_4	$M_{5,3}$	M_{29}	M_{24}	M_{20}	M_{15}
6	x_6,v_6,u_6	l_1	l_1	M_{22}	M_{20}	M_{17}	M_{13}	
7	x_7,v_7,u_7	l_6	l_6	M_9				
8	x_8,v_8,u_8	l_8	l_8	M_{10}				
9	x_9,v_9,u_9	l_6	l_6	M_{14}	M_{13}	M_{12}	M_{11}	M_{10}
10	x_{10},v_{10},u_{10}	l_5	l_5	M_{19}	M_{18}	M_{17}	M_{16}	M_{15}

图 7-7　控制区内所有车辆通行冲突点信息表

当一辆新车进入控制区域时,首先需要判断其是否需要换道,然后可查询图 7-7 所示的冲突信息表(表中已经包含了所有前车的状态和冲突点信息),获得通行过程中需要经过的所有冲突点的信息。由于该信息表中车辆的通行顺序是按照指定的路权分配策略(先进先出或其他路权分配方法)优化分配的,因此车辆 i 需要让行表中所有比它排序更高的车辆。此外,车辆 i 在将经过的任意冲突点只需避让比它优先权更高且离它最近的车辆,而其他的行车约束将自动得到满足。例如,图 7-7 所列通行情况中,车辆 3、4 和 5 都将通过冲突点 M_{20}。在冲突点 M_{20},车辆 5 只需要满足与车辆 4 的安全约束,而由于车辆 4 已满足与车辆 3 的安全约束,从而保证了车辆 5 和车辆 3 的安全约束一定会得到满足。进一步地,遍历车辆 5 经过的所有冲突点,即可搜索到满足与其安全约束条件所对应的全部冲突车辆,列入集合 Ω_5。由此可知,该集合最多含有 5 个元素,即最多 5 个冲突点能够对应的 5 个车辆。在本例中,除了冲突点 M_{20},车辆 5 还与车辆 0 在冲突点 M_{29} 有冲突,因此有 $\Omega_5=\{0,4\}$。

显然,通过遍历车辆 i 对应的集合 Ω_i(与车辆 i 存在横向冲突的车辆集合),可进一步推导出所有车辆需要满足的横向安全约束。为此,特设计了一个搜索策略自动完成该推导任务,详述如下。

基于冲突点信息表,从第 i 行起依次向上搜索,搜索到第 $j(j<i)$ 行终止,终止条件为下面三个条件中的任一条件被满足。

(1)条件 1:车辆 i 的集合 Ω_i 为空,且第 j 行所有冲突点都和车辆 j 的冲突点匹配。

如果本条件被满足,说明车辆 i 在路口没有横向冲突点,在整个控制区内车辆 i_p 一直都是车辆 i 的前车。因此,车辆 i 只需要满足与车辆 i_p 的安全约束即可,即一直跟随前车 i_p 行驶。例如图 7-7 中的 $i=4$ 和 $i_p=3$ 所对应的车辆。

(2)条件 2:车辆 i 的所有冲突点都已被其他行中的某个冲突点匹配。

如果本条件被满足,说明车辆 i 需要满足若干个横向安全约束。此外,车辆 i 还需要满足与前车的安全约束条件,其中前车信息可从下往上搜索图 7-7 所列的扩展信息表获得,第一个匹配的同车道车辆便是车辆 i 的前车。例如,图 7-7 中的 $i=10$ 和 $i_p=0,1,4,5,6$ 所对应的车辆。

(3)条件 3:所有优先级高于车辆 i 的行都被检查过。

条件 3 存在两种可能:第一种可能是集合 Ω_i 是空集,则车辆 i 不需要满足任何横向安全约束,例如,图 7-7 中的 $i=7$ 所对应的车辆;第二种可能是车辆 i 需要满足与 Ω_i 内所有车辆的横向安全约束。例如,图 7-7 中的 $i=2$ 和 $i=0$ 所对应车辆。

7.3.3 轨迹规划控制器设计

在所有横向安全约束确定后,即可求解式(7-36)所描述的优化问题,从而完成车辆轨迹规划的任务。相对于单车道场景而言,多车道场景会引入较多的横向约束,使得问题的求解复杂度增大。为了提升车辆轨迹规划问题的计算效率,可采用两步法进行求解。首先求解一个与该优化问题对应的无约束最优控制问题,在此基础上利用控制障碍函数处理原问题的所有约束条件,同时使用李雅普诺夫函数(Control Lyapunov Functions,CLFs)跟踪无约束的最优状态,实现无约束最优控制解的跟踪。

1)无约束条件下最优轨迹

当所有状态和安全约束都没有激活的情况下,可以求得式(7-36)所描述的优化问题的解析解,即车辆的加速度、速度和位置轨迹:

$$a_i^*(t)=a_it+b_i \tag{7-45}$$

$$v_i^*(t)=\frac{1}{2}a_it^2+b_it+c_i \tag{7-46}$$

$$x_i^*(t)=\frac{1}{6}a_it^3+\frac{1}{2}b_it^2+c_it+d_i \tag{7-47}$$

其中,a_i,b_i,c_i 和 d_i 是积分常数,并与参数 t_i^m 一起通过如下代数方程进行求解:

$$\frac{1}{2}a_i\cdot(t_i^0)^2+b_it_i^0+c_i=v_i^0 \tag{7-48}$$

$$\frac{1}{6}a_i\cdot(t_i^0)^3+\frac{1}{2}b_i\cdot(t_i^0)^2+c_it_i^0+d_i=0 \tag{7-49}$$

$$\frac{1}{6}a_i\cdot(t_i^m)^3+\frac{1}{2}b_i\cdot(t_i^m)^2+c_it_i^m+d_i=L_k \tag{7-50}$$

$$a_it_i^m+b_i=0 \tag{7-51}$$

$$\beta-\frac{1}{2}b_i^2+a_ic_i=0 \tag{7-52}$$

在此基础上,可使用上述无约束的最优控制解作为参考轨迹,依据相关约束条件,使用控制障碍函数调整车辆轨迹,确保其解满足所有约束条件。下面将具体介绍如何使用控制障碍函数方法,将面向状态的约束条件映射为面向控制的约束条件。

2)最优控制障碍函数控制器

最优控制障碍函数控制器旨在跟踪式(7-45)至式(7-47)所述的无约束的最优轨迹,同时满足所有的安全约束条件。为此,定义 $\boldsymbol{x}_i(t)\equiv(x_i(t),v_i(t))$,依据车辆动力学方程,有

$f(\boldsymbol{x}_i(t))=[x_i(t),0]^T$ 和 $g(\boldsymbol{x}_i(t))=[0,1]^T$。式(7-37)至式(7-40)所表述的约束可以采用 $b_k(\boldsymbol{x}_i(t))\geqslant 0, k\in\{1,\cdots,n\}$ 的形式表示,其中 n 是约束的数量,而每个约束 $b_k(\boldsymbol{x}_i(t))$ 就是一个控制障碍函数。例如,$b_1(\boldsymbol{x}_i(t))=z_{i,i_p}(t)-\varphi v_i(t)-\delta$ 是前后车安全约束式(7-37)的变形。在控制障碍函数方法中,每个连续可微的状态约束 $b_k(\boldsymbol{x}_i(t))\geqslant 0$ 都可以映射为一个与控制相关的约束,之后只需满足与控制相关的新约束就能保证原约束 $b_k(\boldsymbol{x}_i(t))\geqslant 0$ 得到了满足。相关工作已经给出了此特性的数学证明,并将其称为前向不变性。具体而言,每个新约束将会符合如下的形式:

$$L_f b_k(\boldsymbol{x}_i(t))+L_g b_k(\boldsymbol{x}_i(t))a_i(t)+\gamma(b_k(\boldsymbol{x}_i(t)))\geqslant 0 \tag{7-53}$$

其中,L_f 和 L_g 分别表示约束条件 $b_k(\boldsymbol{x}_i(t))$ 沿着 f 函数和 g 函数的李导数(Lie Derivative),而 f 函数和 g 函数可由车辆动力学模型推导而成;$\gamma(\cdot)$ 表示一类$\varkappa$函数(通常是线性或二次函数)。此外,控制李雅普诺夫函数 $V(\boldsymbol{x}_i(t))$ 可用于跟踪(稳定)最优速度曲线。控制李雅普诺夫函数需满足的约束如下:

$$L_f V(\boldsymbol{x}_i(t))+L_g V(\boldsymbol{x}_i(t))a_i(t)+\varepsilon V(\boldsymbol{x}_i(t))\leqslant e_i(t) \tag{7-54}$$

其中,$\varepsilon>0$ 和 $e_i(t)$ 是使约束变软的松弛因子。大多数情况下会选择 $V(\boldsymbol{x}_i(t))=[v_i(t)-v_{\mathrm{ref}}(t)]^2$,其中 $v_{\mathrm{ref}}(t)$ 是待跟踪的参考速度。因此,最优控制障碍函数控制器可用于求解如下优化问题:

$$\min_{a_i(t),e_i(t)} J_i(a_i(t),e_i(t))=\int_{t_i^0}^{t_i^m}\left\{\beta e_i^2(t)+\frac{1}{2}[a_i(t)-a_{\mathrm{ref}}(t)]^2\right\}\mathrm{d}t \tag{7-55}$$

其约束条件包含动力学约束、控制障碍函数约束和控制李雅普诺夫函数约束。速度和加速度的参考值可直接选择为$v_{\mathrm{ref}}(t)=v_i^*(t)$和$a_{\mathrm{ref}}(t)=a_i^*(t)$,而$v_i^*(t)$和$a_i^*(t)$分别由约束式(7-46)和式(7-45)给出。

通常,可直观地将原约束转化成控制障碍函数约束,如式(7-53)所述。例如在式(7-53)所述的约束中引入线性函数,可将式(7-37)所述的约束条件 1 转化为关于控制的约束:

$$v_{i_p}(t)-v_i(t)-\varphi a_i(t)+z_{i,i_p}(t)-\varphi v_i(t)-\delta\geqslant 0 \tag{7-56}$$

总之,可将式(7-55)所述的优化问题计算产生的控制输入 $a_i(t)$,看作是最优控制障碍函数控制的输入,由此不断更新车辆状态,直至车辆离开控制区域。

3)噪声干扰和非线性动力学分析

传统的基于最优控制方法构建的控制器,除了计算时间较长的缺点外,还有其他不足:

(1)基于最优控制的方法在应用过程中只计算一次最优轨迹,然而由于建模过程中噪声干扰和控制精度等因素会对轨迹规划结果的可行性产生影响,其最优轨迹可能违反相关的安全约束;

(2)基于最优控制的方法的解析解是建立在简化的车辆动力学模型的基础上的,若使用复杂的车辆动力学模型,则难以获得相应的解析解。显然,这在多数情况下难以满足实际应用的需求。

与基于最优控制的轨迹规划方法相比,基于控制障碍函数的轨迹规划方法可进行必要的改进,从而有效地克服上述不足。

噪声干扰等因素可能导致控制输入违反约束条件,进而导致控制障碍函数无法满足前向不变性。假设某一个约束在时刻 t_1 被违反,即有 $b_k(\boldsymbol{x}_i(t))<0$。可通过为原始约束增加一个阈值进行分析,即

$$L_f b_k(\boldsymbol{x}_i(t)) + L_g b_k(\boldsymbol{x}_i(t)) a_i(t) \geqslant c_k(t) \tag{7-57}$$

其中,$c_k(t)\geqslant 0$ 是一个足够大的数。因此即使在最严重的噪声干扰下,上式依旧能保证 $b_k(\boldsymbol{x}_i(t))$ 是递增的。然而,由于应用过程中很难直接确定 $c_k(t)$ 的数值,有必要将其加入到优化目标函数中进行求解,即

$$\min_{a_i(t),e_i(t)c(t)} \int_{t_i^0}^{t_i^m} \left\{ \beta e_i^2(t) + \frac{1}{2}[a_i(t) - a_{\text{ref}}(t)]^2 - \eta c_k(t) \right\} \mathrm{d}t \tag{7-58}$$

其中,η 是权重参数。此外,若在某个时刻有多个约束未能满足,则需要将所有未能满足的约束改写为式(7-58)的形式,并将所有对应的阈值参数加入优化目标函数中进行处理。于是,从时刻 t_1 开始使用新约束替代原有约束实施控制,即可在有限时间内重新满足约束条件,进而将优化问题又转换回使用原有约束。

此外,车辆的非线性动力学的特性同样会增加基于最优控制的轨迹规划模型的求解复杂度,下面介绍基于控制障碍函数的模型在应对非线性动力学上的优势。一般地,车辆的非线性动力学可用下式描述:

$$\begin{bmatrix} \dot{x}_i(t) \\ \dot{v}_i(t) \end{bmatrix} = \begin{bmatrix} v_i(t) \\ -\dfrac{1}{m_i} F_r(v_i(t)) \end{bmatrix} + \begin{bmatrix} 0 \\ \dfrac{1}{m_i} \end{bmatrix} a_i(t) \tag{7-59}$$

其中,m_i 表示车辆质量;$F_r(v_i(t))$ 表示车辆受到的阻力,即

$$F_r(v_i(t)) = \alpha_0 \operatorname{sgn}(v_i(t)) + \alpha_1 v_i(t) + \alpha_2 v_i^2(t) \tag{7-60}$$

其中,$\alpha_0>0$、$\alpha_1>0$ 和 $\alpha_2>0$ 均为经验参数;sgn(·)是符号函数。由于车辆动力学存在高度非线性,因此难以找到轨迹规划问题的解析解。为求解基于车辆非线性动力学的轨迹规划问题,需依照非动力学函数求取李导数,并推导相应的约束条件,进而通过求解一系列二次规划问题,实现针对非线性动力学约束的控制。例如,式(7-56)所述的约束可在非线性动力学约束下转化为:

$$v_{i_p}(t) - v_i(t) + \varphi \frac{F_r(v_i(t))}{m_i} - \frac{\varphi}{m} a_i(t) + z_{i,i_p}(t) - \varphi v_i(t) - \delta \geqslant 0 \tag{7-61}$$

由此可见,基于控制障碍函数的轨迹规划模型可方便地推广应用于其他复杂的车辆动力学模型,并根据实际应用需求完成对模型的相应调整。

7.4 基于驾驶风险场的轨迹规划模型

考虑更为复杂和多样的安全约束及车辆动力学，微观层面更为细致地分析交通群体间的耦合与作用关系，将有效保证交通群体轨迹规划任务的实际应用效果，通过引入驾驶风险场的概念，可在准确评估车辆行驶风险并充分考虑车辆动力学因素的基础上，实现车辆时空轨迹的最优规划。

7.4.1 驾驶风险场概念

车辆在道路上行驶时，驾驶人的驾驶行为会受周边车辆运动的影响而进行实时调整，以确保驾驶的安全性。例如，在图7-8所示的跟驰场景中，由于后车驾驶人总可以感知到前车的存在及其运动带来的风险，因此总是倾向于与其保持一定的安全距离；当两车过于接近时，后车驾驶人又会采取相应的制动措施，避免与前车发生碰撞。另一方面，由于后车的存在，前车驾驶人总是希望保持一定的速度行驶并避免紧急制动，以避免追尾事故的发生。

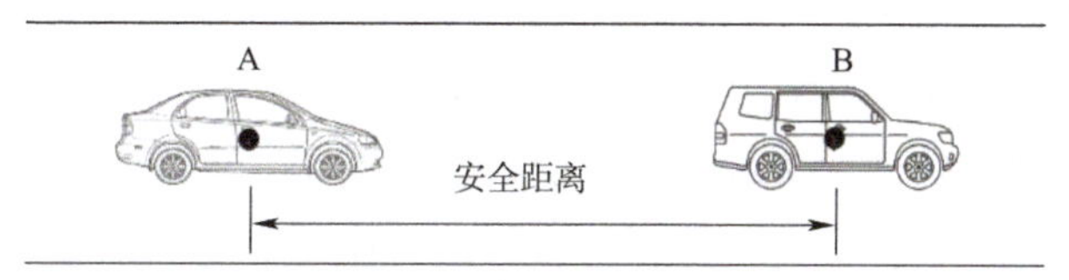

图7-8 车辆跟驰场景示意

上述车辆行驶过程中，虽然两车并未产生实质性的接触，但空间中仿佛存在着一种与车辆行驶风险紧密相关的力，在其作用下，两车不断调整其行驶过程，改变车辆的运动状态，从而保证车辆的行驶安全。显然，这种力不是真实存在的，将其看成是一种虚拟的力，等同于一种场力作用于车辆，致使驾驶人在行驶过程中不断调整自己的行驶状态，以保证交通安全。另一方面，从驾驶行为的致因角度出发，任何一名驾驶人在驾驶车辆的过程中，其对交通安全风险的感知或感受直接决定了其驾驶行为，这种感知或感受来源于驾驶人在心理或生理上对车辆品质性能、车辆行驶状态、交通状态环境的体验。同样的环境条件，不同驾驶人会有不同的感知或感受；而受心理或生理的影响，同一驾驶人对同样的环境条件，在不同时间段的感知或感受也不同。如果将这种由来自心理或生理的感知或感受对驾驶人驾驶行为的驱动作用也看成是一种力，则这种力也不是真实存在的，同样可以看成是一种虚拟的力，等同于一种场力。

考虑驾驶人的一切驾驶行为都是受其对交通安全风险的感知或感受作用的，是产生一切交通现象的根本原因，此处采用后一种力并构建“驾驶风险场”，描述由车辆物理属性、车辆运动状态、驾驶人驾驶行为和道路边界条件等因素形成的驾驶风险。进一步地,驾驶风险场由势能场、动能场、行为场和道路边界风险场叠加而成;在此基础上,建立对应的数学模型,用风险场的势函数量化表征交通安全风险。

与物理学中的场论类似,驾驶风险场的势函数与车辆的物理属性和运动状态因素有关,其中物理属性包括车辆的质量与几何尺寸,运动状态因素包括车间距离与车辆的运动学量。一般来说,车辆的质量越大,势函数值就越大,发生碰撞后的严重程度也就越高;车辆的尺寸越大,势函数值就越大,产生碰撞的可能性也就越大;车辆的速度越快、与相邻车辆的距离越近,势函数值就越大,危险程度也就越大。显然,由于车辆的运动存在时空特性,且动态而随机,同时交通系统对安全风险的考量无处不在,因此驾驶风险场必然会呈现出一定的全域动态时空分布特性。车路协同环境下,基于 V2X 的智能网联技术,所有交通主体包括人、车、路和基础设施间可以共享实时的交通信息,为全域动态实时应用的驾驶风险场模型的构建奠定了必不可少的基础。

7.4.2 驾驶风险场模型构建

1)车辆几何模型

车辆的几何尺寸是影响驾驶风险场及其空间分布的重要因素,因此在构建驾驶风险场模型前,需首先对车辆的几何模型进行描述。

如图 7-9 所示,一般情况下,采用具有一定长度和宽度的矩形来描述车辆的轮廓,并以两车的轮廓有无交合来判定是否发生碰撞。由于笛卡尔坐标系下车辆的轮廓需用长方形的解析式描述,而在判定车辆碰撞发生的相互空间关系时,描述车辆轮廓的长方形解析式(每辆车使用 4 个直线方程且需考虑其取值范围)极不利于推导计算,且会占用较大的计算资源。因此,为了简化计算和推导,且尽可能地保证模型的准确性,可以选取矩形的一个外接椭圆来近似描述车辆的几何形状。

笛卡尔坐标系下,车辆几何模型及其相关参数定义如图 7-10 所示,于是可用下式简约描述为:

$$\frac{p^2}{l^2}+\frac{q^2}{w^2}=\frac{1}{2} \tag{7-62}$$

其中,p、q 为方程的自变量;w 和 l 分别为车辆的长度和宽度;α 为车辆航向角;(x_0,y_0) 为车辆质心坐标,且存在转换关系:

$$\begin{cases}p=(x-x_0)\cos\alpha+(y-y_0)\sin\alpha\\q=(y-y_0)\cos\alpha+(x-x_0)\sin\alpha\end{cases}$$

于是,车辆长方形轮廓外接椭圆的长轴为 $\sqrt{2}l$,短轴为 $\sqrt{2}w$。

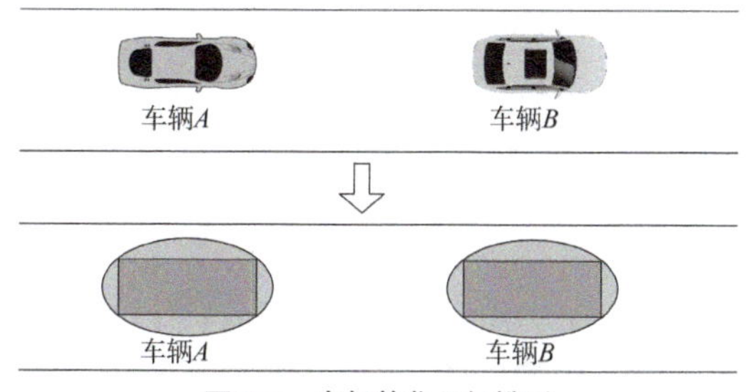

图7-9 车辆简化几何模型

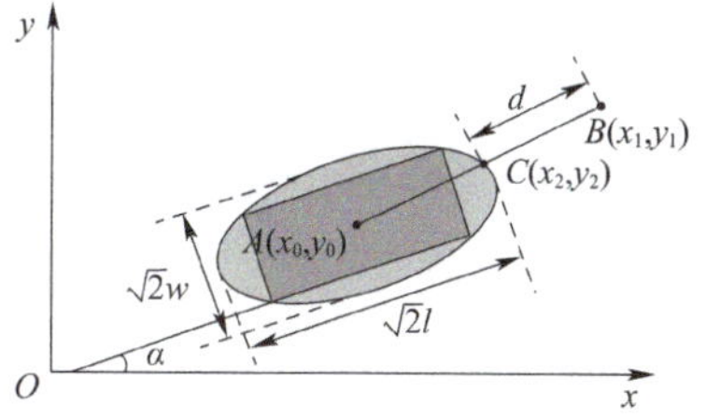

图7-10 基于车辆轮廓外接椭圆的车辆几何模型及其参数定义

对应产生驾驶风险的不同因素，包括车辆物理属性、车辆运动状态、驾驶人驾驶行为和道路边界条件，驾驶风险场可分为势能场、动能场、行为场和道路边界风险场，分别量化表征由道路上的静止物体、运动物体、驾驶人行为和道路边界所产生的驾驶风险。下面依次介绍上述几类驾驶风险场。

2）势能场

道路上的静止物体如静止的车辆会对行驶中的车辆产生驾驶风险。该驾驶风险的大小主要取决于静止车辆的固有属性包括质量和尺寸等，于是可以用势能场来描述静止车辆的驾驶风险在空间上的分布。由静止车辆的存在产生的驾驶风险具有如下特点。

（1）碰撞的风险程度与静止车辆的质量有关，质量越大，风险也越大。

（2）越接近静止车辆，驾驶风险越大；而且随着间距的缩小，风险增大越快。

（3）静止车辆引起的碰撞风险在所有方向上的变化规律相同，与接近静止车辆的方向无关。

于是，该静止车辆的势能场的势函数可表示为：

$$V_P = V_P(l, w, m, d) \tag{7-63}$$

其中，V_P 表示势能场的势函数值；l 和 w 分别表示静止车辆的长度和宽度；m 表示静止车辆的质量；d 表示静止车辆外某点到静止车辆几何模型外延的距离。显然，m 越大，d 越小，V_P 就越大，即表示驾驶风险越高。

3）动能场

道路上的运动物体如运动车辆会对行驶中的车辆产生驾驶风险。该驾驶风险的大小主要取决于运动车辆的运动属性包括速度和航向角等，于是可以用动能场来描述运动车辆的驾驶风险在空间上的分布。由运动车辆的存在产生的驾驶风险具有如下特点。

（1）碰撞的风险程度与运动车辆的质量有关，质量越大，风险也越大。

（2）碰撞的风险程度与运动车辆的速度有关，速度差越大，风险越大。

（3）越接近行驶车辆，碰撞风险越大，且随着间距的缩小，风险增大越快。

（4）运动车辆引起的碰撞风险在不同方向上的变化规律不同，与接近运动车辆的方向有关。

于是，运动车辆的动能场的势函数可表示为：

$$V_K = V_K(l, w, m, v, \alpha, d) \tag{7-64}$$

其中，V_K 表示动能场的势函数值；l 和 w 分别表示运动车辆的长度和宽度；m 表示运动车辆的质量；v 为行驶车辆的速度；α 为行驶车辆的航向角；d 表示运动车辆外某点到运动车辆几何模型外延的距离。

4）行为场

行为场表征的是驾驶人行为特性对驾驶风险产生的影响，主要由驾驶人对车辆的操作所决定。考虑驾驶人对车辆的操作，可以将其简化为横向操作（转向盘）与纵向操作（加速与制动），其在动力学上的体现即为横纵向加速度。于是，驾驶人的行为场的势函数可表示为：

$$V_B = V_B(a_x, a_y) \tag{7-65}$$

式中，V_B 表示行为场势函数值；a_x 和 a_y 分别表示驾驶人操作车辆时表现的横向加速度和纵向加速度。

5）道路边界风险场

道路边界风险场表征的是道路边界的存在对驾驶风险的影响，具体就是指各类车道线对车辆驾驶风险的影响。车辆行驶时需遵守交通法规（如保持车道内行驶），虽然跨越车道线不会导致实质性的碰撞事故，但应该是对驾驶人驾驶行为的约束。将这种约束转化成驾驶风险，在驾驶风险的驱使下，可帮助驾驶人养成良好的驾驶习惯，如保持车道中心线行驶等。此外，车道边界产生的风险与道路边界线的类型有关，如车道上白实线处的驾驶风险应该大于白虚线处的驾驶风险。

于是，道路边界风险场的势函数可表示为：

$$V_E = V_E(r, R) \tag{7-66}$$

式中，V_E 表示行为场势函数值；r 为车辆质心到道路边界的距离；R 为车道线类型。

7.4.3 道路全域动态驾驶风险场模型

道路全域驾驶风险场是从道路全域视角，基于车路协同环境下共享的全时空动态交通信息，实现对总体车辆驾驶风险的描述。在这种视角下，包括静止车辆、运动车辆、驾驶人和道路边界条件在内的所有主体所产生的驾驶风险都需单独分析和计算，也就是说，每个主体的风险场势函数只取决于自身因素，而与其他主体无关。

在该视角下，可将车辆几何模型的椭圆视为车辆边缘，如图 7-9 所示。椭圆内部即是碰撞区域，一旦其他车辆的边缘进入该区域，即视为发生了碰撞。可见，道路上的驾驶风险与距离息息相关。

根据式（7-62）所建立的椭圆几何模型，可通过计算推导出椭圆外一点到椭圆上的距离。定义椭圆外任意一点 B 到椭圆的距离为 B 点到 C 点之间的距离，其中，C 点为 B 点与椭圆中心 A 的连线与椭圆的相交点。于是有如下关系成立：

$$\begin{cases}(x_1-x_0)(y_2-y_0)=(y_1-y_0)(x_2-x_0)\\ \dfrac{p_2{}^2}{l^2}+\dfrac{q_2{}^2}{w^2}=\dfrac{1}{2}\end{cases} \tag{7-67}$$

其中，$\begin{cases}p_2=(x_2-x_0)\cos\alpha+(y_2-y_0)\sin\alpha\\ q_2=(y_2-y_0)\cos\alpha+(x_2-x_0)\sin\alpha\end{cases}$。通过求解式(7-67)，可以得到点 A 与点 C 之间的距离为：

$$\begin{aligned}|AC|&=\sqrt{(x_2-x_0)^2+(y_2-y_0)^2}\\&=\frac{wl\cdot|AB|}{\sqrt{2w^2p_1{}^2+2l^2q_1{}^2}}\end{aligned} \tag{7-68}$$

式中，$\begin{cases}p_1=(x_1-x_0)\cos\alpha+(y_1-y_0)\sin\alpha\\ q_1=(y_1-y_0)\cos\alpha+(x_1-x_0)\sin\alpha\end{cases}$。于是，距离 d 可按下式计算：

$$\begin{aligned}d&=|AB|-|AC|\\&=|AB|\cdot\frac{\sqrt{2w^2p_1{}^2+2l^2q_1{}^2}-wl}{\sqrt{2w^2p_1{}^2+2l^2q_1{}^2}}\end{aligned} \tag{7-69}$$

考虑车辆速度和质量是影响车辆驾驶风险的重要因素，需要将车辆的质量和速度引入风险场模型的构建中。一般来说，车辆的速度越高，质量越大，其产生的驾驶风险也越大，因此采用下式来表征驾驶风险的规律：

$$E_i=a_i\cdot m_iv_i^{b_i}+c_i \tag{7-70}$$

其中，E_i 为车辆 i 的质量和速度对其驾驶风险的影响系数；m_i 为车辆质量；v_i 为车辆速度；a_i,b_i,c_i 为待定系数，且 a_i,b_i,c_i 均 >0。

此外，车辆的运动是有方向的，因此由运动中的车辆产生的驾驶风险与行驶方向有关。具体而言，车辆行驶前方的风险要高于侧方和后方，因此用方向不均匀系数 ξ_{DI} 来表征不同方向上的安全性差异，则有：

$$\xi_{\mathrm{DI}}=e^{k_\theta v_0(\cos\theta_0-1)} \tag{7-71}$$

其中，v_0 为车辆速度；车辆 i 与障碍车 j 之间的相对位置方向为 $\bar{r}_{ij}=(x_j-x_i,y_j-y_i)$；$\theta_0$ 是 $\bar{r}_{ij}$ 的方向与速度方向的夹角；k_θ 为待定系数，且 $k_\theta>0$。上述关系的物理描述如图 7-11 所示。

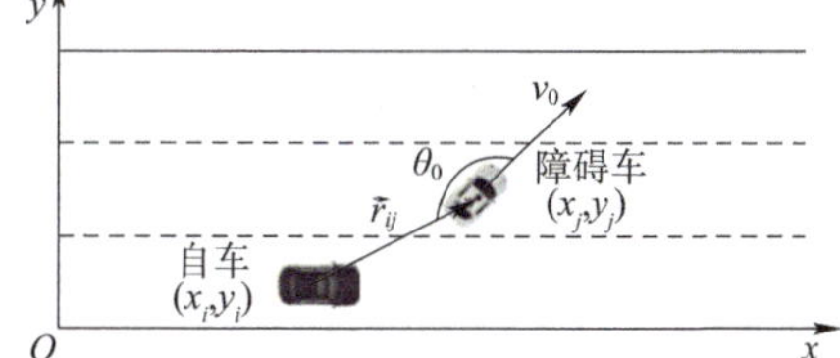

图 7-11 方向不均匀系数示意图

由此可见，式(7-71)描述了驾驶风险随着速度与行驶方向改变的规律。具体而言，相同的速度下，$|\theta_0|$ 越小，ξ_{DI} 越大，驾驶风险越大；当 $\theta_0=0$ 时，即处在车辆的正前方，驾驶风险最大；而相同的方向上，车辆速度 v_0 越大，ξ_{DI} 越大，驾驶风险越大。

于是，可以总结出驾驶风险场的势函数具有如下特性。

性质 1：与主体的距离越近，势函数值越大，且增大的速度越快；

性质2:运动车辆的速度与质量越大,势函数值越大;

性质3:势函数值与车辆运动方向有关,车辆行驶前方的势函数值最大。

参照物理学的分析方式,考虑驾驶风险所描述的车辆之间的相互影响,与汤川势所描述的粒子间相互作用极为相似,因此,可以采用指数函数的形式对驾驶风险场的势函数进行定义。具体而言,势能场的势函数可定义为:

$$V_{\mathrm{P}}=\begin{cases}\lambda_1\exp(-k_r\sqrt{d}),d\geqslant 0\\ \lambda_1,d<0\end{cases} \tag{7-72}$$

其中,k_r 为陡峭系数,且 $k_r>0$,决定势函数的陡峭程度;λ_1 为待定系数,且 $\lambda_1>0$。

动能场的势函数可定义为:

$$V_{\mathrm{K}}=\begin{cases}\lambda_2\xi_{\mathrm{DI}}\cdot E_i\cdot\exp(-k_r\sqrt{d}),d\geqslant 0\\ \lambda_2 E_i,d<0\end{cases} \tag{7-73}$$

其中,λ_2 为待定系数,且 $\lambda_2>0$。

行为场的势函数可定义为:

$$V_{\mathrm{B}}=\begin{cases}\lambda_3\eta\xi_{\mathrm{DI}}\cdot E_i\cdot\exp\left(-k_r\sqrt{d}\right),d\geqslant 0\\ \lambda_3\eta E_i,d<0\end{cases} \tag{7-74}$$

式中,λ_3 为待定系数,且 $\lambda_3>0$;η 为驾驶人决策风险系数,且 $\eta>0$。

当道路上存在多个障碍车辆(静止和运动车辆)时,总的驾驶风险场则是由每个障碍车辆所产生的驾驶风险场叠加而成。由于势函数为标量,因此势函数的叠加也为标量,如下式所示:

$$V_{\mathrm{S}}=\sum_{i=1}^{n}V_i \tag{7-75}$$

其中,V_{S} 为总的驾驶风险场势函数;V_i 为每辆障碍车分别产生的驾驶风险场势函数,n 为障碍车辆的总数。

如前所述,道路边界线会对车辆行驶产生约束作用,于是也可将这种约束看成是一种风险。车辆一旦偏离当前车道中心,就会被道路边界产生的行车风险所影响,促使车辆向车道中心线方向移动,即车辆越靠近车道边界线,驾驶风险越大。以双车道为例,考虑道路横向方向不同位置的行车风险应有差异,如车道中心线上行驶时道路边界形成的风险为零,而在道路边界上行驶时风险最大,则应采用变化快慢不同的函数来构建道路边界风险场模型。车辆在靠近车道中线位置行驶时,行车风险较小,因此采用幅值较小且变化平缓的三角函数建模;当车辆在靠近道路边界的位置行驶时,行车风险快速增加,其作用是对行驶车辆产生一个"排斥力",将车辆从道路边界"推"到道路中线处,此时应采用幅值较大且变化速度快的指数函数建模。假设 $Y=0$ 为车道外侧边界所在位置,综合考虑以上要素设计的双车道道路边界风险场则可表示为:

$$V_E=\begin{cases}\gamma_1(e^{|Y-Y_l|}-1),Y\leqslant L/4\\ \gamma_2\sin\left[\dfrac{2(Y-Y_l)}{L}\right],L/4<Y<3L/4\\ \gamma_1(e^{|Y-Y_r|}-1),Y\geqslant 3L/4\end{cases} \tag{7-76}$$

其中，Y 为道路横向位置；L 为道路总宽度；γ_1 和 γ_2 分别为道路边界和中心线区域的风险系数；Y_l 和 Y_r 分别表示左右车道中心线的横向位置。

于是，考虑道路上总的驾驶风险场由势能场、动能场、行为场和道路边界风险场叠加而成，则其势函数的叠加关系可用下式描述为：

$$V_S=w_1V_{\mathrm{P}}+w_2V_{\mathrm{K}}+w_3V_{\mathrm{B}}+w_4V_{\mathrm{E}} \tag{7-77}$$

其中，w_1,w_2,w_3,w_4 为待定系数，且 $w_1+w_2+w_3+w_4=1$。

由此可见，基于上述构建的风险场模型，在车路协同环境下通过获取全域障碍车辆（静止和运动车辆）的位置和速度以及道路环境等实时信息，可实时、动态且准确地计算道路各方位存在的行车风险，在此基础上进一步规划车辆行驶所需的轨迹。

7.4.4 基于驾驶风险场的轨迹规划模型及应用

在真实的交通场景中，车辆行驶是一个动态变化的过程，其行驶轨迹会受到自身与周边环境多重因素的影响。基于上述构建的车辆驾驶风险场模型，结合车辆运动学特性，引入模型预测控制算法，建立轨迹规划的多目标动态优化问题，可以对车辆状态进行实时预测，进而完成车辆行驶所需的轨迹规划。

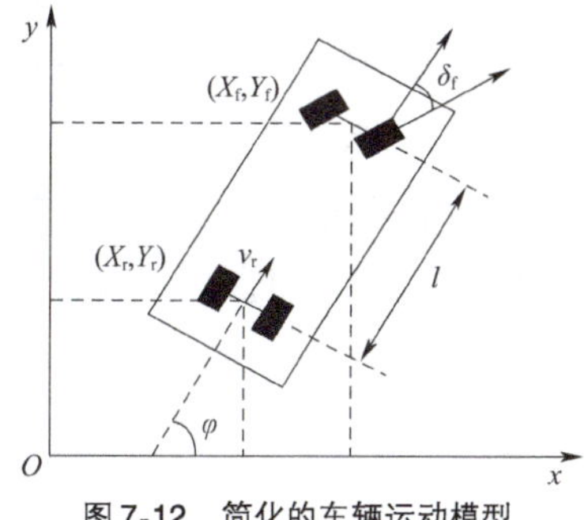

图7-12 简化的车辆运动模型

1）车辆运动学模型

简化的车辆运动模型如图7-12所示。在惯性坐标系 xoy 下，引入如下的运动学方程：

$$\begin{bmatrix}\dot{X}_{\mathrm{r}}\\ \dot{Y}_{\mathrm{r}}\\ \dot{\varphi}\end{bmatrix}=\begin{bmatrix}\cos\varphi\\ \sin\varphi\\ \tan\delta_{\mathrm{f}}/l\end{bmatrix}v_{\mathrm{r}} \tag{7-78}$$

其中，$(X_{\mathrm{r}},Y_{\mathrm{r}})$ 为车辆后轴轴心坐标；φ 为航向角（车体与 x 轴正方向夹角）；δ_{f} 为前轮偏角（前轮方向与车体方向夹角）；v_{r} 为后轴中心速度；l 为车辆轴距。

2）模型预测控制器设计

模型预测控制器的设计主要包括：预测方程、优化目标函数与约束条件。下面分别从这三个方面进行介绍，给出设计过程和依据。

(1)预测方程。

基于式(7-78)所述的车辆运动学方程,选取车辆横向坐标 x,纵向坐标 y 和航向角 φ 为状态量;选取前轮偏角 δ_f 为控制量;设当前时刻为 k,采样时间为 T,被控车辆的质心坐标为 (x,y),则预测方程可构建为:

$$\begin{bmatrix} x(k+1) \\ y(k+1) \\ \varphi(k+1) \end{bmatrix} = \begin{bmatrix} x(k) \\ y(k) \\ \varphi(k) \end{bmatrix} + v_r \cdot T \cdot \begin{bmatrix} \cos(\varphi(k)) \\ \sin(\varphi(k)) \\ \tan(\delta_f(k+1))/l \end{bmatrix} \tag{7-79}$$

(2)目标函数。

根据道路安全性要求,车辆在道路上行驶时应尽可能选择驾驶风险小的区域通行,即保证驾驶风险最小。因此,将车辆行驶全过程的驾驶风险之和为优化目标,即可获得目标函数为:

$$J_1 = \sum_{i}^{N_p} V_S(i) \tag{7-80}$$

其中,$V_S(i)$为第 i 个预测步长时的车辆驾驶风险场势函数值;N_p 为总的预测步数。

同时,考虑车辆状态量与期望值的误差,以保持误差最小为优化目标:

$$J_2 = y_{\text{error}}(i) = y(i) - y_{\text{ref}}(i) \tag{7-81}$$

$$J_3 = \varphi_{\text{error}}(i) = \varphi(i) - \varphi_{\text{ref}}(i) \tag{7-82}$$

式中,$y_{\text{error}}(i)$和 $\varphi_{\text{error}}(i)$分别为第 i 个预测步长时车辆横向位置和航向角的误差;$y_{\text{ref}}(i)$为车辆期望的横向位置,可选取车辆起始时所在车道的中心线位置;$\varphi_{\text{ref}}(i)$为车辆的期望航向角,可选取 $\varphi_{\text{ref}}(i)=0$。

此外,考虑稳定性和舒适性要求,车辆行驶时应尽可能避免急转向,因此,以行驶全过程前轮偏角量之和为优化目标,则可构建目标函数为:

$$J_4 = \sum_{i}^{N_c} \delta_f(i) \tag{7-83}$$

式中,N_c 为控制步长,且 $N_c \leqslant N_p$。

至此,可为车辆行驶的轨迹规划构建一个多目标优化函数,引入权重因子 ζ_1,ζ_2,ζ_3 和 ζ_4,分别对目标函数 J_i 的作用进行协调。最终可得到总的优化目标函数为:

$$J = \zeta_1 J_1 + \zeta_2 J_2 + \zeta_3 J_3 + \zeta_4 J_4 \tag{7-84}$$

(3)约束条件。

为防止车辆急转向操作导致超出车辆转向机构的饱和限制,还需对车辆前轮偏角控制量 δ_f 进行约束,即须满足条件:

$$\delta_{\text{fmin}} \leqslant \delta_f(i) \leqslant \delta_{\text{fmax}}, i = 1,2,\cdots,N_c \tag{7-85}$$

综合以上所有优化目标,车辆行驶的轨迹规划优化问题可描述为:

$$\begin{aligned} &\min_{\delta_f(k)} J \\ &\text{s.t.} \quad \delta_{\text{fmin}} \leqslant \delta_f(i) \leqslant \delta_{\text{fmax}} \end{aligned} \tag{7-86}$$

因此,通过在逐个采样时刻求解此优化问题并得到最优控制量,代入预测方程即可计算出车辆的状态量,包括车辆位置和航向角。于是,重复以上过程,即可获得一条规划的车辆行驶轨迹。为了验证基于驾驶风险场的轨迹规划模型的有效性,下面将基于具体场景进行仿真分析。

仿真实验中,车辆模型的前轮偏角最小值设为 $\delta_{\text{fmin}} = -0.44\ \text{rad}^{-1}$,最大值设为 $\delta_{\text{fmax}} = 0.44\ \text{rad}^{-1}$;模型预测控制器的控制时域设为 $N_p = 15$,预测时域设为 $N_c = 2$。此外,驾驶风险场模型中的相关参数选取如表 7-1 所示。

驾驶风险场参数设置　　表 7-1

风险场类型	参数及符号	取　值
障碍物风险场	尺寸系数 δ_1	1
障碍物风险场	尺寸系数 δ_2	1
障碍物风险场	速度相关系数 α	4
道路边界风险场	边界系数 γ_1	2
道路边界风险场	边界系数 γ_2	3
道路边界风险场	左车道中心线位置 Y_l(m)	6
道路边界风险场	右车道中心线位置 Y_r(m)	2
道路边界风险场	道路总宽度 L(m)	8

仿真实验场景设计如图 7-13 所示,自车行驶在单向双车道的右侧车道上,假设自车前方的车辆 A 在此时发生故障,将在 25s 之后停在前方道路。为避免和车辆 A 发生碰撞,自车需要执行换道和超车动作。除了车辆 A 之外,自车周围还分布有车辆 B、车辆 C 和车辆 D,各车的物理属性及运动状态信息见表 7-2 所列。

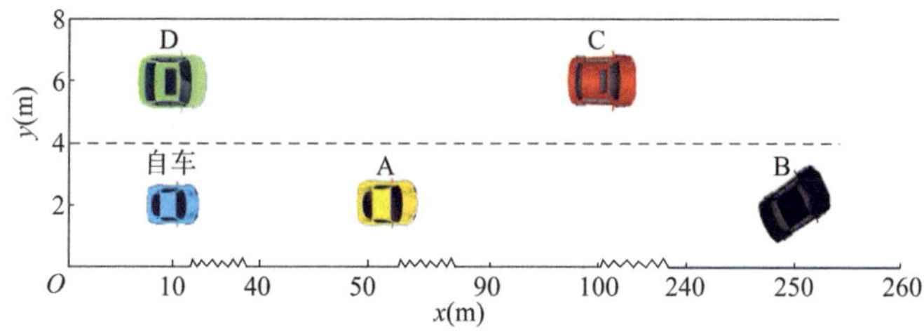

图 7-13　仿真实验场景设计

各车物理属性和运动状态信息　　表 7-2

车辆	坐标(m,m)	速度(m/s)	加速度(m/s²)	航向角(°)	质量(kg)	长度(m)	宽度(m)
自车	(10,2)	9	0	0	1500	4	1.2
A	(55,2)	2	0.2	0	1800	4.5	1.4
B	(250,2)	0	0	30	2000	5	1.5
C	(100,6)	3	0	0	2000	5	1.5
D	(10,6)	2	0	0	2200	5.5	1.8

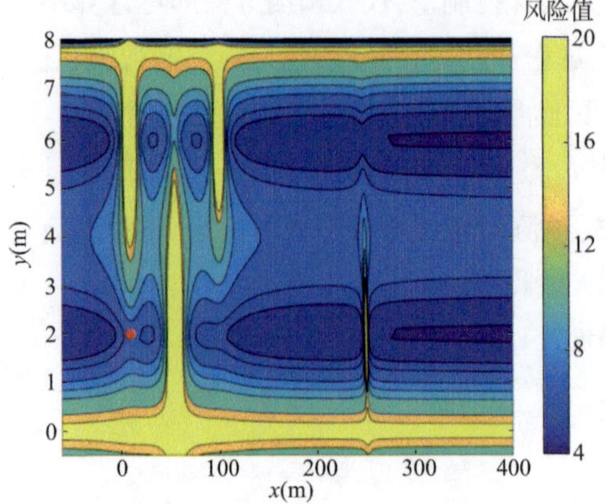

图7-14 仿真场景行车风险场分布

根据驾驶风险场模型与表7-2设置的各车物理属性和运动状态信息，可以得到此时的道路全域驾驶风险场分布情况，如图7-14所示，其中实心圆点为自车质心初始位置(10,2)。在换道过程中，各车的位置与运动状态会随时变化，自车可实时获取道路驾驶风险分布，进而结合其他优化目标完成轨迹规划任务。

图7-15为车辆A、B、C、D在仿真过程中$t=2s$，$t=10s$，$t=16s$，$t=25s$，$t=30s$和$t=36s$时刻的规划轨迹。

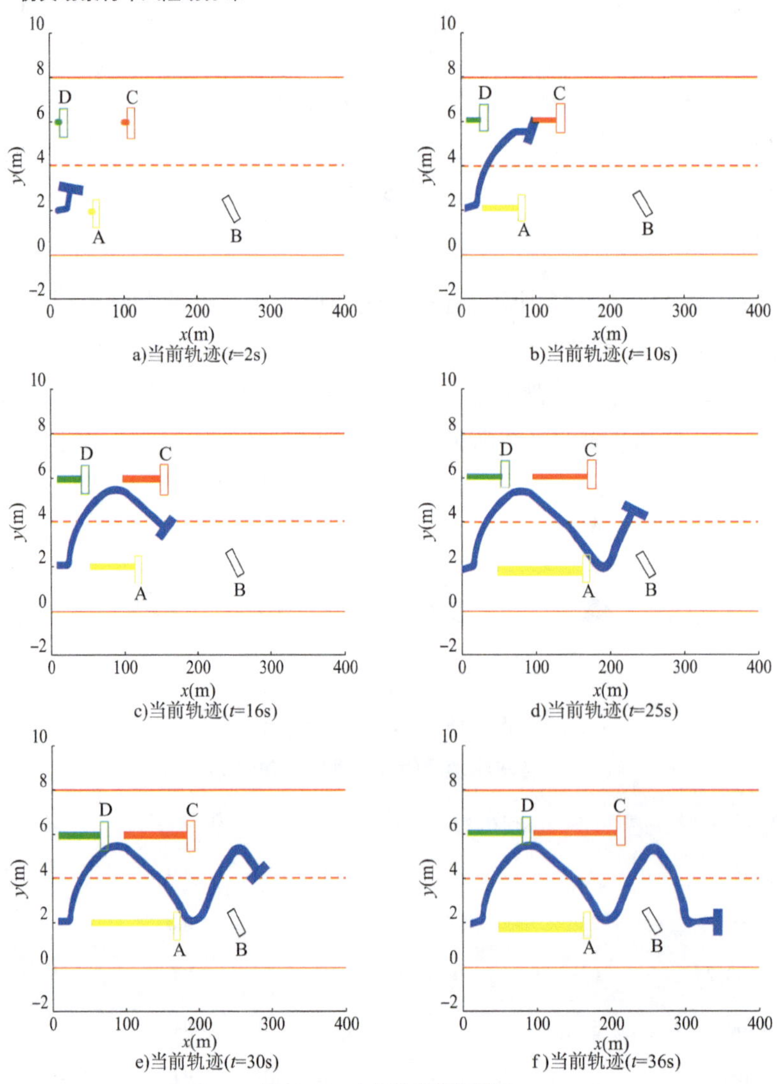

图7-15 车辆轨迹规划结果

由图7-15可以看出，基于驾驶风险场的轨迹规划模型可规划出能够及时换道和躲避障碍的运动轨迹，并且自车最终可回到车道中心线上行驶。此外，行驶过程中自车与周围车辆始终能够保持足够的安全距离，可见基于驾驶风险场的轨迹规划模型可为车辆规划出安全的行驶轨迹。

图7-16中的a)至f)为对应图7-15各个时刻的驾驶风险场等高线分布图，实心圆点为当前时刻的自车质心位置。结合图7-16中各时刻的驾驶风险场等高线可以看出，车辆在任意时刻可以准确感知驾驶风险分布的变化，进而避开道路上驾驶风险高的位置，而选择低风险区域行驶。这进一步说明了驾驶风险场模型可用于完成车辆的轨迹规划任务，从而保证车辆安全、高效、稳定地行驶。

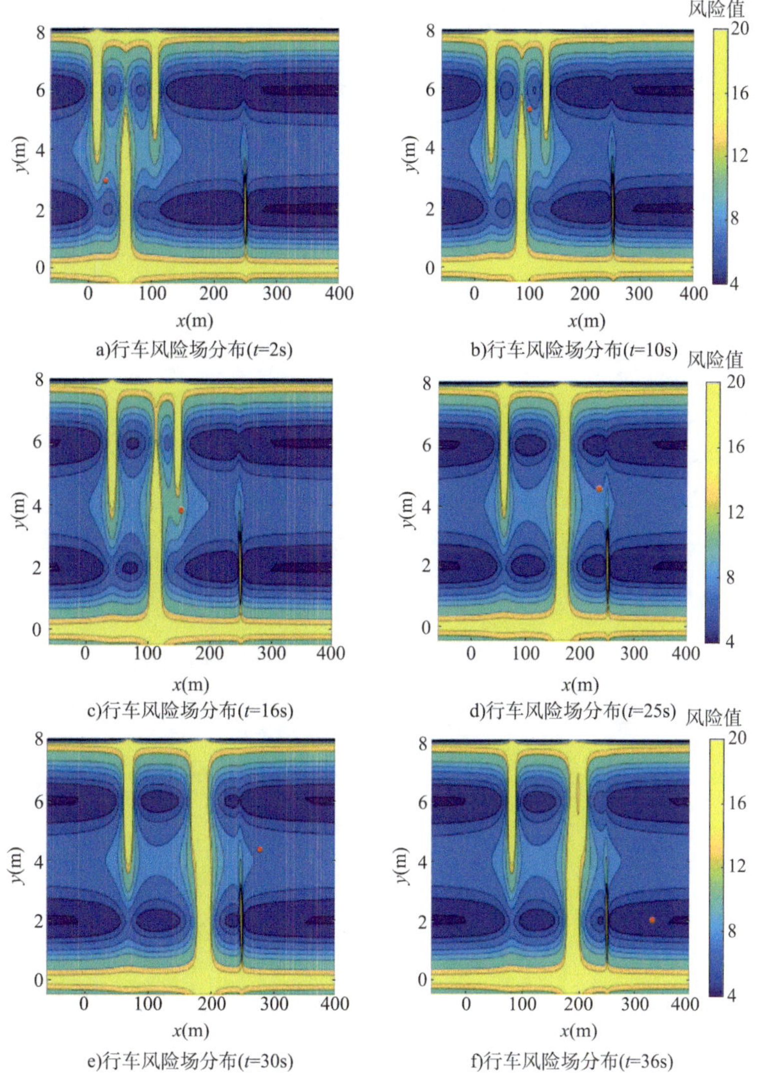

图7-16 各时刻驾驶风险场分布图

第8章

CHAPTER 8

大规模异构交通群体协同决策计算模型

8.1 群体智能计算模型

回顾生命进化史,生物多数以群居为主,如鸟群的列队飞行,昆虫的集体觅食,鱼群的聚集游动。在这些自组织现象中,集体行为表现出单个个体所不具备的群体智能,保证个体在觅食、逃避天敌等活动中获得单独行动所得不到的收益,从而实现种群利益的最大化。受到这种生物群体行为研究的启发,研究人员提出了群体智能计算模型。群体智能是在自然界生物群体所表现出的智能现象启发下提出的一种人工智能实现模式。A. P. Engelbrecht 认为"群体智能"是指由群体中的个体通过相互的信息交换和协作,涌现出解决特定任务或问题的行为,而"计算群体智能"则是这种行为的算法模型。

面对具有大规模、非线性、多模态、复杂耦合等特性的问题,传统的优化方法效果有限,这是因为在优化过程中通常需要求解目标函数的梯度(甚至 Hessian 矩阵),同时还会遇到初始值选取的敏感性问题。群体智能算法为处理这类大规模复杂优化问题提供了一个有效的途径。目前,群体智能优化算法主要包括:粒子群优化(Particle Swarm Optimization,PSO)算法、蚁群优化(Ant Colony Optimization,ACO)算法、人工鱼群优化(Artificial Fish Swarm,AFS)算法和细菌觅食(Bacterial Foraging Optimization,BFO)算法。

8.1.1 粒子群算法

粒子群优化算法(PSO)简称粒子群算法,它起源于对生物群体的运动觅食行为的模拟,如鱼群、蜂群和鸟群等。动物的动态聚集行为主要有三个特点:向目标靠近、向群体靠近和远离最近所在地。

动物学家 Boyd 和 Recharon 认真分析人类的决策过程后,提出了个体自身学习和种群文化传递的思想,该思想表明对个体影响比较大的因素包括自身的历史经验以及种群中其他个体的成功经验。1995 年,美国学者 James Kennedy 和 Russell Eberhart 受鸟群觅食过程中群聚和迁徙行为的启发,并结合个体决策过程中信息传递的方法,提出了粒子群算法。

粒子群算法由种群组成,种群中包含多个在解空间中运动的粒子,粒子在解空间中运动寻找最优解。跟其他进化算法类似,粒子群算法是一种迭代求解最优化问题的方法。一般地,典型的单目标带约束优化问题可以表示如下:

$$\min f(x),x=[x_1,x_2,\cdots,x_D] \tag{8-1}$$

其中,f 为目标函数;D 为问题的维度;$x\in[x_{\min},x_{\max}]$。在粒子群算法中,每个候选的解被称为粒子,粒子在 D 维解空间中运动。优化过程中,根据自身的最优解和整个种群的解信息,每个粒子不断更新其速度和位置向量。因此,每个粒子都有向着最优解运动的趋势。对于第 i 个粒子,其速度更新可用下式进行:

$$V_i^{t+1} = V_i^t + c_1 r_1 (pbest_i^t - X_i^t) + c_2 r_2 (gbest^t - X_i^t) \tag{8-2}$$

其中, c_1 和 c_2 为常数加速因子;r_1 和 r_2 是在[0,1]区间范围内服从均匀分布的随机数;$X_i = (X_1, X_2, \cdots, X_D)$是第 i 个粒子的位置向量;$pbest_i = (pbest_i^1, pbest_i^2, \cdots, pbest_i^D)$是第 i 个粒子的历史最优解;$gbest = (gbest^1, gbest^2, \cdots, gbest^D)$是整个种群的历史最优解。同时,粒子位置的更新可用下式进行:

$$X_i^{t+1} = X_i^t + V_i^t \tag{8-3}$$

由此可得,粒子群算法中每个粒子的运动过程可描述为图 8-1 所示情形。

其中,S^k 为当前粒子所处的位置;S^{k+1}为下一时刻粒子所处的位置;V^k为当前粒子的速度向量;V^{k+1}为下一个时刻粒子的速度向量;V_{pbest}为粒子向自身历史最优位置运动的速度向量;V_{gbest}为粒子向当前种群中最优粒子运动的速度向量。于是,粒子群算法的总体过程可描述如下。

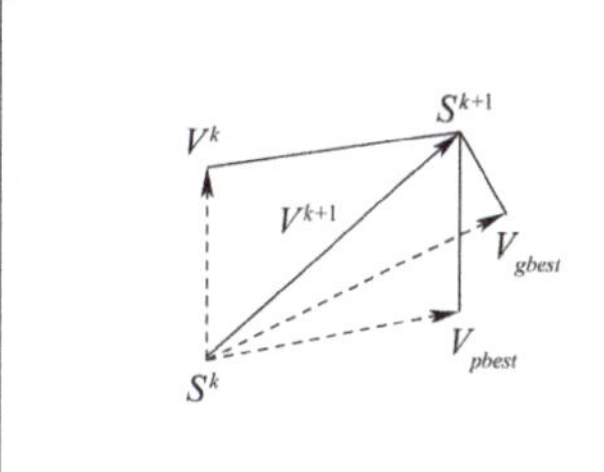

图 8-1　粒子群算法中每个粒子的运动示意图

步骤(1):初始化每个粒子的位置向量和速度向量,把每个粒子的历史最优位置设置为当前位置,把种群最优个体设置为当前种群的最优个体;

步骤(2):对于每一个粒子,按照式(8-2)更新速度向量,处理速度超出一定范围的情况;

步骤(3):对于每一个粒子,按照式(8-3)更新位置向量,处理位置超出解空间的情况;

步骤(4):更新每个粒子的最优向量,更新种群最优个体;

步骤(5):判断终止条件(终止条件一般设置为指定的优化精度或者指定的迭代次数)是否成立。若终止条件成立,则终止;否则跳到步骤(2)继续优化。

8.1.2　蚁群算法

蚁群算法(ACO)又称蚂蚁算法,由意大利学者 Marco-Dorigo 等人提出,其生物学基础是一只蚂蚁仅仅通过追随其他蚂蚁留下的尾迹,最终即可在无数通往食物源的路径中找到最短的一条路径。蚂蚁算法是源于大自然生物世界的一种新的仿生类算法,作为通用型随机优化方法,它吸收了昆虫王国中蚂蚁的行为特性,通过其内在的搜索机制,在一系列困难的组合优化问题求解中取得优化的结果。由于在模拟仿真中使用的是人工蚂蚁概念,因此有时亦被称为蚂蚁系统(Ant System)。据昆虫学家的观察和研究发现,生物世界中的蚂蚁有能力在没有任何可见信息的提示下,找出从其窝巢至食物源的最短路径,并能随环境的变化而变化,适应性地搜索新的路径,产生新的选择。作为昆虫的蚂蚁在寻找食物源时,能在其走过的路径上释放一种蚂蚁特有的分泌物——信息激素(Pheromone),使得一定范围内的其他蚂蚁能够感知到并由此影响它们以后的行为。当一条路径上通过的蚂蚁越来越多时,留下了信息激素的轨迹(Trail)也越来越多,以致信息素强度增大(随时间的推移会逐渐减弱),于是蚂蚁选择这条路径的概率也越高,从而更增加了这条路径的信息素强度,这种选择过程被称为蚂蚁的自催化行为。由于其原理是一种正反馈机制,因此,也可将蚂蚁系统理解成增强型学习系统。用于优化问题求解的人工蚂蚁算法,其基本原理吸收了生物界中蚂蚁群体行为中以下的显著特征:

(1)察觉小范围区域内状况并判断出是否有食物或其他同类的信息素轨迹;

(2)释放自己的信息素;

(3)所遗留的信息素数量会随时间而逐步减少。

由于自然界中的蚂蚁基本没有视觉,既不知向何处去寻找和获取食物,也不知发现食物后如何返回自己的巢穴,因此它们仅仅依赖于同类散发在周围环境中的信息素来决定自己何去何从。有趣的是,尽管没有任何先验知识,但蚂蚁们还是有能力找到从其巢穴到食物源的最佳路径,甚至在该路线放置障碍物之后,它们仍然能很快重新找到新的最佳路线。

这里,用一个形象化的图来说明蚂蚁群体的路径搜索原理和机制见图 8-2。假定障碍物的周围存在可从蚂蚁的巢穴到达食物源的两条道路:Nest-ABD-Food 和 Nest-ACD-Food,分别具有长度 4 和 6;蚂蚁在单位时间内可移动 1 个单位长度的距离。开始时,所有道路上都未留有任何信息素。在 $t=0$ 时刻,20 只蚂蚁从巢穴出发移动到 A。它们以相同概率选择左侧或右侧道路,因此平均有 10 只蚂蚁走左侧,10 只蚂蚁走右侧。在 $t=4$ 时刻,第一组到达食物源的蚂蚁将折回。在 $t=5$ 时刻,两组蚂蚁将在 D 点相遇。此时 BD 上的信息素数量与 CD 上的相同,因为各有 10 只蚂蚁选择了相应的道路。从而有 5 只返回的蚂蚁将选择 BD,而另 5 只将选择 CD。在 $t=8$ 时刻,前 5 个蚂蚁将返回巢穴,而 AC,CD 和 BD 上各有 5 个蚂蚁。在 $t=9$ 时刻,前 5 个蚂蚁又回到 A 并且再次面对往左还是往右的选择。这时,AB 上的轨迹数是 20 而 AC 上是 15,因此将有较多数的蚂蚁选择往左,从而增强了该路线的信息素。随着该过程的继续,两条道路上信息素数量的差距将越来越大,直至绝大多数蚂蚁都选择了最短的路线。正是由于一条道路要比另一条道路短,因此,在相同的时间区间内,短的路线会有更多的机会被选择。

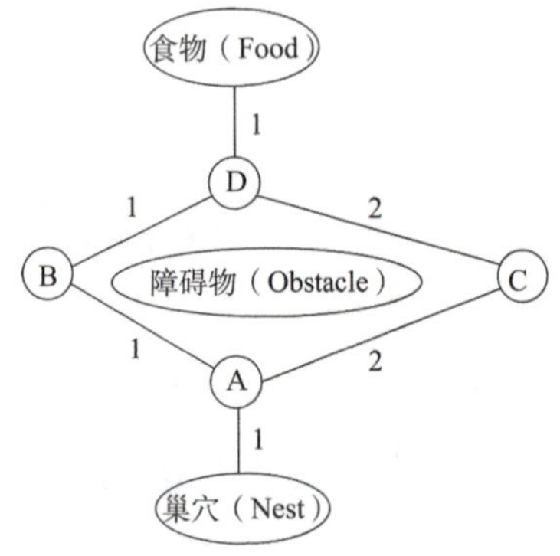

图 8-2　蚂蚁从巢穴移至食物源

由此可见,蚂蚁有能力在没有任何信息提示下找到从其巢穴到食物源的最短路径,并且能随环境的变化而变化,适应性地搜索新的路径,产生新的选择。其根本原因是蚂蚁在寻找食物源时,能在其走过的路上释放信息素,随着时间的推移该物质会逐渐挥发,后来的蚂蚁选择该路径的概率与当时这条路径上该物质的强度成正比,当一定路径上通过的蚂蚁越来越多时,其留下的信息素轨迹也越来越多,后来蚂蚁选择该路径的概率也越高,从而更增加了该路径的信息素强度。而强度大的信息素会吸引更多的蚂蚁,从而形成一种正反馈机制。通过这种正反馈机制,蚂蚁最终可以发现最短路径。特别地,当蚂蚁巢穴与食物源之间出现障碍物时,蚂蚁不仅可以绕过障碍物，而且通过蚁群信息素轨迹在不同路径上的变化，经过一段时间的正反馈，最终收敛到最短路径上。图 8-3 形象地描述了在巢穴与食物源之间出现障碍物时蚂蚁收敛到最短路径的过程。

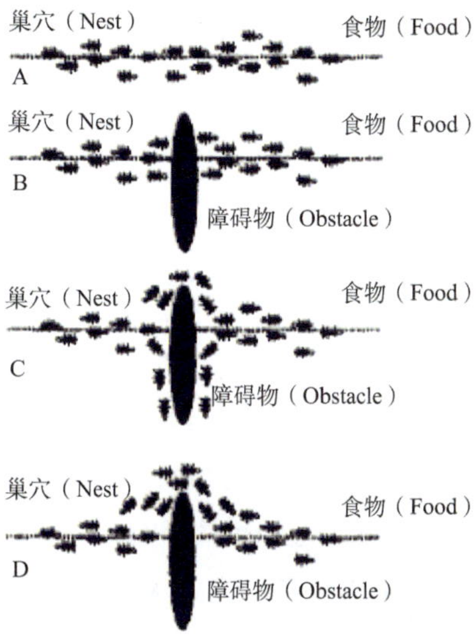

图 8-3 在巢穴与食物源之间出现障碍物时蚂蚁收敛到最短路径的过程

蚂蚁算法是一种智能优化仿生算法，且具有如下显著特点：

（1）蚂蚁算法拥有正反馈机制或增强型学习机制，它通过信息素的不断更新最终收敛于最优路径，因此是一种基于蒙特卡洛方法的强化学习算法；

（2）蚂蚁算法是一种通用型随机优化方法，但人工蚂蚁绝不是对实际蚂蚁的一种简单模拟，它融进了人类的智能；

（3）蚂蚁算法是一种分布式的优化方法，不仅适合目前的串行计算机，而且还适合未来的并行计算机；

（4）蚂蚁算法是一种全局优化的方法，不仅可用于求解单目标优化问题，而且还可用于求解多目标优化问题；

（5）蚂蚁算法是一种启发式算法，计算复杂度为$O\ (M \cdot N^2 \cdot K)$，其中 K 是迭代次数；M 是蚂蚁数；N 是目的节点数。

8.1.3 人工鱼群算法

人工鱼群算法是李晓磊博士于 2002 年提出的一种新型群体智能算法，其基本思想是依据水域中鱼的数目最多的地方通常便是食物最丰富的地方的特点，通过构造人工鱼模拟鱼群的各种行为，从而实现问题寻优的过程。

人工鱼是真实鱼的一个虚拟实体，考虑它通过感知周边环境的变化并模仿鱼群的觅食、追尾、聚群等行为来对解空间进行全面搜索。假设人工鱼个体状态表示为向量 $X=(x_1,x_2,\cdots,x_n)$，其中 $x_i(i=1,2,\cdots,n)$ 实质表示问题的变量；$Y=f(X)$ 为人工鱼所在位置 X 的食物浓度，其中 $f(X)$ 实质为问题的目标函数。

算法启动时人工鱼随机分布在解空间内，每个个体依据自身状态和当前所处的环境在搜索过程中进行行为选择，通常选择追尾、聚群等行为中可最大程度向最优方向前进的行为。如果两种行为都没有寻找到比当前位置更优的状态就执行觅食行为，若尝试多次都未能搜索到更优状态则执行随机行为。算法中引入用于记录当前最优个体状态的公告牌，个体移动进入下一状态后都要将其新状态与公告牌上的最优状态进行对比，若当前个体更优就用其新状态更新公告牌，公告牌最终记录的状态便是算法优化得到的问题的最优解。上述各种行为的具体描述如下。

（1）觅食行为（Prey behavior）：该行为是鱼群最基本的行为，是指个体鱼依据视觉或嗅觉感知周围的食物信息，并向食物浓度高的方向移动的过程。设当前人工鱼状态为 X_i，在其视野内随机选择一个状态 X_j，如果在极小值问题中满足 $Y_i > Y_j$，则朝 X_j 前进一步；否则重新选择状态 X_j 并判断是否可以移动；如此，重复尝试预定的最大尝试次数后依然不满足前进条件，则随机移动一步。

(2)聚群行为(Swarm behavior)：它是鱼群的一个重要行为，是指通过这种行为以有效觅食或躲避危害。设当前人工鱼状态为 X_i，食物浓度为 Y_i；搜索到其邻域内的同伴数目为 n_f 及中心位置为 X_c，食物浓度为 Y_c。如果 $n_f Y_c < \delta Y_i$，表明 X_c 处食物浓度 Y_c 较高且不太拥挤，则朝 X_c 方向前进一步，否则执行觅食行为。

(3)追尾行为(Follow behavior)：它是鱼群的一个重要行为，是指当少数个体鱼寻找到食物后，其附近的个体鱼会追随其快速到达食物源，同时带动其他个体鱼向食物源移动的过程。设当前人工鱼状态为 X_i，食物浓度为 Y_i；搜索其邻域内的最优个体 $X_{\max}$，食物浓度为 $Y_{\max}$。如果满足 $n_f Y_{\max} < \delta Y_i$，则表明 $X_{\max}$ 位置处食物浓度 $Y_{\max}$ 较高且不太拥挤，则朝 $X_{\max}$ 的方向前进一步，否则执行觅食行为。

(4)随机行为(Move behavior)：它是鱼群的一个随机行为，是指鱼群在水中随机地游动，为了能够在更广的范围内寻找食物和同伴的过程。此行为是人工鱼觅食行为的缺省行为，即在其视野内随机选择的一个状态，然后向该方向移动。

8.1.4 细菌觅食算法

细菌觅食算法(BFO)是 Psaasion 在 2002 年提出的一种基于仿生随机搜索的群体智能算法，其机理是模拟大肠杆菌种群在觅食过程中受环境中营养物质以及周围个体的互相作用而进行游动的过程，其整个过程符合最优觅食理论。考虑细菌能觅食的整个营养空间为优化问题求解的解空间，细菌所处位置坐标代表优化问题的解决方案，则在整个搜索空间中，某一位置的营养物质越多，该位置所代表的优化问题的解决方案就越接近最优方案。细菌的觅食过程就是搜寻营养物质的过程，在觅食的过程中，细菌总是试图往营养物质多的地方移动。实际应用中，BFO 通过模拟细菌的趋向、聚集、复制和迁徙四个主要操作，完成对大肠杆菌觅食行为的模拟，以实现在解空间中寻找优化问题解决方案的过程。

为说明细菌觅食算法，引入相关变量，如表 8-1 所示。

细菌觅食算法相关变量定义　　表 8-1

变　量	定　义	变　量	定　义
j	趋向性操作	k	复制操作
l	迁徙操作	S	种群中细菌个数
p	搜索空间的维度	N_s	细菌在一个方向上游动的最大次数
N_c	细菌执行趋向性操作的次数	N_{ed}	细菌执行迁徙操作的次数
N_{re}	细菌执行复制操作的次数	$C(i)$	细菌一次游动的步长
P_{ed}	细菌发送迁徙操作的概率		

设 $\theta^i(j,k,l)$ 为细菌 i 在第 j 次趋向性操作、第 k 次复制操作和第 l 次迁徙操作后的位置；$p(j,k,l)=\{\theta^i(j,k,l)\mid i=1,2,\cdots,S\}$ 为种群所有细菌的位置；$J(i,j,k,l)$ 表示细菌 i 在第 j 次趋向性操作、第 k 次复制操作和第 l 次迁徙操作之后的适应值函数。

1)趋向性操作

趋向性操作是模拟大肠杆菌个体运动的模型。每个大肠杆菌个体通过摆动鞭毛改变方向，同时通过摆动鞭毛按选定方向前进，这就是大肠杆菌整个觅食过程中的两个基本动作：翻转和游动。细菌通过翻转确定要前进的方向，通过游动更新自身位置。在算法中每次游动都使用式(8-4)来改变细菌的位置。

$$\theta^i(j+1,k,l)=\theta^i(j,k,l)+C(i)\varphi(j) \tag{8-4}$$

其中，$\varphi(j)$ 为方向向量，表示细菌游动的方向；$C(i)$ 为游动步长，表示细菌在游动过程中游动一步所更改的距离。

若细菌按照式(8-4)游动一步，经过评估后确定其位置比游动之前所处位置的营养更丰富，则细菌保持当前的 $\varphi(j)$ 不变，按照当前方向继续游动，若按照该方向再次游动后，还是比游动之前所处位置的营养物质更丰富，则继续按照当前方向游动，直到达到最大游动次数 N_s 或者游动之后的解决方案没有比游动之前的更好为止。

2)聚集操作

在大肠杆菌种群觅食过程中，种群通过个体与个体间互相作用达到聚集效果。群体中的细菌与细菌之间相互吸引和排斥，细菌能向其他细菌发出吸引信号和排斥信号，吸引信号让其他细菌向自身靠近，排斥信号让其他细菌与自身保持距离，信号的强度与距离有关。在 BFO 中，把细菌的这种群体行为模拟为：

$$\begin{aligned}J_{cc}(\theta,p(j,k,l)) &= \sum_{i=1}^{S} J_{cc}^{i}(\theta,\theta^i(j,k,l))\\ &=\sum_{i=1}^{S}\left\{-d_{\text{attract}}\exp\left[-w_{\text{attract}}\sum_{m=1}^{P}(\theta_m-\theta_m^i)^2\right]\right\}+\\ &\quad\sum_{i=1}^{S}\left\{h_{\text{repellant}}\exp\left[-w_{\text{repellant}}\sum_{m=1}^{P}(\theta_m-\theta_m^i)^2\right]\right\}\end{aligned} \tag{8-5}$$

其中，$\theta=[\theta_1,\cdots,\theta_p]^T$ 表示问题解空间中的一个点；θ_m^i 表示细菌 i 的位置 θ^i 的第 m 个组成成分；d_{attract} 表示细菌所释放的吸引信号的深度；w_{attract} 表示细菌所释放的吸引信号的宽度；$h_{\text{repellant}}$ 表示细菌所释放的排斥信号的深度；$w_{\text{repellant}}$ 表示细菌所释放的排斥信号的宽度。由于 J_{cc} 表示种群中细菌间的影响力，因此用下式表示加入聚集操作后的细菌个体适应度值，即：

$$J(i,j+1,k,l)=J(i,j,k,l)+J_{cc}(\theta^i(j+1,k,l),p(j+1,k,l)) \tag{8-6}$$

聚集操作通过式(8-6)使种群达到聚集的目的。

3)复制操作

考虑经过一段时间搜索后，有些细菌由于觅食能力差、没有足够的营养被淘汰，而有些细菌觅食能力强,能得到丰富营养物质,从而进行繁殖。为维持整个种群规模不变,将全部种群中一半觅食能力强的细菌在自身所处位置生成一个子细菌,替代另一半觅食能力差的细菌。对给定的 k 和 l,以及每个细菌 $i=1,2,3\cdots,S$,定义细菌 i 的健康度函数为:

$$J_{\text{health}}^{i}=\sum_{j=1}^{N_c+1}J(i,j,k,l) \tag{8-7}$$

细菌的能量大小可由以上函数值表示,J_{health}^{i}越大,表示细菌被保留的可能性越大。将所有细菌的 J_{health}^{i} 由小到大排序,使种群中前一半的细菌死亡,后一半的细菌进行分裂,生成与母体相同位置的子个体,保持种群规模不变。

4) 迁徙操作

由于细菌所处局部环境可能发生一些变化,导致该局部区域内的细菌无法生存,或迁徙到其他区域,或死亡。迁徙操作正是模拟这种现象,使得一些细菌可能被突然移到营养物质丰富的区域,所以这种操作有利于跳出局部环境。在 BFO 算法中,为模拟这一过程,种群在几代复制后,按概率 P_{ed} 使细菌发生迁徙,若细菌满足迁徙概率,则将该细菌删除,随后重新在解空间中随机生成一新细菌来代替。算法中迁徙行为有利于寻找全局最优解,防止收敛于局部最优解。

8.2 群体协同智能优化计算模型

演化作为从生命现象中抽取的重要的自适应过程,已为人们所普遍认识和广泛接受并得到相应应用,然而现有的演化模型存在一个共同的不足,就是这些模型难以很好地反映这样一个普遍存在的事实:多数情况下,整个系统的复杂自适应演化过程事实上是系统与其局部相互作用、协同发展的演化过程,也就是说它实际上是一个大规模协同动力学系统。如何反映演化的多样性、多层次性、自适应性和自组织过程,则是有待解决的关键问题,这也正是揭示演化计算机理的关键所在。面对具有大规模、非线性、多模态、复杂耦合等特性的问题,传统的优化方法由于通常需要求解目标函数的梯度(甚至 Hessian 矩阵),同时还会遇到初始值选取的敏感性问题,很难找到有效的解决方案。如前所述,群体智能算法为处理大规模复杂优化问题提供了一个有效的途径,然而大规模优化问题局部极小点的个数随维数的增加呈指数增加,必然会形成维数灾难。考虑群体智能算法无法有效突破维数灾难的瓶颈,引入合作型协同智能方法,通过分而治之的策略,将大规模问题分解为多个子问题,然后对每个子问题使用子种群和元优化器单独进行优化,最后再从整体上实施合作协调。合作型协同智能方法利用自然界中多个种群间存在的互惠共生关系,让各个子种群分工合作,即将庞大的问题空间分解为多个子空间,在降低待求解问题复杂度的同时,一定程度上可提高最优方案的搜索效率。

群体协同智能方法的研究仍处于开放状态,尚有一些关键问题亟须解决,仍是极具挑战的研究课题。

8.2.1 协同智能算法设计

协同智能算法与一般的群体智能算法的根本区别主要体现在它的演化过程。在协同演化中,一个个体的适应度的计算是在与其他个体的交互过程中完成的,其结果依赖于不同的情形。其中,交互伙伴可以是同一种群的个体,也可以是不同种群的个体。目前,协同智能算法大多被用来解决大规模约束优化问题。

协同进化思想强调的是种群之间的相互关系,它认为种群之间的相互作用可能导致基因的变化,不同种群之间通过适应度函数进行联系并相互促进,从而提高各自的性能。相较于传统的达尔文进化论,协同进化思想更接近生物界的进化规律。协同进化算法同时考虑了个体与个体、个体与环境之间的关系,而且个体与个体之间不再是相互独立的,而是通过个体之间的相互作用共同进化。

协同演化算法与传统演化算法明显不同的特征是多个种群同时演化。其演化的基本机制是,种群需要形成用于维持演化过程的种群多样性,以对求解空间进行更有效地搜索,如果分离的种群能够用一个全局适应度来衡量,那它们就倾向于收敛到获得最优合作效果的策略中。协同演化算法借鉴生态学的种群协同理论,应用种群间自动调节和自动适应原理进行构造。考虑生态学中种群相互关系的描述,种群间一般存在四种关系:捕食者与被捕食者、寄生物与寄主、竞争以及互惠共生。这四种关系可以概括为两种基本协同演化模型,即竞争协同模型和合作协同模型。

8.2.2 竞争协同模型和合作协同模型

最新研究表明,采用生态模型和协同演化结构是扩展传统演化算法的一种有效方法。特别地,通过分而治之的策略,协同演化可以提供处理大规模和复杂问题的一种有效方法。协同演化分为竞争协同演化和合作协同演化,前者通过演化使得个体更有竞争力,后者通过演化寻找最佳个体使得系统更优。

许多研究表明,竞争协同将导致“军备竞赛”,即两个种群通过交互提高了系统的性能和复杂程度。在一个竞争协同演化算法中,一个个体的适应度是在同其他物种的个体的直接竞争中获得的,例如一个物种的适应度的提高隐含着另一个物种适应度的降低。这种演化促使种群中产生新的有利于竞争的策略,从而确保种群的生存机会。竞争协同演化适用于求解比较容易获得测试例子的问题,通过问题的解和测试例子的一起演化,相互促进提高各自性能和复杂性。在竞争协同演化中,个体的适应度依赖于一个物种与其他物种间的竞争关系,竞争使得每个种群独立演化,也可以促使参与竞争的种群不断提高适应度,达到种群优化的目的。

与此同时,在合作协同演化里,参与合作的个体同时获得成功或同时失败。在合作协同演化中个体的适应度依赖于一个物种与其他物种间的合作关系。合作协同演化模型最适合用于求解能自然分解成相互作用或相互合作的问题，每一个子模块代表一个单独的种群演化，问题的解由来自不同种群的个体的解组成，通过问题分解，缩小搜索空间，更容易维持系统的多样性。

8.2.3 基于问题分解的合作协同模型

在讨论的大规模交通优化问题中，涉及的交通系统通常都是相互耦合的，为实现耦合的子系统划分，首先需要合理地定义系统变量间的耦合性，并能定量地刻画这些耦合性的大小。待求解的优化问题$f(\vec{x})$可形式化为：

$$\text{寻找：}\vec{x}^* \in \boldsymbol{E}$$

$$\text{使得：}\vec{\forall} \in \boldsymbol{E}, \boldsymbol{f}(\vec{x}^*) \leqslant \boldsymbol{f}(\vec{x}),$$

其中，b_{en}表示第n维空间的下界；b_{un}表示第n维空间的上界；$\boldsymbol{E} = [\boldsymbol{b}_{l1}, \boldsymbol{b}_{u1}] \times [\boldsymbol{b}_{l2}, \boldsymbol{b}_{u2}] \times \cdots \times [\boldsymbol{b}_{ln}, \boldsymbol{b}_{un}] \subseteq \boldsymbol{R}^n$ 是有界空间；$\vec{\boldsymbol{x}} \in \boldsymbol{E}$ 是解向量；$\boldsymbol{f}: \boldsymbol{E} \to \boldsymbol{R}$ 是目标函数。

优化问题的一个重要问题是变量的相互依赖性。给定背景向量 $\vec{c} = \{\cdots, x_{i-1}, x_i, x_{i+1}, \cdots, x_{j-1}, \cdots, x_{j+1}, \cdots\}$，依据决策变量变化导致的目标函数变化关系，可以给出两个变量之间的相关性定义，其相关性的大小可以通过变量间相互影响的概率来衡量。依据决策变量的相关性，变量可以分为可分离性和不可分离性决策变量。

定义1 决策变量可分离性：给定具有决策变量集 $S = \{x_1, x_2, \cdots, x_n\}$ 的优化问题 $f(\vec{x})$，如果对于所有上下文向量 $\vec{c} = \{\cdots, x_{i-1}, x_i, x_{i+1}, \cdots, x_{j-1}, x_j, x_{j+1}, \cdots\}$，满足以下约束条件：

$\forall x_i, x_i' \in S$ 和 $\forall x_j \in S$，如果$f(\vec{\alpha}) \leqslant f(\vec{\beta})$，则$\forall x_j' \in S, f(\vec{\alpha}) \leqslant f(\vec{\beta})$，反之亦然。

其中，$\vec{\alpha} = (\cdots, x_i, \cdots, x_j, \cdots)$；$\vec{\beta} = (\cdots, x_i', \cdots, x_j, \cdots)$；$\vec{\alpha}' = (\cdots, x_i, \cdots, x_j', \cdots)$；$\vec{\beta}' = (\cdots, x_i', \cdots, x_j', \cdots)$，$x_i \neq x_i'$；$x_j \neq x_j'$，则称决策变量 x_i 可与变量 x_j 分离。否则，称决策变量 x_i 与变量 x_j 不可分离。

变量 x_i 与变量 x_j 可分离意味着 x_i 独立于 x_j。变量 x_i 与变量 x_j 不可分离意味着 x_i 和 x_j 之间存在相互依赖。此外，给定优化问题$f(\vec{x}) = f(x_1, x_2, \cdots, x_n)$，如果对于$\forall x_i, x_j \in \{x_1, x_2, \cdots, x_n\}$ $(i \neq j)$，变量 x_i 和 x_j 彼此可分离，则优化问题$f(\vec{x})$是可分离问题。对于许多现实世界的问题，子系统之间经常发生相互依赖。在此引入广义相关性的概念来刻画子系统之间的相关性，这里的子系统可称为一个“粒”(Granule)，粒内的决策变量是全体决策变量的一个子集，于是可以通过广义相关性来定量刻画不同粒间的相互影响程度。下面给出子集的可分离性和不可分离性的定义。

定义2 子集可分离性。给定一个具有决策变量集合 $S = \{x_1, x_2, \cdots, x_n\}$ 的优化问题

$f(\vec{x})$，G_i和G_j是S的两个满足$G_i \cap G_j = \Phi$的子集，如果对于所有上下文向量$\vec{c} = \{\cdots, x_{i-1}, x_i, x_{i+1}, \cdots, x_{j-1}, x_j, x_{j+1}, \cdots\}$，满足以下约束：

$\forall x_{i_1}, x_{i_2}, \cdots, x_{i_m}, x'_{i_1}, x'_{i_2}, \cdots, x'_{i_m} \in B_i$，$\forall x_{j_1}, x_{j_2}, \cdots, x_{j_k} \in B_j$，如果$f(\vec{\alpha}) \leqslant f(\vec{\beta})$，那么$\forall x'_{j_1}, x'_{j_2}, \cdots, x'_{j_k} \in B_j$，$f(\vec{\alpha}') \leqslant f(\vec{\beta}')$，其中，$\vec{\alpha} = \{\cdots, x_{i_1}, \cdots, x_{i_m}, \cdots, x_{j_1}, \cdots, x_{j_k}, \cdots\}$；$\vec{\beta} = \{\cdots, x'_{i_1}, \cdots, x'_{i_m}, \cdots, x_{j_1}, \cdots, x_{j_k}, \cdots\}$；$\vec{\alpha}' = \{\cdots, x_{i_1}, \cdots, x_{i_m}, \cdots, x'_{j_1}, \cdots, x'_{j_k}, \cdots\}$，$\vec{\beta}' = \{\cdots, x'_{i_1}, \cdots, x'_{i_m}, \cdots, x'_{j_1}, \cdots, x'_{j_k}, \cdots\}$；$(x_{i_1} - x'_{i_1})^2 + (x_{i_2} - x'_{i_2})^2 + \cdots + (x_{i_m} - x'_{i_m})^2 \neq 0$；$(x_{j_1} - x'_{j_1})^2 + (x_{j_2} - x'_{j_2})^2 + \cdots + (x_{j_k} - x'_{j_k})^2 \neq 0$，则称子集$G_i$可与子集$G_j$分离，如果不满足上述约束，则称子集$G_i$与$G_j$不可分离。

定义3 部分可分问题。给定一个优化问题$f(\vec{x}) = f(x_1, x_2, \cdots, x_n)$，如果$\exists$ $G_1, G_2, \cdots, G_m (m < n)$是变量集$S$的非重叠划分，使得$\forall G_i, G_j \in \{G_1, G_2, \cdots, G_m\}$ $(i \neq j)$，子集G_i和G_j彼此可分离，并且至少$\{G_1, G_2, \cdots, G_m\}$中存在一个子集$G_i$，$G_i$中的一些变量不可分离，那么优化问题$f(\vec{x})$称为部分可分问题。

定义4 完全不可分问题。给定一个优化问题$f(\vec{x}) = f(x_1, x_2, \cdots, x_n)$，对于任何非重叠分区$G_1, G_2, \cdots, G_m (m \leqslant n)$，$\exists G_i, G_j \in \{G_1, G_2, \cdots, G_m\}$ $(i \neq j)$，使得子集G_i和G_j是相关的，则优化问题$f(\vec{x})$称为完全不可分问题。

从定义可以看出，对于大规模优化问题，不可分问题包括部分可分问题和完全不可分问题。在求解大规模优化问题时，对于可分问题和部分可分问题能够通过问题分解进行有效求解。

考虑问题的变量集合为$S = \{x_1, x_2, \cdots, x_n\}$，$n$为问题维数，$N$为小样本采样次数，如果一个粒$P \subseteq S$，$x_i \in S - P$，且$P$仅包含一个变量$x_j$，则根据变量相关性定义可以判定变量$x_i$和$x_j$的相关性。如果$P$包含多个变量，根据广义相关性定义可以判定$x_i$是否和粒$P$相关；如果无关，判断结束；如果相关，将$P$分成两个子块，继续递归判断。对于完全独立问题，评估次数为$4n \times N$；对于完全非独立问题，评估次数为$4n\log n \sim 4n\log n \times N$；对于部分独立问题，评估次数为$4n \times N \sim 4n\log n \times N$。

合作型协同智能算法种群间的共同进化行为表现出复杂的动力学。合作策略对协作智能算法的性能起着重要的作用。在本节中，通过对基于分解的合作协同进化框架进行收敛分析，指导合作策略的设计并进行更好的参数选择。

用Q_{ij}表示子集G_i受子集G_j影响的程度，用$q_{i'j'}(x'_i \in G_i, x'_j \in G_j)$表示变量$x_i'$受$x_j'$影响的概率，$q_{i'j'}$可以取二进制数（1表示交互，0表示非交互）或区间[0, 1]中的连续值表示交互程度。那么Q_{ij}可以通过以下三种方式来估计。

(1)平均度量：$Q_{ij} = \sum_{i',j'} q_{i'j'} / (n \cdot m)$，其中，$n$、$m$分别是子集$G_i$和$G_j$中变量的个数；

(2)最大风险度量：$Q_{ij} = \max q_{i'j'}$，$(\forall x'_i \in G_i, \forall x'_j X \in G_j)$；

(3) Harsh 度量：$Q_{ij}=1-\prod_{i',j'}(1-q_{i'j'})$。

合作型协同智能优化方法将变量集划分为不重叠的子集。每个子集都通过单独的优化器进行优化。下面的定理显示了合作策略获得全局最优变量值的概率。

定理 1　给定具有全局最优解 $\vec{x}^*=(x_1^*,x_2^*,\cdots,x_n^*)$ 的优化问题 $f(\vec{x})$，假设：

(1) $G_i=(x_{i_1},x_{i_2},\cdots,x_{i_l})$ 是变量集 G 的子集，$G=G_1\cup G_2\cup\cdots\cup G_m$；

(2) $\vec{c}=(\cdots,x_{i_1-1},x_i,x_{i_1+1},\cdots,x_{i_l-1},x_{ie},x_{i_t+1},\cdots)$ 是一个背景向量；

(3) $\overline{G}_i=(\overline{x}_{i_1},\overline{x}_{i_2},\cdots,\overline{x}_{i_l})$ 是在背景向量 $\vec{c}$ 下子集 $G_i=(x_{i_1},x_{i_2},\cdots,x_{i_l})$ 的局部最优值。

那么 $\overline{G}_i=(\overline{x}_{i_1},\overline{x}_{i_2},\cdots,\overline{x}_{i_l})$ 等于全局最优值 $G_i^*=(x_{i_1}^*,x_{i_2}^*,\cdots,x_{i_l}^*)$ 的概率为：

$$P\{\overline{G}_i=G_i^*\}=P\{\overline{x}_{i_1}=x_{i_1}^*,\overline{x}_{i_2}=x_{i_2}^*,\cdots,\overline{x}_{i_l}=x_{i_l}^*\}=\prod_{s,(s\neq i)}(1-Q_{is})。$$

证明：

为简单起见，令 $\sigma(\cdot)$ 为一个置换函数，能够将集合中的变量按下标升序排列，即 $\sigma(G_1,G_2,\cdots,G_m)=x_1,x_2,\cdots,x_m$。

由于 $\vec{x}^*$ 是全局最优解，有：

$$f(\vec{x}^*)\leqslant f(\vec{x}) \tag{8-8}$$

因此，可得

$$P\{f(\sigma(G_1^*,\cdots,G_i^*,\cdots,G_s^*,\cdots,G_m^*))\leqslant f(\sigma(G_1^*,\cdots,G_i,\cdots,G_s^*,\cdots,G_m^*))\}=1 \tag{8-9}$$

将子集 $G_s(s\neq i)$ 中变量的所有最优值 G_s^* 改为 $\vec{c}$ 中的值，有：

$$P\{f(\sigma(G_1^*,\cdots,G_i^*,\cdots,G_s,\cdots,G_m^*))\leqslant f(\sigma(G_1^*,\cdots,G_i,\cdots,G_s,\cdots,G_m^*))\}=1-Q_{is} \tag{8-10}$$

重复该过程，直到集合中除子集 G_i 中变量之外的所有变量都用尽，可得到：

$$P\{f(\sigma(G_1,\cdots,G_i^*,\cdots,G_s,\cdots,G_m))\leqslant f(\sigma(G_1,\cdots,G_i,\cdots,G_s,\cdots,G_m))\}=\prod_{s,(s\neq i)}(1-Q_{is}) \tag{8-11}$$

因为 $\overline{G}_i=(\overline{x}_{i_1},\overline{x}_{i_2},\cdots,\overline{x}_{i_l})$ 是背景向量 $\vec{c}$ 下变量 $x_{i_1},x_{i_2},\cdots,x_{i_l}$ 的局部最优值，

$$P\{f(\sigma(G_1,\cdots,\overline{G}_i,\cdots,G_s,\cdots,G_m))\leqslant f(\sigma(G_1,\cdots,G_i,\cdots,G_s,\cdots,G_m))\}=1 \tag{8-12}$$

结合式(8-11)和式(8-12)，可得：

$$P\{\overline{G}_i=G_i^*\}=P\{\overline{x}_{i_1}=x_{i_1}^*,\overline{x}_{i_2}=x_{i_2}^*,\cdots,\overline{x}_{i_l}=x_{i_l}^*\}=\prod_{s,(s\neq i)}(1-Q_{is}) \tag{8-13}$$

证毕。

定理 1 意味着对于给定的优化问题，问题分解应根据决策变量的交互模式进行。当分解后的子问题之间的相关性最小时，对于每个子问题 $P\{\overline{G}_i=G_i^*\}$ 可达到最大化。在理想情况下，对于每对子集 G_i 和 G_j，$Q_{ij}=0$，则分解后的子问题的最优解理论上等于对整个问题求解所获得的最优解的对应部分，即 $P\{\overline{G}_i=G_i^*\}=1$。

基于分解的合作型协同智能方法应依据该原理进行合作策略的设计。合作型协同智能优化方法通过迭代运行协作的基优化器来执行问题优化。下述定理给出了合作型协同智能优化方法对大规模耦合问题进行优化的可行性。

定理2 给定具有全局最优解$\vec{x}^*=(x_1^*,x_2^*,\cdots,x_n^*)$的优化问题$f(\vec{x})$,设$\vec{x}^*(t)=(x_1^*(t),x_2^*(t),\cdots,x_n^*(t))$为合作型协同智能优化方法在第$t$个周期找到的全局解,设$P_i(t)=P\{G_i^*(t)=G_i^*\}=P\{x_{i_1}^*(t)=x_{i_1}^*,x_{i_2}^*(t)=x_{i_2}^*,\cdots,x_{i_l}^*(t)=x_{i_l}^*\}$,如果子问题的局部最优解总能被它们对应的基优化器找到,则如下所示。

a)第1次循环时,$t=1$:$P_i(1)=\prod_{s,(s\neq i)}(1-Q_{is})$

b)第t次循环时,$t>1$:

$$
\begin{aligned}
P\{G_i^*(t)=G_i^*\}&=\prod_{j,(j\neq i)}[1-Q_{ij}+Q_{ij}P_j(\tilde{t})]\\
&=\prod_{j,(j>i)}[1-Q_{ij}+Q_{ij}P_j(t-1)]\cdot\prod_{j,(j<i)}[1-Q_{ij}+Q_{ij}P_j(t)]
\end{aligned}
$$

证明:

(1)在第1次循环中,在第i个子问题G_i中,令$\overline{G}_i(1)=(\overline{x}_{i_1}(1),\overline{x}_{i_2}(1),\cdots,\overline{x}_{i_l}(1))$为基优化器得到的变量$x_{i_1},x_{i_2},\cdots,x_{i_l}$的局部最优值,根据定理1:

$$P\{\overline{G}_i(1)=G_i^*\}=P\{\overline{x}_{i_1}(1)=x_{i_1}^*,\overline{x}_{i_2}(1)=x_{i_2}^*,\cdots,\overline{x}_{i_l}(1)=x_{i_l}^*\}=\prod_{s,(s\neq i)}(1-Q_{is}) \quad (8\text{-}14)$$

依据背景向量的生成原则:

$$\overline{G}_i(1)=G_i^*(1) \quad (8\text{-}15)$$

因此,

$$P_i(1)=\prod_{s,(s\neq i)}(1-Q_{is}) \quad (8\text{-}16)$$

(2)在第t个循环,在第i个子问题$G_i=(x_{i_1},x_{i_2},\cdots,x_{i_l})$中,

$$P\{f(\sigma(G_1^*,\cdots,G_i^*,\cdots,G_j^*,\cdots,G_m^*))\leqslant f(\sigma(G_1^*,\cdots,G_i,\cdots,G_j^*,\cdots,G_m^*))\}=1 \quad (8\text{-}17)$$

当前背景向量为$\vec{c}(t-1)=(\sigma(\overline{G}_1(\tilde{t}),\cdots,\overline{G}_i(t-1),\cdots,\overline{G}_j(\tilde{t}),\cdots,\overline{G}_m(\tilde{t}))$,其中,$\overline{G}_i(\tilde{t})$是基优化器在第$\tilde{t}$个周期获得的子集$G_i$中变量的局部最优值,$\overline{G}_1(\tilde{t})=G_1^*(\tilde{t})$,$\tilde{t}=\begin{cases}t-1, if(j>i)\\ t, \quad if(j<i)\end{cases}$。

将式(8-17)中的G_j^*转为$\overline{G}_j(\tilde{t})$,则条件概率满足:

$$
\begin{aligned}
&P\{f(\sigma(G_1^*,\cdots,G_i^*,\cdots,\overline{G}_j(\tilde{t}),\cdots,G_m^*))\\
&\leqslant f(\sigma(G_1^*,\cdots,G_i,\cdots,\overline{G}_j(\tilde{t}),\cdots,G_m^*))\mid\overline{G}_j(\tilde{t})=G_j^*\}=1
\end{aligned} \quad (8\text{-}18)
$$

$$
\begin{aligned}
&P\{f(\sigma(G_1^*,\cdots,G_i^*,\cdots,\overline{G}_j(\tilde{t}),\cdots,G_m^*))\\
&\leqslant f(\sigma(G_1^*,\cdots,G_i,\cdots,\overline{G}_j(\tilde{t}),\cdots,G_m^*))\mid\overline{G}_j(\tilde{t})\neq G_j^*\}=1-Q_{ij}
\end{aligned} \quad (8\text{-}19)
$$

结合式(8-18)和式(8-19),得:

$$P\{f(\sigma(G_1^*,\cdots,G_i^*,\cdots,\overline{G}_j(\tilde{t}),\cdots,G_m^*))\leqslant f(\sigma(G_1^*,\cdots,G_i,\cdots,\overline{G}_j(\tilde{t}),\cdots,G_m^*))\}$$

$$=P_j(\tilde{t})+(1-Q_{ij})(1-P_j(\tilde{t}))$$
$$=1-Q_{ij}+Q_{ij}P_j(\tilde{t}) \tag{8-20}$$

重复这个过程，直到所有的子集 $G_j(j\neq i)$ 都用完，则有：

$$P\{f(\sigma(\overline{G}_1(\tilde{t}),\cdots,G_i^*,\cdots,\overline{G}_j(\tilde{t}),\cdots,\overline{G}_m(\tilde{t})))$$
$$\leqslant f(\sigma(\overline{G}_1(\tilde{t}),\cdots,G_i,\cdots,\overline{G}_j(\tilde{t}),\cdots,\overline{G}_m(\tilde{t})))\}$$
$$=\prod_{j,(j\neq i)}(1-Q_{ij}+Q_{ij}P_j(\tilde{t})) \tag{8-21}$$

因为 $\overline{G}_i(t)=(\overline{x}_{i_1}(t),\overline{x}_{i_2}(t),\cdots,\overline{x}_{i_l}(t))$ 是由基优化器获得的变量 $x_{i_1},x_{i_2},\cdots,x_{i_l}$ 的局部最优值，则有：

$$P\{f(\sigma(\overline{G}_1(\tilde{t}),\cdots,\overline{G}_i(t),\cdots,\overline{G}_j(\tilde{t}),\cdots,\overline{G}_m(\tilde{t})))$$
$$\leqslant f(\sigma(\overline{G}_1(\tilde{t}),\cdots,G_i,\cdots,\overline{G}_j(\tilde{t}),\cdots,\overline{G}_m(\tilde{t})))\}=1 \tag{8-22}$$

由于背景向量总是由迄今发现的最优解进行更新，有 $\overline{G}_i(t)=G_i^*(t)$，结合方程(8-21)和方程(8-22)，有：

$$P\{G_i^*(t)=G_i^*\}=\prod_{j,(j\neq i)}[1-Q_{ij}+Q_{ij}P_j(\tilde{t})]$$
$$=\prod_{j,(j>i)}[1-Q_{ij}+Q_{ij}P_j(t-1)]\cdot\prod_{j,(j<i)}[1-Q_{ij}+Q_{ij}P_j(t)] \tag{8-23}$$

证毕。

定理 2 表明级数 $\{P_1(t)\},\{P_2(t)\},\cdots,\{P_m(t)\}$ 具有马尔可夫性质，最终会收敛到稳定值。基于分解的合作型协同智能方法找到全局最优解的概率将随着迭代次数的增加而增加。

8.3 多智能体强化学习决策计算模型

随着近些年人工智能技术的发展，关于多智能体强化学习决策模型的研究逐渐兴起和深入。基于已有研究结果，多智能体强化学习决策模型在解决大规模优化问题中表现出了强大的能力。下面将介绍多智能体强化学习算法的相关内容。

8.3.1 强化学习与马尔可夫决策过程

强化学习(Reinforcement Learning，RL)是机器学习的范式和方法论之一，用于描述和解决智能体(Agent)在与环境的交互过程中，通过学习策略以达成特定目标或求解问题的优化。智能体可以从一系列的交互过程中学习经验，不断进行探索，不断改善策略，最终获得一个最优策略。智能体可以依据这个最优策略选择行为，从而在与环境长期的交互过程中获得最大奖励值。如图 8-4 所示，强化学习包括五个因素，即智能体(Agent)、奖励值(Reward)、环境(Environment)、状态(State)和行为(Action)。智能体根据策略选择执行下一个行为，然后与环境进行交互，观察环境给出的反馈。如果行为效果比较好，环境会给出奖励；反之，环境会给出惩罚。

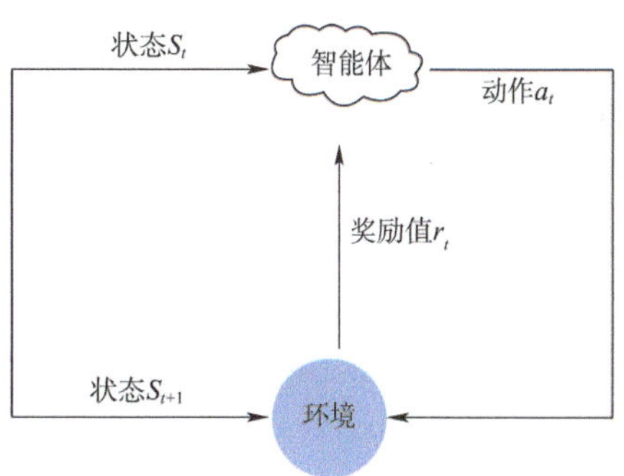

图 8-4 强化学习示意图

通过反馈的奖励值，智能体可以计算出特定状态下，动作的短期价值以及长期价值，从而动态地调整策略。同时，智能体以一定的概率进行探索，防止系统陷入局部最优。通过这样不断地试错，积累经验，最终可以得到最优策略。强化学习与传统的监督学习和非监督学习具有明显区别。监督学习通过训练集、事先设置好的标签，将数据归类到某个标签下；非监督学习是通过聚类等算法发现未标签数据的潜在结构。然而，强化学习从经验中学习，无需标签。通过最大化长期回报值，探索最优的策略。因此，强化学习是区别于监督学习和非监督学习的机器学习范式。

马尔可夫决策过程(Markov Decision Process, MDP)是一个不具备记忆性质的随机过程，适用于描述强化学习中智能体与环境连续地进行交互的过程，可用下式表示：

$$P_{SS'} = P[S_{t+1=S'} | S_{t=S}] \tag{8-24}$$

其中，$P_{SS'}$为由状态 S 到状态 S'的概率。

马尔可夫由一个四元组构成，即$\langle S, P, R, \gamma \rangle$，其中，$S$ 代表环境中可能存在的所有状态的集合，有 $s_i \in S | i = 1, \cdots, n$；$P$ 代表状态转移矩阵，且

$$P = \begin{bmatrix} P_{11} & \cdots & P_{1n} \\ \vdots & \ddots & \vdots \\ P_{n1} & \cdots & P_{nn} \end{bmatrix}$$

其中，P_{ij}表示 i 状态转移至 j 状态的概率；R 代表环境根据智能体的行为所给出的回报值的集合，$R_s = E[R_{t+1} | S_t = s]$，表示在 t 时刻，状态为 S 时，选择所有行为获得的期望回报值；γ 表示衰减系数，$\gamma \in [0,1]$，是计算长期收获时对行为后续的价值的一种衰减，表示系统更注重于短期回报，但也会考虑该行为的长期回报，防止陷入局部最优。

因为马尔可夫随机过程没有记忆性，所以下一个时刻的状态 S_{t+1} 只与当前时刻的行为 a_t 和状态 S_t 有关，与过去和未来行为的选择无关。如果通过优化获得最优状态转移矩阵，就可以选择概率最大的行为来获得最大的回报。

收益 G_t 指的是在一个马尔可夫过程中，从当前时刻 t 之后所有的回报值的和，这里的回报值是有衰减的，即：

$$G_t = R_{t+1} + \gamma R_{t+2} + \cdots = \sum_{k=0}^{\infty} \gamma^k R_{t+k+1} \tag{8-25}$$

其中,γ 越接近于0,说明系统越重视短期回报;γ 越接近于1,系统越重视长远收益。

价值函数有两种,一种是状态价值函数 $V(s)$,另一种是行为价值函数 $Q(s,a)$:

$$V(s)=E[R_{t+1}+\gamma V(s_{t+1})\mid S_t=s] \tag{8-26}$$

$$Q(s,a)=E[R_{t+1}+\gamma Q(S_{t+1},A_{t+1})\mid S_t=s,A_t=a] \tag{8-27}$$

式(8-26)是状态价值函数,用于描述当前状态的价值,值越高说明此状态越好,在以后的训练中,会更倾向控制智能体达到此状态。由该式可以看出状态价值仅与收获的回报和有衰减的下一状态的价值有关。式(8-27)表示行为价值函数,是状态和行为的函数,用于描述在当前状态 s 下,执行此动作 a 的价值。同样地,行为价值越高,智能体在当前状态下选择动作 a 的概率越高。由此把在某一状态下选择何种动作的概率描述成为策略 π,则状态价值函数与动作价值函数均与策略有关,且可以相互计算:

$$V_\pi(s)=\sum_{a\in A}\pi(a\mid s)Q_\pi(s,a) \tag{8-28}$$

$$Q_\pi(s,a)=R_s^a+\gamma\sum_{s'\in S}P_{ss'}^a V_\pi(s') \tag{8-29}$$

上述两式表示两者的转换关系,其中 V_π 表示在策略 π 下的状态价值函数;$Q_\pi(s,a)$表示在策略 π 下的行为价值函数;R_s^a表示在状态 s 下执行动作 a 的回报。价值函数在策略 π 的指导下计算了每个状态和动作的价值,并且可以求出当前策略执行的智能体可以获得的未来最大的回报。通过这些数据进一步优化策略 π,最终找到最优策略 π^*、最优价值函数 $V^*(s)$和 $Q^*(s,a)$。

策略 π 是在状态 s 下选择某一行为 a 的概率,表示为:

$$\pi(a\mid s)=P(A_t=a\mid S_t=s) \tag{8-30}$$

此处的策略又分为确定性策略和随机性策略。确定性策略指的是在相同的状态下,输出的动作是确定的,其优点是不需要太多的采样数据,计算速度比较快,但是由于输出的动作唯一,所以不具有自学习的能力;随机性策略指的是在相同的状态下,输出的动作不确定,符合一定的概率分布,这样可以进行探索,得到比较好的效果,其缺点是采样数据需求量比较大,学习较慢。

最初的强化学习只能解决简单低维的离散问题,经典的如时序差分算法、SARSA(State-Action-Reward-State-Action)算法和 Q-Learning 算法等,其主要思想有两个:值迭代和策略迭代。

值迭代初始化所有状态的价值函数 $V(s)$,然后计算当前状态的每一个可能动作的价值,找到最大的期望价值函数 $V'(s)$来代替当前的价值函数,不断循环这个步骤然后更新状态价值函数直至收敛,最终得到精确的价值函数和状态转移概率。策略迭代不仅要更新状态价值函数,还要更新策略 $\pi(s)$,然后用当前的价值函数对策略进行评估,不断优化每一个状态的价值函数直至收敛,然后再用收敛后的价值函数反过来评估策略,改进策略,如此反复,直至 $V(s)$和 $\pi(s)$都收敛。总的来说,在状态空间较小时,策略迭代方法比值迭代方法计算量略大,但是收敛更快;当状态空间较大时,值迭代方法的计算量更小一些。

8.3.2 多智能体强化学习建模

在多智能体系统中,所有的智能体是共同学习的,而且它们在执行动作时可能会相互影响,因此不能将问题简单地视为马尔可夫决策过程。

根据多智能体系统中智能体的某些特性是否是时变的,可以将其分为静态系统与动态系统。比如,交通信号灯控制等问题可以看作是一个静态的多智能体系统,其中每个智能体可以控制一个交通信号灯,它的位置是不变的,所能观测到的信息量不是时变的;交通中的多车协同驾驶问题可以看作是一个动态的多智能体系统,每个智能体的位置是动态变化的,一旦其位置发生变化,智能体观测域内的其他智能体的信息量也会随之变化。可以将这两类系统都建模为网络化的分布式部分可观测的马尔可夫决策过程(Networked Decentralized Partially Observable Markov Decision Process,NDec-POMDP)。

结合图数据结构的思想,将多智能体系统建模为图结构 $G(V,E)$。其中,V 是智能体的集合;E 是智能体之间的关系的集合,其关系可以是两个智能体之间物理意义上的连接,或者是抽象的相关性指标。设 v_i 是第 i 个智能体,$v_i \in V$;e_{ij}是 v_i 和 v_j 之间的关系,$e_{ij} \in E$。于是,基于图结构,可将多智能体强化学习问题建模为网络化的分布式部分可观测的马尔可夫决策过程(NDec-POMDP),它由$\langle G,N,S,O,A,R,P,\gamma \rangle$构成,其中,$G$ 表示智能体及其关系的集合;N 是智能体 v_i 可观测范围内的其他智能体的集合;n_i 为可观测到智能体 i,$n_i \in N$;S 为智能体 v_i 的状态集合;s_i 为智能体 v_i 的状态信息,$s_i \in S$;O 为智能体观测信息集合;o_i 表示智能体 v_i 实际观测到的信息,$o_i = O(s_i, s_{-i})$ A 表示智能体动作集合;a_i 是智能体 v_i 在观测到 o_i 时后执行的动作,$a_i \in A$;R 为智能体奖励集合;r_i 是智能体 v_i 获得的奖励,$r_i \in R$,$r_i = R(s_i, a_i)$;P 和 γ 与 MDP 中的意义相同。

NDec-POMDP 的目标是最大化整体的奖励。如果环境能够反馈给每个智能体相对应的局部奖励,那么假设整体奖励是可分解的,也即 $r_{\text{global},t} = \sum_{i=1}^{N} r_{i,t}$,其中 r_{global},t 表示 t 时刻整体奖励;$r_{i,t}$表示 t 时刻智能 i 的奖励。如果环境直接反馈的是整体的奖励,那么就直接基于整体奖励来进行相关的优化。

8.3.3 多智能体协同决策

按照训练与执行方式的不同,多智能体协同决策学习算法可以分为三类。

(1)全集中式的训练与执行:该方法在某种程度上相当于单智能体算法,在训练和执行阶段,输入的是全局信息,输出的是所有智能体的策略。但这类方法只适合用于智能体数目较少的情形,随着智能体数量的增加,其状态或动作的维度会呈指数级增长。

(2)全分布式的训练与执行:该方法在应用中,无论是训练还是执行阶段,每个智能体都由一个主流的强化学习算法控制,且一般要求环境反馈的奖励能够细化到每个智能体。如果只是将单智能体强化学习算法扩展到每个智能体上，由于扩展过程中没有考虑多智能体系统的特性，往往会导致每个智能体只考虑自身利益，因而也可以认为每个智能体都是"自私"的，从而使得整个系统陷入局部最优或直接导致其不能找到合适的决策方案。因此，该方法往往都需要引入一些协同机制，以促进多智能体之间的互相合作或竞争关系，从而找到更合适的群体决策方案。全分布式的方法很容易扩展到大规模的环境中。

(3)集中式训练与分布式执行：该方法在训练阶段是集中的，在执行阶段是分布的。集中式训练是指用联合状态动作值 $Q_t(s,a_1,a_2,\cdots,a_n)$ 对智能体进行训练，使用的是全局信息。与分布式训练方式相比，该方法是对联合策略的评估，而不是对某个智能体策略的评估。然而在实际执行阶段，由于智能体可能会受一些限制，使得自身不能够完全获取其他智能体的信息，比如其他智能体的动作等，致使每个智能体只能基于自身观测到的信息进行决策，从而形成所谓的分布式执行。这种思想最早起源于基于 Actor-Critic(AC)框架的多智能体深度确定性策略梯度(Multi-Agent Deep Deterministic Policy Gradient，MADDPG)，其后成为近年来多个经典多智能体强化学习算法的基础。其中，MADDPG 算法的整体框架如图 8-5 所示。

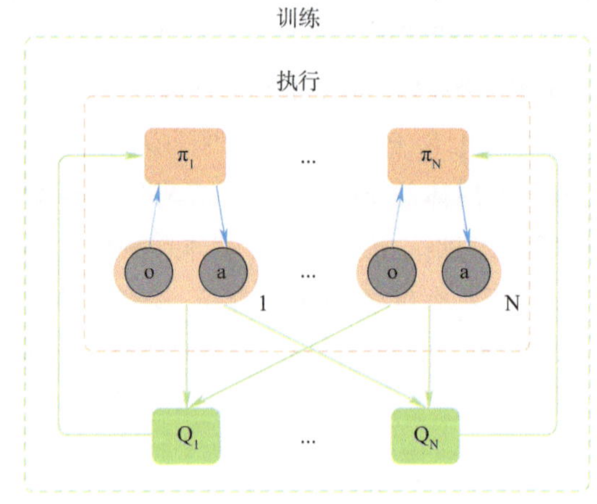

图 8-5　MADDPG 算法框架

从图中可以看出，在训练阶段，每个智能体根据全局信息得到 Q 值；而在执行阶段，每个智能体只依赖自身观测到的信息做出相应的决策。由于 MADDPG 是由深度确定性策略梯度(Deep Deterministic Policy Gradient，DDPG)扩展而来的，而 DDPG 又是由确定性策略梯度(Deterministic Policy Gradient，DPG)扩展而来，因此它们的策略网络直接输出的是具体的动作，而不是动作的分布，即 $a_{i,t}=actor_{\phi_i}(o_{i,t})$，因此每个智能体更新动作时计算的梯度为：

$$\nabla_{\phi_i}J(\phi_i)=E_{x,a\sim D}[\nabla_{\phi_i}actor_{\phi_i}(o_i)\nabla_{a_i}Q_{\theta_i}(x,a)\mid a_i=actor_{\phi i}(o_i)] \tag{8-31}$$

此外，基于值分解思想的一种多智能体强化学习算法 QMIX 同样是集中式训练、分布式执行的算法。QMIX 由混合网络、智能体网络和超网络构成，是对值分解网络(Value-Decomposition Networks，VDN)算法的改进。VDN 的核心思想是将由智能体网络计算出的局部状态动作值简单地通过加和得到全局状态动作值，并利用这个全局状态动作值，采取集中式方式进行训练。QMIX 则是通过混合网络对所有局部状态动作值进行非线性的变换,以得到全局状态动作值,而混合网络的参数是由考虑了全局状态信息的超网络计算出的。在 QMIX 的计算过程中需要保证:

$$\underset{a}{\operatorname{argmin}} Q_{\text{total}}(\tau,a)=\begin{pmatrix}\underset{a^1}{\operatorname{argmin}} Q_1(\tau^1,a^1)\\ \vdots \\ \underset{a^n}{\operatorname{argmin}} Q_n(\tau^n,a^n)\end{pmatrix} \tag{8-32}$$

等价来说,就是要保证对全局状态动作值进行 argmin 操作的结果应该等于对每个局部状态动作值进行 argmin 操作的结果。为了达到这个效果,只需要保证:

$$\frac{\partial Q_{\text{total}}}{\partial Q_i}\geqslant 0,\ \forall i \tag{8-33}$$

实际上就是让超网络输出的直接作用于输入的参数大于 0。

在 QMIX 的执行阶段,每个智能体网络都包含两层全连接网络和一层循环神经网络,以便能够记录一定的历史信息,并根据自身记录的历史信息做出决策。QMIX 的集中式训练过程与 MADDPG 不同,首先每个智能体根据自身的情况生成一个状态动作值 $Q_i(\tau^i,a_t^i)$,之后采取如图 8-6 所示的方式对所有状态动作值进行加权求和,以得到全局状态动作值,并根据全局状态动作值对智能体的网络进行训练。此外,QMIX 算法中智能体的网络参数是共享的。

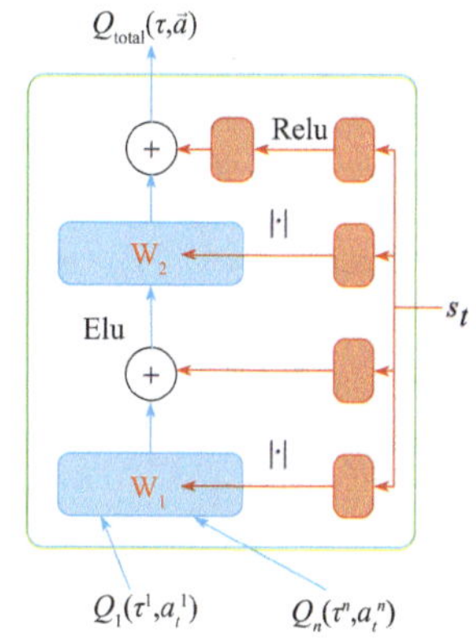

图 8-6 QMIX 混合网络结构

由图可知,QMIX 首先将全局的状态输入到超网络中,以计算混合网络的权重及偏置项。其中,使用绝对值操作将权重变为正数,从而保证式(8-33)成立;Elu 和 Relu 分别是各自所在层使用的激活函数。随后,QMIX 根据全局信息去学习如何将每个智能体的状态动作值转化为全局状态动作值。同时,QMIX 的损失函数为:

$$L(\theta)=\sum_{i=1}^{N}\{[y^{\text{total}}-Q_\theta^{\text{total}}(\tau,a,s)]^2\} \tag{8-34}$$

其中,y^{total}为:

$$y^{\text{total}}=r+\gamma\max_{a'}Q_{\theta^-}^{\text{total}}(\tau',a',s') \tag{8-35}$$

8.4 面向自动驾驶车辆控制的协同进化强化学习模型

除前面介绍的智能计算优化与决策模型外,本节将进一步采用面向大规模交互问题的协同进化智能计算模型搜索自动驾驶车辆的最优控制策略。

8.4.1 基于协同进化强化学习的自动驾驶车辆控制框架

协同进化算法与强化学习方法相结合形成的协同进化强化学习(Co-Evolutionary Reinforcement Learning,COERL)算法,可解决自动驾驶车辆控制中表现的复杂无梯度场景决策求解问题。将自动驾驶车的控制策略表示为一个神经网络,网络的输入为自动驾驶车辆当前的状态,网络的输出表示自动驾驶车辆的动作集合,则使用 COERL 算法可搜索自动驾驶车辆的控制策略。

在强化学习的进化过程中,策略的评估由每个候选策略通过控制自动驾驶车辆的动作实现与环境交互,并将自动驾驶车辆所获得的奖励作为该策略网络的适应度值,重复此过程直到得到最优策略。

基于 COERL 的自动驾驶车辆控制框架如图 8-7 所示。其中,车载摄像头、距离传感器、速度传感器等感知的信息作为自动驾驶策略学习算法的输入,网络的输出是转向盘、加速踏板和制动踏板等的控制指令,以最终实现对自动驾驶车辆的控制。因此,可以说 COERL 算法是通过借鉴进化的思想来学习自动驾驶车辆的控制策略。

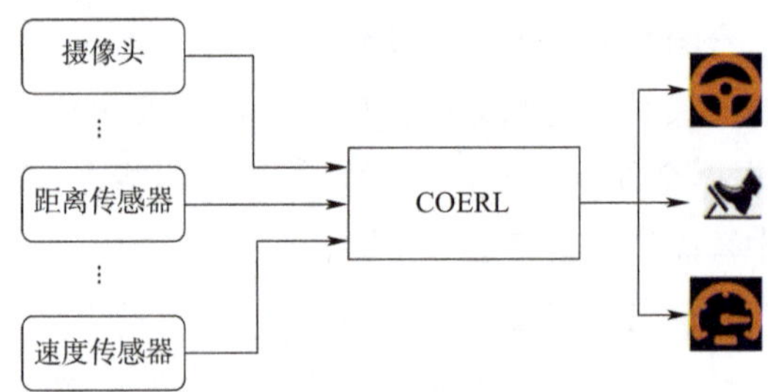

图 8-7 基于 COERL 的自动驾驶车辆控制框架

8.4.2 协同进化强化学习算法(COERL)

自动驾驶车辆的控制问题实际上是一种复杂无梯度场景决策求解问题。为了解决传统基于梯度的强化学习算法无法适用于无梯度场景决策求解的问题,结合协同进化算法、神经结构进化和强化学习的思想,研究人员提出了一种无梯度的协同进化强化学习算法 COERL。该算法采用基于多目标优化的神经增强拓扑(Neuro Evolution of Augmenting Topologies,NEAT)算法来优化神经网络结构,并构成一个大规模优化问题。算法的整体流程如图 8-8 所示,其求解过程分为两个部分。首先通过基于 NEAT 的神经进化方法进化神经网络的结构,以便神经网络结构的泛化能力更强;然后通过合作型协同进化粒子群优化算法(Co-Evolution Algorithm,COEA)进化上一步学习到的网络参数。

实际上,原始 NEAT 算法在进化神经网络结构的过程中,仅根据适应度值大小对种群中的个体进行选择。然而,当两个个体具有相同的适应度时,方法更倾向于选择结构比较简单的网络。因此,同时考虑网络的性能和网络的复杂度,即形成多目标的神经增强拓扑算法(Multi-Objective Neuro Evolution of Augmenting Topologies,MONEAT)算法。

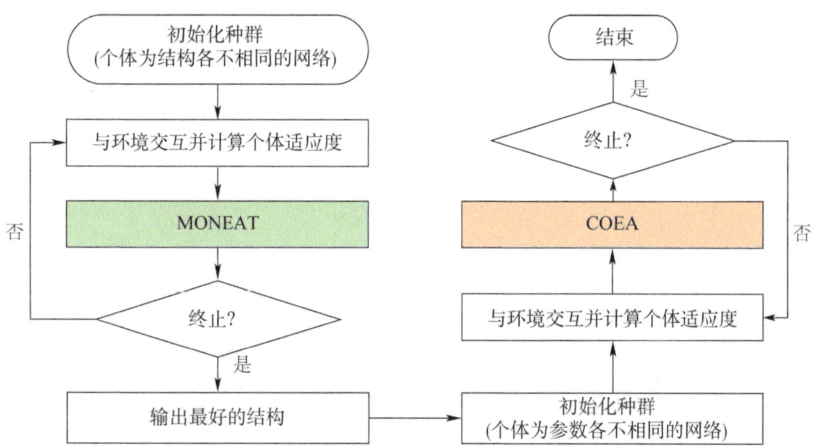

图 8-8 协同进化强化学习算法流程图

协同进化强化学习算法(COERL)的实现涉及基因编码、适应度评估、选择、交叉、变异和终止判断条件等环节。下面分别介绍各环节的内容及其作用。

(1)基因编码:COERL 算法的初始化内容,将神经网络中的神经元之间的连接编码为基因链。每个连接信息都表示了节点之间的连接关系以及连接权重。每个节点中都存储有代表神经元节点属性的信息,并且有唯一的 ID。编码方式如图 8-9 所示。

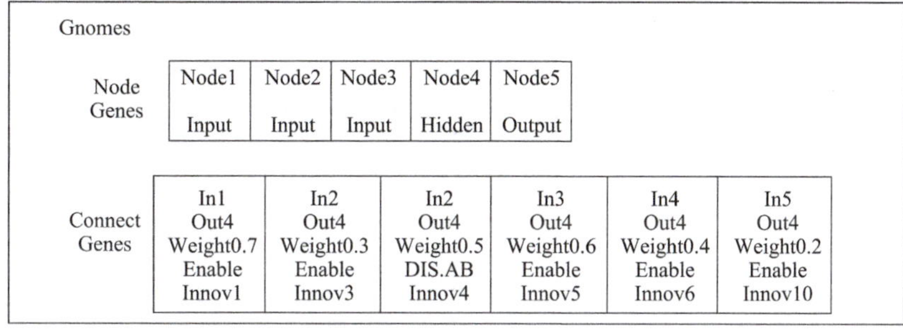

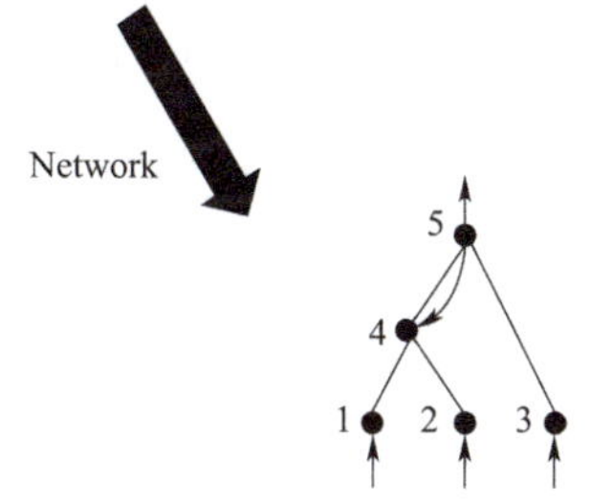

图 8-9 NEAT 编码方式示意

其中,Node Genes 描述神经元节点类型,包括输入节点、隐藏节点和输出节点。Connect Genes 描述神经元连接的编码,其中存储的内容包括存在连接的两个神经元、神经元间连接的权重以及该连接是否有效;Enable 表示有效,Disable 表示失效。

(2)适应度评估:将奖励函数作为个体适应度的评估函数,即以智能体在该网络控制下与环境交互所获得的奖励值作为其适应度评估值,用于对个体适应度的评估。

(3)选择:在对个体适应度进行评估的基础上,完成对个体选择的过程。选择过程中将种群网络的性能和复杂度作为优化目标,定义如下所示的网络筛选目标函数 F_i:

$$F_i = (pf(i), (1-p)N(i))^T \tag{8-36}$$

其中,$f(i)$表示种群中第 i 个网络的适应度值大小;$N(i)$表示第 i 个网络的复杂度;概率变量 p 表示根据性能选择个体的概率权重;$1-p$ 表示根据性能和复杂度选择个体的概率权重,由此避免个体为了得到较高的适应度值而忽略网络的复杂度。

(4)交叉:对在上一步中选择出来作为父代的个体执行交叉操作。Parent1 和 Parent2 表示两个父代网络,父代中的每个基因都有一个唯一的创新号,创新号的存在保证了算法在不同网络交叉的过程中,网络之间仍然保持兼容,如图 8-10 所示。

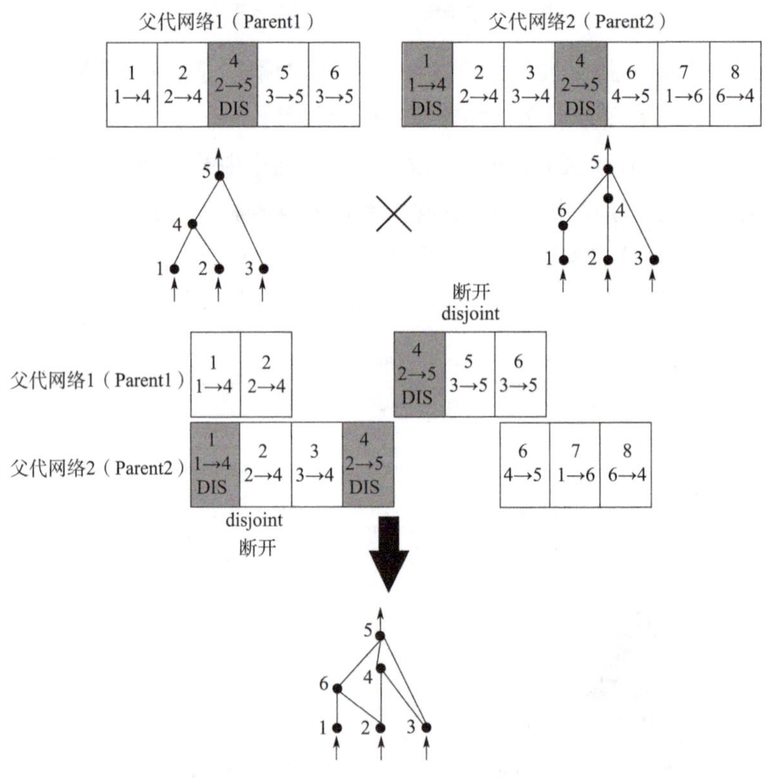

图 8-10 NEAT 网络交叉过程

(5)变异:对选择出来的个体进行变异产生新个体的过程。变异操作主要包括连接变异和节点变异。在连接变异中,将两个未连接的神经元节点连接起来,并产生一个新的连接。在节点变异中,已有的连接断开,新的节点加入连接断开的位置,同时基因组中增加两个新的连接,如图 8-11 所示。

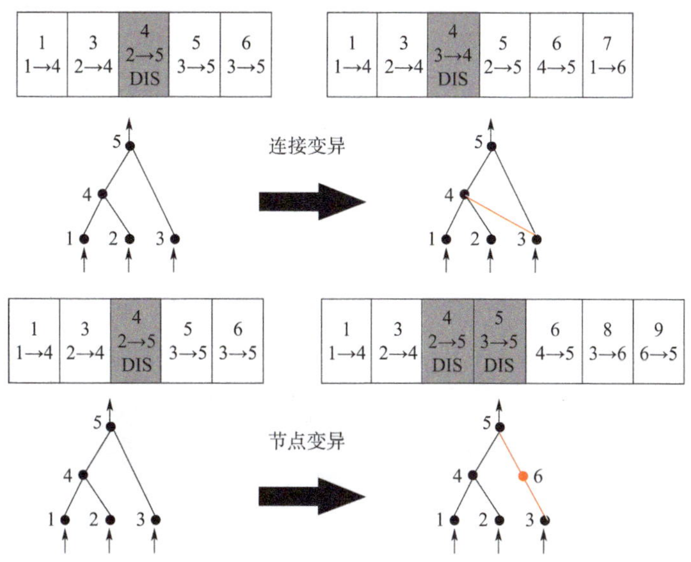

图 8-11 NEAT 网络变异过程

(6)终止条件判断:对种群个体进行判断的过程。判断算法是否达到终止条件,如果达到终止条件即停止,否则就继续重复上述步骤实施下一代进化。

通过 MONEAT 算法完成最优神经网络结构寻优后,可通过合作型协同进化算法 COEA 进一步优化神经网络的参数。首先对问题进行分组,以便把复杂的优化问题转化为多个简单的优化子问题,然后通过对子问题分别进行求解进而得到问题的完整解。为了保证种群间与种群内部能够同时实现协同进化,在对协同进化算法子问题的求解过程中,需要采用粒子群优化算法,并将其作为解决协同进化算法子问题的优化器,其结构框图如图 8-12 所示。其中,耦合分解层完成基于系统变量间耦合性的问题分解,协同优化层完成子问题的优化,感知反馈层完成子问题间协同合作的评估反馈,并将智能体与环境交互所获得的奖励值作为个体的适应度进行评估。

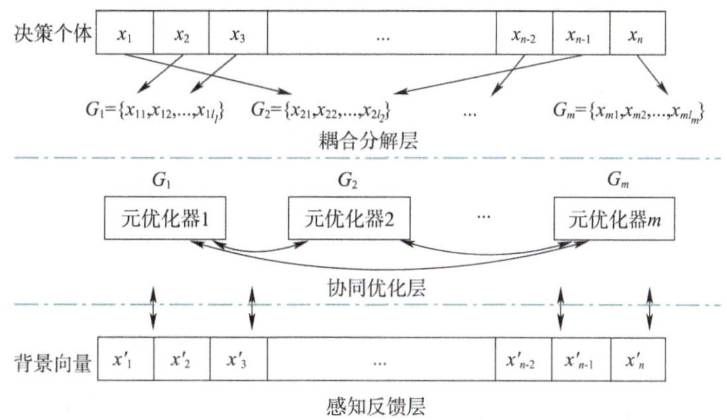

图 8-12 基于 COEA 的神经网络参数优化流程

8.4.3 基于仿真环境 TORCS 的自动驾驶实验验证

为了验证 COERL 算法的性能,此处以自动驾驶为例,选用自动驾驶仿真平台——开源赛车模拟平台(The Open Racing Car Simulator,TORCS),对自动驾驶进行仿真实验;并将其实验结果与深度强化学习的基准算法进行对比,这些基准算法包括 Dagger(Dataset Aggregation)算法、DDPG(Deep Deterministic Policy Gradient)算法、GAIL(Generative Adversarial Imitation Learning)算法。TORCS 是一款可移植、跨平台的开源汽车竞技平台,常作为验证算法的实验平台。它使用 19 种传感器采集的信息描述车辆的状态信息,提供有 7 种可控制动作,其实验场景示意如图 8-13 所示。

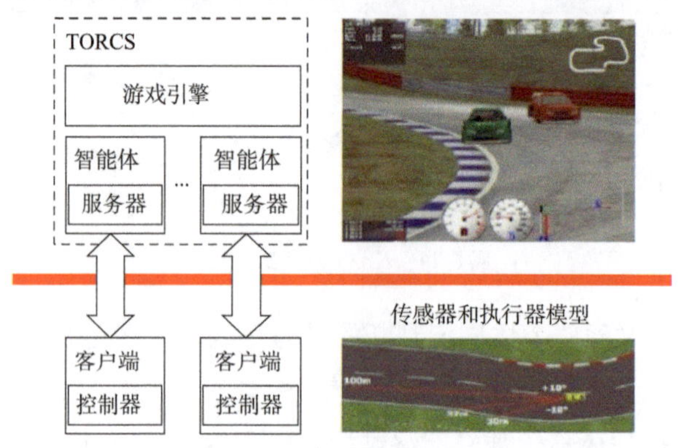

图 8-13 TORCS 实验场景示意图

采用 TORCS 平台中车道较为复杂的 Alpine Track 赛道为测试赛道,实验后对整个训练过程中的车辆前进步数、训练所消耗的时间以及训练过程中车辆的碰撞次数进行统计。表 8-2 给出了不同算法每 500 个回合所前进的最大步数。由此可知,当训练到 500 个回合时,DDPG 算法前进了 5000 多步,而其他三种算法都能够行驶 9000 多步,这是因为 DDPG 算法需要试探环境以完成学习过程,此时该方法尚未达到很好的平衡状态;当训练到 1000 个回合时,DDPG 算法前进了 10000 步左右,而其他三种算法稳定在了 20000 步左右;当训练到 1500 个回合时,DDPG 算法稳定在了 20000 步左右,其他三种算法稳定在了 40000 步左右。综上所述,COERL 算法在每个回合中能够前进的步数都较多,表明该算法学习到了更好的策略。

四种算法每 500 个回合的平均前进步数 表 8-2

方法类别	500 个回合	1000 个回合	1500 个回合
DDPG	5672	10073	23566
DAgger	9635	18763	47551
GAIL	9522	24361	48980
COERL	9987	20231	49750

表 8-3 统计了四种算法跑完一圈所消耗的时间、碰撞次数以及迭代次数。由此可知,DDPG 算法需要近 2.5h 才能完成学习并在 TORCS 中跑完一圈,而 COERL 算法仅用 40min 即

可在 TORCS 中跑完一圈,并且碰撞的次数最少。因此,COERL 算法在获得较优的网络结构后,其网络模型学习到的策略更有效。

各种算法跑完一圈的相关信息对比 表 8-3

方法类别	训练时间	碰撞次数	迭代次数
DDPG	2.5h	208	800
DAgger	35min	96	180
GAIL	45min	125	200
COERL	40min	80	200

8.5 基于Q值迁移深度强化学习的区域交通信号灯协同决策

本节以多交叉口信号灯自适应决策问题为例,介绍前述方法或思想在交通信号控制方面的应用。在现有的信号灯决策方法中,强化学习算法展示了其有效性。然而,复杂的交叉口特征、异构的交叉口结构以及多交叉口的动态协同对基于强化学习的算法提出了挑战。本节采用一种带有 Q 值迁移的协同深度 Q 网络算法(Cooperative Deep Q-Network with Q-value Transfer, QT-CDQN)对区域交通信号灯进行协同决策。在 QT-CDQN 中,将一个区域道路网络建模为一个多智能体强化学习系统,每个智能体通过一个 DQN 网络来寻找交叉口的最优策略,其中网络的输入为交叉口信息的离散状态编码,为了协同各交叉口,在策略学习的过程中,智能体考虑相邻交叉口最近的动作的影响,将相邻智能体最近时刻的最优 Q 值迁移到当前交叉口的 Q 网络的损失函数中。此外,目标网络策略和经验回放机制也被用来提高算法的稳定性。QT-CDQN 不仅可以对区域道路网络的信号灯进行协同决策,还可以扩展到更多交叉口而不会造成维度灾难,且可以对异构的交叉口进行协同决策。

8.5.1 区域交通信号灯控制建模

为方便描述用强化学习模型建模多交叉口信号灯协同决策问题,这里以异构的四交叉口道路网络为例。如图 8-14 所示的道路网络,其中交叉口 3 为四路交叉口,其他的为三路交叉口,每个交叉路口都有一个信号灯控制车辆的通行。三路交叉口和四路交叉口分别有三条和四条进入交叉口的道路,每条道路均有两条车道。根据交叉口的结构,左侧车道允许车辆直行或左转,右侧车道允许车辆直行或右转。

为实现多交叉口信号灯的协同控制,每个交叉口首先被建模为一个智能体,每个智能体对应的状态空间 S、动作空间 A 和奖赏函数 R 定义如下。

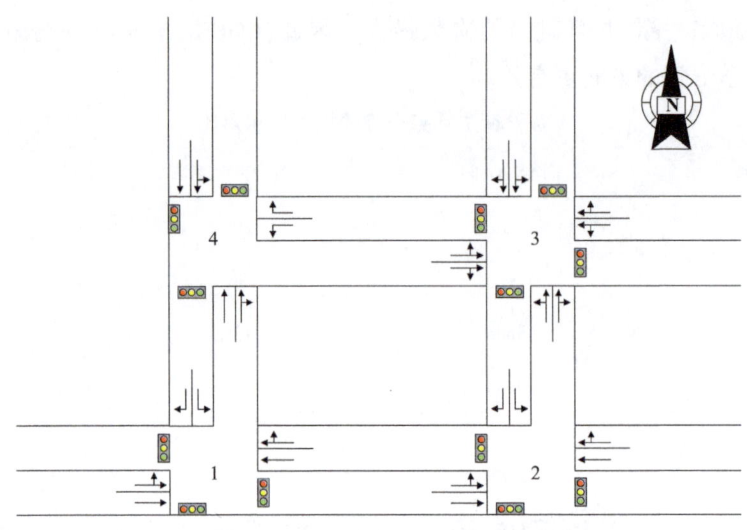

图 8-14　异构四交叉口路网结构图

(1)状态空间:应用强化学习控制信号灯所需的交通信息主要是车辆状态信息,即每个进入交叉口的车道上车辆所处的位置和车辆的速度。此处对车辆的位置和速度采用离散交通状态编码进行状态空间表示。如图 8-15a)所示,将从停车线开始长度为 l 的道路 k 划分为长度为 c 的离散单元,其中 c 的取值要适中,c 值过大则容易忽略个体车辆状态,过小则会造成计算量太大。如图 8-15b)和图 8-15c)所示,将交叉口 i 的道路 k 的车辆位置和速度记录在两个矩阵:车辆位置矩阵 $\boldsymbol{P}_i^k$ 和车辆速度矩阵 $\boldsymbol{V}_i^k$,如果车辆头部在某个单元格上,则矩阵 $\boldsymbol{P}_i^k$ 对应的位置值为 1,否则值为 0;将车辆速度与道路限制的最大速度归一化后的值作为速度矩阵 $\boldsymbol{V}_i^k$ 对应单元格的值。对一个四路交叉口 i, 车辆的位置矩阵和速度矩阵分别表示为 $\boldsymbol{P}_i = [\boldsymbol{P}_i^0,\boldsymbol{P}_i^1,\boldsymbol{P}_i^2,\boldsymbol{P}_i^3]^T$ 和 $\boldsymbol{V}_i = [\boldsymbol{V}_i^0,\boldsymbol{V}_i^1,\boldsymbol{V}_i^2,\boldsymbol{V}_i^3]^T$。在 t 时刻,智能体观察到第 i 个交叉口的状态为 $s_t^i = (P_i, V_i) \in \boldsymbol{S}_i$,其中 $\boldsymbol{S}_i$ 表示第 i 个交叉口的状态空间。

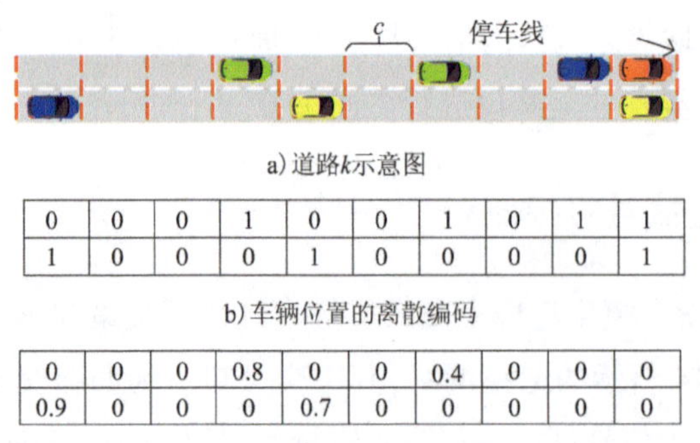

a) 道路k示意图

0	0	0	1	0	0	1	0	1	1
1	0	0	0	1	0	0	0	0	1

b) 车辆位置的离散编码

0	0	0	0.8	0	0	0.4	0	0	0
0.9	0	0	0	0.7	0	0	0	0	0

c) 车辆速度的离散编码

图 8-15　道路交通信息的离散状态编码

(2)动作空间:在 t 时刻,智能体得到第 i 个交叉口的状态 s_t^i 后,选择一个动作 $a_t^i \in A_i$,其中 A_i 表示第 i 个交叉口的动作空间,不同的交叉口对应的动作空间 A_i 不同,如表 8-4 所示,三路交叉口和四路交叉口分别有三个和四个不同的动作。每次选择的动作,其绿灯时间是一段固定长度的时间间隔 τ_g，当绿灯时间结束后，当前时刻 t 随之结束，并且开始下一个时刻 $t+1$，智能体开始观察第 i 个交叉口的下一个状态 s_{t+1}^i，状态 s_{t+1}^i 会受最近一次所执行动作的影响，新状态 s_{t+1}^i 选择下一个动作 a_{t+1}^i 并执行（此时可能选择与上一时刻相同的动作）。

四交叉口的动作空间　　表 8-4

交叉口序号	相位 1	相位 2	相位 3	相位 4
1.2	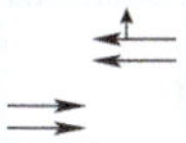	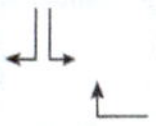		无
3	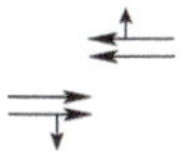	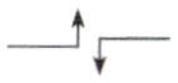	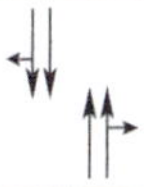	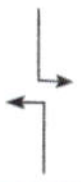
4	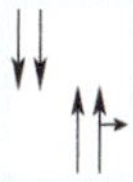	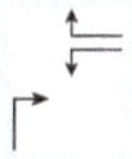		无

（3）奖赏函数：奖赏函数是在与环境交互的过程中获取的奖励信号，奖赏函数反映了智能体所面临的任务的性质，同时作为智能体修改策略的基础。在智能体观察到第 i 个交叉口的状态 s_t^i 后，选择一个动作 a_t^i 并执行，智能体将从环境中获得一个标量奖赏值 r_{t+1}^i 以评价所执行动作的好坏。智能体追求的目标就是寻找一种状态-动作策略，使最终得到的累积奖赏值达到最大。

对于交通信号灯控制问题有多种不同的奖赏函数，比如排队车辆的变化，累计车辆延迟的变化或车辆流通量的变化。此处选择交叉口车辆平均排队长度的变化作为奖赏函数，q_t^i 和 q_{t+1}^i 分别为 t 时刻和 $t+1$ 时刻进入第 i 个交叉口所有车道上车辆的平均排队长度。奖赏 r_t^i 如式（8-37）所示，奖赏值为正，表示 t 时刻采取的动作对环境有一个积极的影响，使车辆平均排队长度减少；奖赏值为负，表示动作导致环境中车辆平均排队长度增加。

$$r_t^i = q_t^i - q_{t+1}^i \tag{8-37}$$

8.5.2 基于 Q 值迁移的协同 DQN 决策方法 QT-CDQN

针对区域交通信号灯协同决策提出一种带有 Q 值迁移的协同深度 Q 网络算法（QT-CDQN）。该算法首先将多交叉口道路网络建模为多智能体系统，每个智能体控制其中一个交叉口，试图在动态环境中寻找全局最优决策，为使各智能体协同工作，智能体考虑其邻居智能体的最近时刻的动作对其自身的影响。QT-CDQN 的架构如图 8-16 所示，这里以异构的四交叉口图 8-14 为例。

在 QT-CDQN 中，通过将相邻智能体的最近时刻的 Q 值迁移到各自智能体系统的损失函数中，使得多个智能体能协同地进行多交叉口的信号灯控制。通过采取协同机制，一个交叉口的行为选择策略不仅依赖于其自身 Q 值，还取决于其相邻交叉口的 Q 值，这在一定程度上有助于平衡交叉口之间的车流量，提高区域道路网络的整体性能。将邻居智能体的 Q 值迁移到当前智能体的损失函数后，各智能体的 Q 值计算公式如下：

$$Q_{t+1}^{i}(s_t^i,a_t^i)=Q_t^i(s_t^i,a_t^i;\theta_i)+\alpha(t)[r_t^i+\gamma\max_{a'\in A_i}Q_t^i(s_{t+1}^i,a';\theta_i{}')-Q_t^i(s_t^i,a_t^i;\theta_i)]+\sum_{j\in N}\omega(i,j)Q_{t-1}^j(s_{t-1}^j,a_{t-1}^j;\theta_j) \tag{8-38}$$

其中，$Q_{i+1}^i(S_t^i,a_t^i)$为$t+1$时刻智能体i的Q值；r_t^i为t时刻智能体i的奖励；$\alpha(t)$为放缩系数；θ_i和θ_i'分别表示估计网络和目标网络的网络参数；N表示第i个智能体的所有邻居智能体集合；γ为折扣因子；A_i为动作集合；$\omega(i,j)$是第j个智能体发送给第i个智能体的Q值权重，可根据各相邻交叉口对该交叉口的不同影响设定不同的权重，通常，交叉口距离越近或邻居交叉口流入当前交叉口的车辆越多，对当前交叉口的影响越大，权重越大。

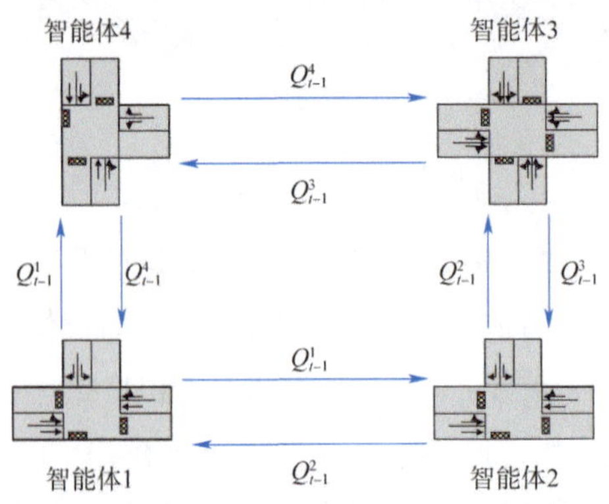

图8-16　带有Q值迁移的协同深度强化学习结构图

在QT-CDQN中，每个智能体都有一个卷积神经(Convolutional Neural Networks，CNN)估计网络来估计当前状态-动作对应的Q值，每个智能体对应的CNN估计网络结构相同，参数更新不同。各个估计网络的输入是其对应交叉口的交通信息的离散状态编码，CNN估计网络能够根据各自路口的原始交通状态信息进行自动特征提取并通过梯度下降法训练网络使其逼近状态动作值函数。

CNN估计网络结构如图8-17所示，图中矩阵的维度和输出层神经元个数在实现时应根据实际情况设置。每个路口以车辆位置和车辆速度构建的归一化矩阵作为对应CNN网络的输入，网络的输出为在所观察的状态下对所有动作的价值评估(Q值经过Softmax函数后的概率值)。CNN网络包含4个隐层，第一个卷积层由16个4×4的滤波器组成，步长为2；第二个卷积层由32个2×2的滤波器组成，步长为1；第三层和第四层是两个全连接层，分别由128个和64个神经元组成，四个隐层都采用Relu(Rectified Linear Unit)非线性激活函数，然后将网络的输出值再作为最后的输出层的输入，输出层采用Softmax激活函数，其中输出层的神经元个数与对应路口的动作空间大小相等。

为缓解决策过程中微小的Q值变化可能导致的策略震荡问题，每个智能体新增一个与估计网络结构相同参数不同的目标网络，估计网络估计当前状态下各个动作的Q值$Q_t^i(s_t^i,a_t^i;\theta_i)$，目标网络估计目标值$y_t^i$，其中$y_t^i=r_t^i+\gamma\max_{a'\in A_i}Q_t^i(s_{t+1}^i,a';\theta_i')$，通过在一段时间内冻结目标网络的参数，使DQN算法更稳定。

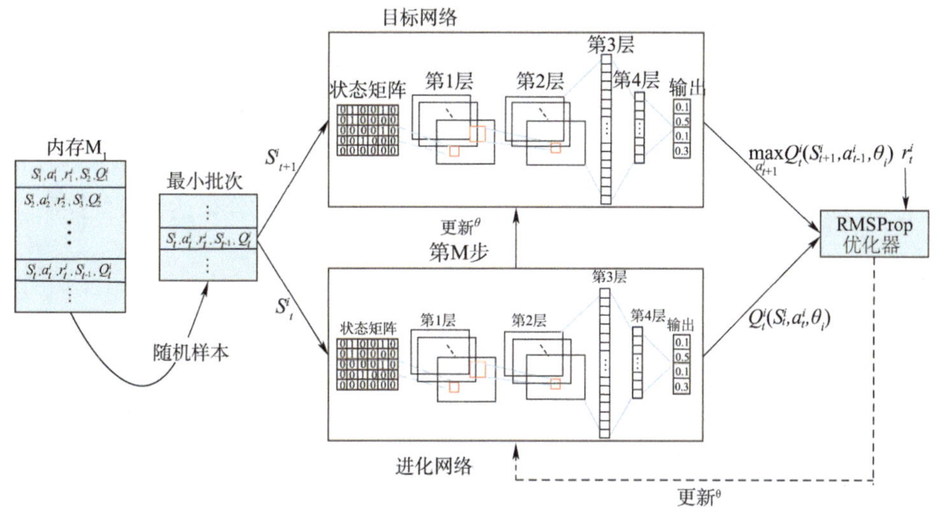

图 8-17 第 i 个智能体的估计网络和目标网络结构

考虑到相邻交叉口间的交通会相互影响，将相邻智能体最近时刻的最优 Q 值迁移到每个智能体的损失函数中，各智能体的损失函数定义为：

$$MSE(\theta_i)=\frac{1}{m}\sum_{t=1}^{m}\{r_t^i+\gamma[\max_{a'\in A_i}Q_t^i(s_{t+1}^i,a';\theta_i')+\sum_{j\in N}\omega(i,j)Q_{t-1}^j(s_{t-1}^j,a_{t-1}^j;\theta_j)]-Q_t^i(s_t^i,a_t^i;\theta_i)\}^2 \tag{8-39}$$

其中，m 为批大小；$\max_{a'\in A_i}Q_t^i(s_{t+1}^i,a';\theta_i')$ 是状态 s_{t+1}^i 下所有动作中最优的目标 Q 值；θ_i' 是第 i 个智能体的目标网络参数；$Q_t^i(s_t^i,a_t^i;\theta_i)$ 为相应的估计网络的输出；$Q_{t-1}^j(s_{t-1}^j,a_{t-1}^j;\theta_j)$ 为从相邻智能体经验回放中取出的最近时刻的 Q 值。

在训练 QT-CDQN 模型时，在每个时间步长 t，第 i 个智能体将对交叉口的状态观察 s_t^i 输入估计网络，根据网络输出的 Q_t^i 值使用 ε－贪心策略选择动作 a_t^i 并执行，此时智能体得到来自环境的奖赏 r_t^i 并进入下一个状态 S_{t+1}^i。在每个时间步长 t 将对第 i 个路口的经验 $experinece_t^i=(s_t^i,a_t^i,r_t^i,s_{t+1}^i,Q_t^i)$ 存入经验池 M_i 中(每个智能体对应一个经验池)。每个经验池最多能存储 *max_size* 条经验，存满后将最早的数据舍弃继续存入最新的经验。经验池的样本需达到 *min_size* 条才能开始训练网络，为了更有效地训练估计网络 CNN_i 的参数 θ_i，训练时从经验池 M_i 中随机均匀采样 m 条经验，采用前向均方根梯度下降算法(Root Mean Square prop，RMSProp)对参数 θ_i 进行更新。训练过程的示意图如图 8-17 所示。注意，由于在更新第 i 个智能体的估计网络时会将其邻居最近时刻的最优 Q 值迁移到当前智能体的损失函数中，因此，从经验池 M_i 中随机采样后，需要从其邻居的经验池中采样对应的最近时刻的经验。例如，更新第二个智能体的估计网络参数时，首先从 M_2 中随机均匀采样 m 条经验(即随机采样经验池中存储的不同时间步的经验)，然后从 M_1 和 M_3 中相应采样上一时间步的经验，再将从 M_1 和 M_3 中采样的经验中的 Q 值迁移到智能体 2 网络的损失函数中，用于更新智能体 2 的估计网络参数。

在训练中,在动作选择时采用递减的 ε-贪心策略,即以概率 ε 随机选择一个动作(探索),以概率 $1-\varepsilon$ 选择动作 Q 值最大的一个动作(利用),ε 随着训练回合的递增而递减,由探索逐渐转向利用。各个目标网络和估计网络都采用学习率为 0.0002 的 RMSProp 梯度下降算法,目标网络的参数每 T 步更新为最新值,即估计网络的最新参数。当估计网络能够充分地近似动作值函数 Q 后,通过选择当前状态下估计网络输出的最大 Q 值对应的动作来达到最优控制。

8.5.3 仿真实验与结果分析

1)实验环境

本实验系统环境为 Ubuntu 16.04,64 位操作系统,CPU 为 Intel i5-2400,@3.1GHz,内存 16GB,显卡为 Tesla P40,显存 22GB。本实验在开源的微观仿真平台 SUMO(Simulation of Urban Mobility)上进行,SUMO 版本是 V0.32.0,主要使用 SUMO 中的 Traci(Traffic Control Interface)模块,通过 Traci 实现与仿真平台的在线交互,实时获取交通状态并采取相应动作。

为验证 QT-CDQN 算法在多交叉口信号灯协同控制上的有效性、通用性和可拓展性,分别设置了异构的四交叉口场景和同构的六交叉口场景,分别如图 8-14 和图 8-18 所示,同构的六交叉口中,各交叉口均为四路交叉口,与四交叉口中的四路交叉口相同。

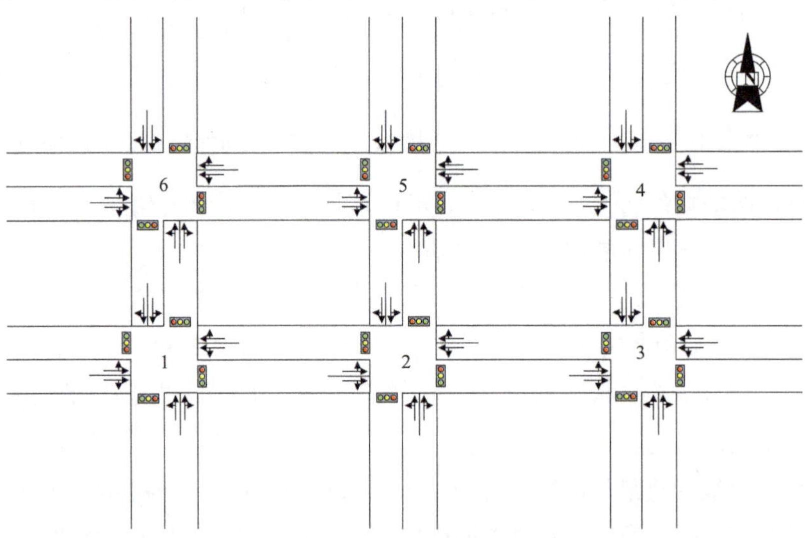

图 8-18　同构六交叉口路网结构图

2)参数设置及评价指标

图 8-14 和图 8-18 中的异构四交叉口和同构六交叉口,道路长度均为 200m,车辆长度为 4m。在对道路的状态信息进行离散编码时,取接近交叉口的路段长度 l 为 120m,分割单元 c 为 5m。通常,在仿真实验时交通流量是稳定的,在低、中、高三种交通环境下,车辆密度比设置为 1∶1.5∶2,其中四交叉口的基本车辆密度设置为 3000 veh/h,六交叉口的基本车辆密度设置为 5000veh/h。

单个智能体的 DQN 参数设置如表 8-5 所示。本实验中,动作选择采用 ε – 贪心策略算法,训练开始时 $\varepsilon=1.0$,训练过程中每回合都递减 0.000625,直到 $\varepsilon=0.1$。实验环境中各个交叉口与相邻交叉口的距离相等,且车流量分布均匀,因此 Q 值迁移时,各邻居智能体所占的权重相等,ω 值为 1。

单交叉口的实验参数设置 表 8-5

参　数	值	参　数	值
经验池大小(max_*size*)	20000	回合时长(*sim_len*)	4500s
批大小(m)	32	最小单元时间(τ_g)	6s
学习率(α)	0.0002	采样最小容量(min_*size*)	5000
折扣系数(γ)	0.95	经验池采样	均匀采样
冻结间隔(T)	200	探索率(ε)	从 1 递减到 0.1
仿真回合(N)	2000		

本实验采用的评价指标有车辆的平均排队长度(Average Queue Length, AQL)、平均速度(Average Speed, AS)和平均等待时间(Average Waiting Time, AWT)。

3)实验结果和分析

为测试 QT-CDQN 算法的性能,本节选择了三个算法进行对比,分别是 CDRL(Collaborative Deep Reinforcement Learning)、多智能体深度 Q 网络算法 MADQN(Multi-Agent Deep Q Network)以及分布式 QL(Distributed Q-Learning)。在算法 CDRL 中,先训练相邻两个智能体的联合 Q 函数,称为源问题的 Q 函数,其他相邻的两个智能体称为目标问题,将源问题上训练好的联合 Q 函数迁移到目标问题上,最后将多智能体系统用协作图表示,再采用 max-plus 算法寻找最优的协作动作。该算法需将源问题上的联合 Q 函数迁移到目标函数上,那么源问题与目标问题需要有相同的结构,不适用于异构的多交叉口。MADQN 算法中每个智能体控制一个交叉口,每个智能体都由一个单独的 DQN 算法训练,各智能体之间无协同。分布式 QL 算法为每个交叉口设计一个控制器,每个控制器由表格式的 Q 学习算法训练,各控制器通过在状态表示中考虑相邻交叉口流入本交叉口的车辆来实现协同控制。

(1)不同算法的性能比较。

本实验通过低、中、高三种不同的交通流密度来验证 QT-CDQN 算法的自适应控制能力。表 8-6 至表 8-8 分别列出了四交叉口和六交叉口上平均排队长度(AQL)、平均速度(AS)和平均等待时间(AWT)的对比结果,实验在已训练完成的网络上跑 200 回合,并独立运行 15 次取平均值(每次实验随机数种子不同),最优的结果加粗显示。从表中可以看出,随着交通密度的增加,四个算法中的车辆的平均排队长度和平均等待时间都随之增大,平均速度随之减小。表 8-6 和表 8-7 的实验结果表明,对多交叉口,在平均排队长度和平均速度两个评价指标上,分布式 QL 算法效果最差,无协同的 MADQN 算法效果明显优于分布式 QL,但比两个有协同的深度强化学习算法 QT-CDQN 和 CDRL 效果差,在两个有协同的深度强化学习算法上,QT-CDQN 不仅可以应用在异构的四交叉口,并且效果是最好的。对于表 8-8 中平均等待时间的比较,QT-CDQN 算法虽然在个别情况下效果略差,大多数情况下效果依然是最优的。对于 AQL、AS

和 AWT 这三个指标的优化其实是一个多目标优化问题,未必使三个指标同时达到最优。本实验中奖赏函数采用的是平均排队长度的变化,因此各个算法的对比以 AQL 为主。

在不同车辆密度下多交叉口的 AQL 对比　　表 8-6

路口类型	车辆密度	QT-CDQN	CDRL	MADQN	Distributed QL
四交叉口	低密度	1.37 ±0.02	-	1.55 ±0.02	1.92 ±0.01
	中等密度	2.32 ±0.02	-	2.48 ±0.02	3.13 ±0.04
	高密度	2.7 ±0.03	-	2.94 ±0.02	3.48 ±0.03
六交叉口	低密度	1.32 ±0.02	1.42 ±0.01	1.57 ±0.01	1.86 ±0.01
	中等密度	2.41 ±0.02	2.69 ±0.01	2.77 ±0.02	3.34 ±0.03
	高密度	6.81 ±0.1	7.18 ±0.04	7.35 ±0.08	7.28 ±0.14

说明:“ - ”表示 CDRL 在异构的四交叉口上是不可用的,CDRL 中涉及同一结构的 Q 函数迁移,这对于异构的四交叉口场景是不可行的。表 8-7 和 8-8 中的“ - ”含义相同。

在不同车辆密度下多交叉口的 AS 对比　　表 8-7

路口类型	车辆密度	QT-CDQN	CDRL	MADQN	Distributed QL
四交叉口	低密度	9.89 ±0.03	-	9.66 ±0.02	9.37 ±0.01
	中等密度	9.38 ±0.01	-	9.19 ±0.01	8.74 ±0.02
	高密度	9.19 ±0.02	-	8.96 ±0.01	8.57 ±0.01
六交叉口	低密度	10.06 ±0.01	9.93 ±0.01	9.78 ±0.01	9.6 ±0.01
	中等密度	9.48 ±0.02	9.32 ±0.01	9.21 ±0.01	8.95 ±0.02
	高密度	7.49 ±0.04	7.35 ±0.03	7.27 ±0.02	7.45 ±0.05

在不同车辆密度下多交叉口的 AWT 对比　　表 8-8

路口类型	车辆密度	QT-CDQN	CDRL	MADQN	Distributed QL
四交叉口	低密度	5.24 ±0.15	-	5.47 ±0.07	8.21 ±0.06
	中等密度	9.7 ±0.29	-	9.31 ±0.31	13.43 ±0.44
	高密度	10.88 ±0.18	-	11.26 ±0.1	15.2 ±0.13
六交叉口	低密度	5.29 ±0.17	5.11 ±0.01	5.89 ±0.04	8.46 ±0.12
	中等密度	9.44 ±0.11	9.68 ±0.12	10.45 ±0.12	15.78 ±0.15
	高密度	36.21 ±2.84	38.86 ±1.19	41.51 ±1.22	40.15 ±1.13

图 8-19 直观地显示了在四交叉口和六交叉口上信号灯的自适应控制算法的总体性能比较,图中数据是在一定的车辆密度下,车辆的平均排队长度(AQL)、平均速度(AS)和平均等待时间(AWT)的实时变化情况,曲线是通过在训练好的神经网络上运行 200 回合获得的。图 8-19 中的 a)、b)、c)分别表示异构的四交叉口上车辆的 AQL、AS、AWT 的对比,由于 CDRL 不适用于异构的交叉口,因此这里仅与 MADQN 和 Distributed QL 算法进行对比。从图中可以看出,虽然各个算法在 200 个回合里都存在不同程度的波动,但 QT-CDQN 算法的波动最小且整体性能最好。

图 8-19 中的 d)、e)、f)分别表示六交叉口上车辆的 AQL、AS、AWT 的对比,在 AQL 和 AS 两个评价指标上,QT-CDQN 算法的性能明显优于其他三个对比算法,在 AWT 上,QT-CDQN 算法的性能远远优于 MADQN 和 Distributed QL 算法,与 CDRL 算法性能相当。整体来说,QT-CDQN 的性能最优。

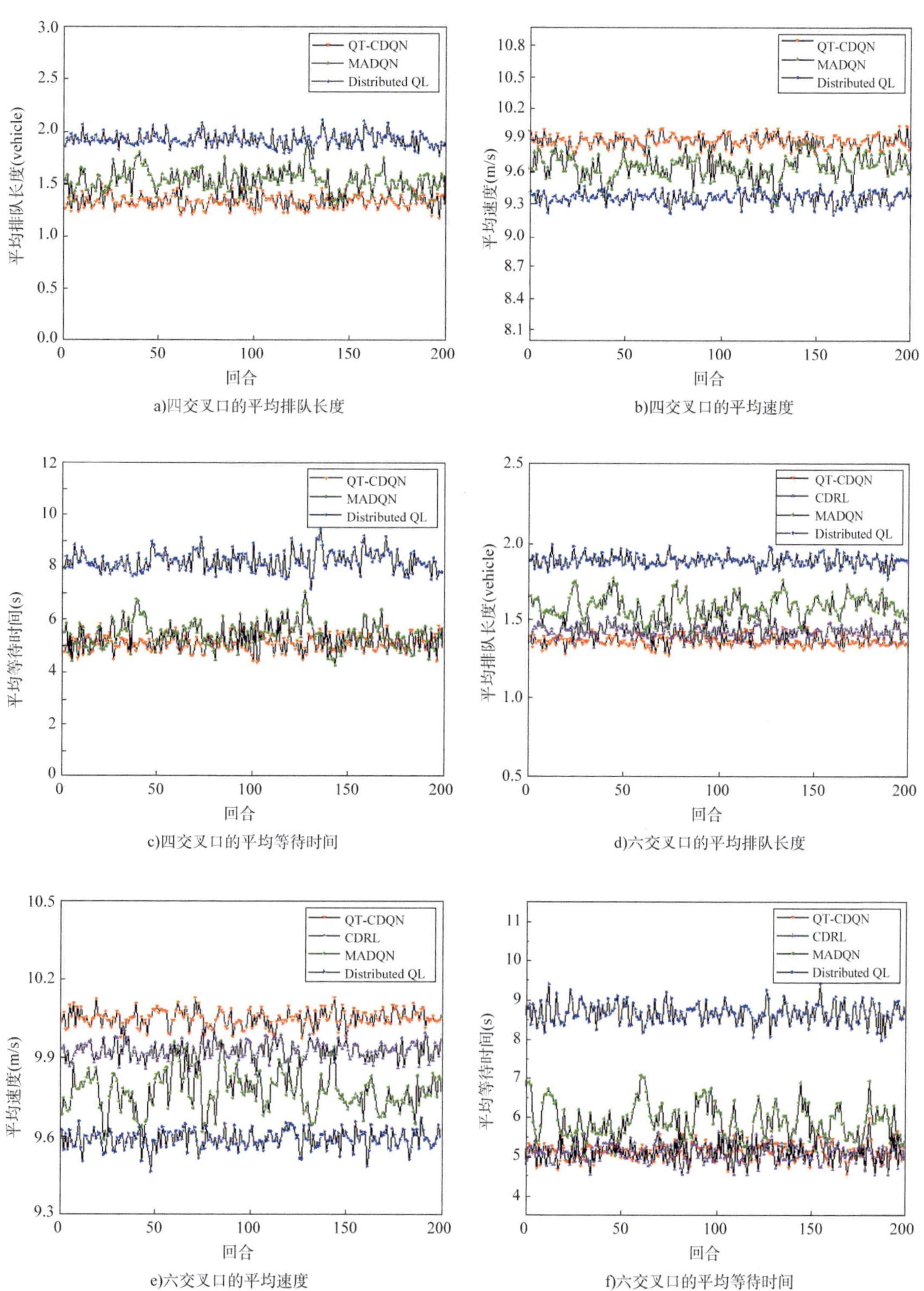

图 8-19　信号灯自适应控制算法在多交叉口上的实时变化曲线

(2)常发性和偶发性拥堵时性能比较。

在六交叉口道路网络上进行实验，测试 QT-CDQN 在道路网络中处理常发性拥堵和偶发性拥堵的能力。

实验中，对第三交叉口到第四交叉口的道路上施加拥堵。对于常发性拥堵，从 15:00 到 19:00，在原有车密度的基础上，对道路持续性加车，针对多个指标，在不同算法上，加车前和加车后的对比如图 8-20 的 a)、b) 和 c) 所示，在 15:00 加车后，AQL 和 AWT 急剧增长，AS 急剧下降，对比各算法的突变曲线可以看出，加车后 CDRL 对常发性拥堵的适应性最差，与其他三个算法相比，QT-CDQN 算法对常发性拥堵具有最好的适应性且实验结果的稳定性也更强，特别是在第四交叉口。对于偶发性拥堵，在 24min 时，在原有车密度的基础上，对道路持续性加车 6min，针对多个指标，在不同算法上，加车前和加车后的对比如图 8-20 的 d)、e) 和 f) 所示，结果表明，车辆突然增加的情况下，QT-CDQN 表现出了最佳的适应性，特别是在第四个交叉口，验证了该算法的有效性、适应性和可扩展性。

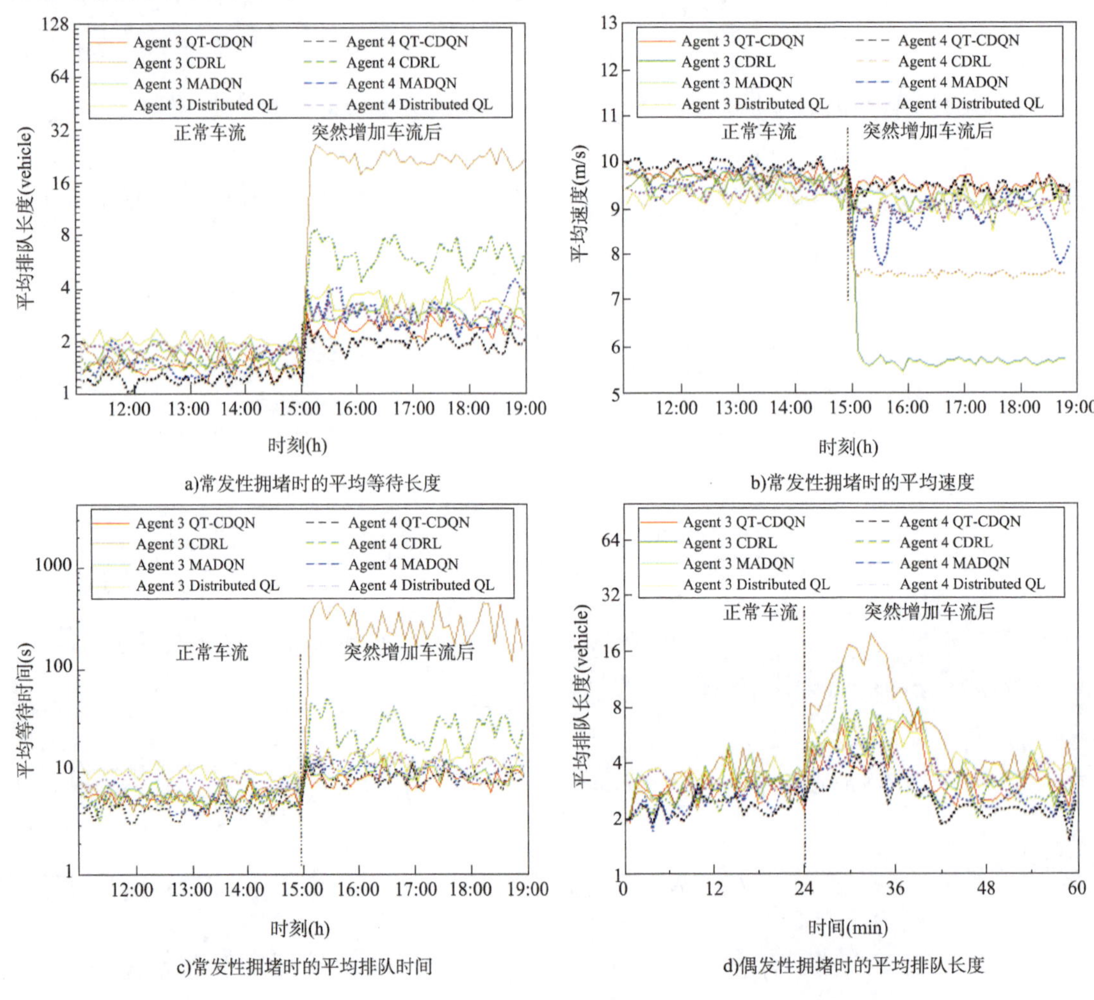

a)常发性拥堵时的平均等待长度

b)常发性拥堵时的平均速度

c)常发性拥堵时的平均排队时间

d)偶发性拥堵时的平均排队长度

图 8-20

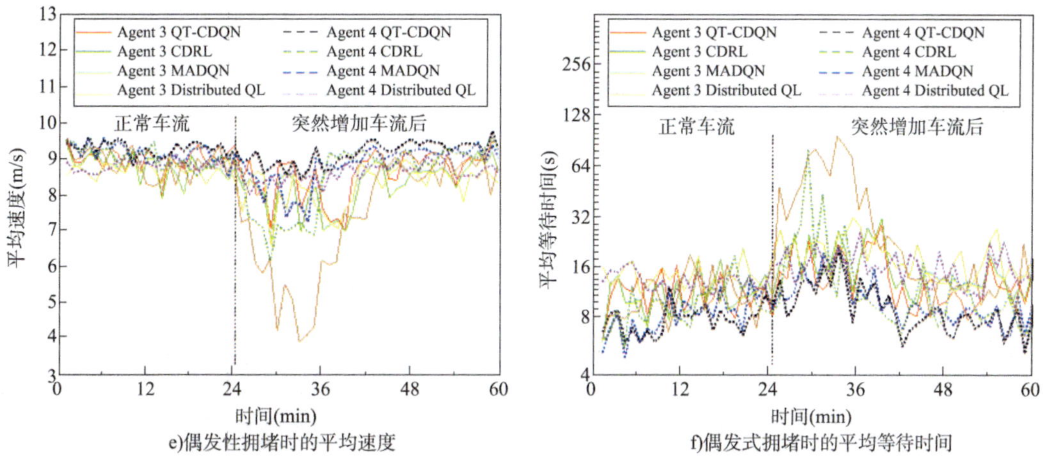

图 8-20 六交叉口上常发性和偶发性拥堵的适应性比较

附录　中英文术语对照表

序号	英文简称	中 文 全 称	英 文 全 称
1	2G/3G/4G/5G	第二/三/四/五代移动通信技术	the 2nd/3rd/4th/5th Generation Mobile Communication Technology
2	AC	演员评论家算法	Actor-Critic
3	ACO	蚁群优化算法	Ant Colony Optimization
4	ADVISOR	高级别车辆仿真器	Advanced Vehicle Simulator
5	AFS	人工鱼群优化算法	Artificial Fish Swarm
6	AQL	平均排队长度	Average Queue Length
7	AS	平均速度	Average Speed
8	ASD	后装形式	Aftermarket Safety Device
9	ASV	先进安全车辆	Advance Safety Vehicle
10	AWT	平均等待时间	Average Waiting Time
11	BFO	细菌觅食算法	Bacterial Foraging Optimization
12	BTI	预留时间指数	Buffer Time Index
13	CACS	汽车综合控制系统	Comprehensive Automobile Control System
14	CAN	控制器局域网络	Controller Area Network
15	CDMA	码分多址	Code Division Multiple Access
16	CMEM	综合模态尾气排放模型	Comprehensive Modal Emission Model
17	CMMB	中国移动数字多媒体广播	China Mobile Multimedia Broadcasting
18	COEA	协同进化粒子群优化算法	Co-Evolution Algorithm
19	COERL	协同进化强化学习算法	Co-Evolutionary Reinforcement Learning
20	CTC	中央交通控制	Central Traffic Control
21	C-V2X	基于蜂窝网络的车用无线通信技术	Cellular Vehicle-to-Everything
22	CVIS	车辆-基础设施协作系统	Cooperative Vehicle-Infrastructure Systems
23	DMB-T	地面数字多媒体/电视广播协议	Terrestrial Digital Multimedia-Television Broadcasting
24	DSRC	专用短程通信	Dedicated Short Range Communication
25	DSSS	驾驶安全支持系统	Driving Safety Support System
26	DST	安全减速时间	Deceleration to Safety Time
27	ECU	电子控制单元	Electronic Control Unit
28	ERGS	电子路径导向系统	Electronic Route Guidance System
29	eSafety	电子安全	Electronic Safety

续上表

序号	英文简称	中文全称	英文全称
30	ETC	电子不停车收费	Electric Toll Collection
31	EUHT	超高速移动通信技术	Enhanced Ultra High Throughput
32	EVSIM	电动车辆仿真器	Electric Vehicle Simulator
33	FCD	浮动车	Floating Car Detection
34	FDR	高速及受限特区	Freeway, District and Restricted Route
35	FIFO	先进先出	First-in-First-out
36	FM	调频广播	Frequency Modulation
37	GPRS	通用分组无线业务	General Packet Radio Service
38	GSM	全球移动通信系统	Global System for Mobile Communications
39	HCM	道路通行能力手册	Highway Capacity Manual
40	IaaS	基础设施即服务	Infrastructure as a Service
41	ICT	信息和通信技术	Information and Communication Technology
42	IoV	物联网	Internet of Things
43	IoV	车联网	Internet of Vehicles
44	IPv6	互联网协议第 6 版	Internet Protocol Version 6
45	ITS	智能交通系统	Intelligent Transportation System
46	i-VICS	智能车路协同系统	Intelligent Vehicle-Infrastructure Cooperation Systems
47	LTE-FDD	频分双工长期演进技术	Long Term Evolution, Frequency Division Duplexing
48	LTE-TDD	时分双工长期演进技术	Long Term Evolution, Time-Division Duplex
49	MADDPG	多智能体深层确定性策略梯度	Multi-Agent Deep Deterministic Policy Gradient
50	MADQN	多智能体深度 Q 网络	Multi-Agent Deep Q Network
51	MDP	马尔可夫决策过程	Markov Decision Process
52	MONEAT	多目标神经增强拓扑算法	Multi-Objective Neuro Evolution of Augmenting Topologies
53	NDec-POMDP	网络化分布式部分可观测的马尔可夫决策过程	Networked Decentralized Partially Observable Markov Decision Process
54	NEAT	神经增强拓扑算法	Neuro Evolution of Augmenting Topologies
55	OBD	车载自动诊断系统	On Board Diagnostics
56	OBU	车载单元	On-board Unit
57	OD	起点-终点	Origin-Destination
58	OME	设备制造商	Original Equipment Manufacturer
59	PaaS	平台即服务	Platform as a Service
60	PEMS	车载排放测试系统	Portable Emission Measurement System
61	PET	后侵占时间	Post Encroachment Time

续上表

序号	英文简称	中文全称	英文全称
62	PSAT	动力系统分析工具包	Powertrain System Analysis Toolkit
63	PSO	粒子群优化	Particle Swarm Optimization
64	QoE	服务体验	Quality of Experience
65	QoS	服务质量	Quality of Service
66	QT-CDQN	带有 Q 值迁移的协同 DQN 算法	Cooperative Deep Q Network with Q-value Transfer
67	RFID	射频识别技术	Radio Frequency Identification
68	RL	强化学习	Reinforcement Learning
69	RSU	路侧单元	Road Side Unit
70	SaaS	软件即服务	Software as a Service
71	SN	传感器网络	Sensor Network
72	SWIW	本地天气预警	Spot Weather Impact Warning
73	TAdv	时间优势	Time Advantage
74	TD-SCDMA	分同步码分多址	Time Division-Synchronous Code Division Multiple Access
75	TDTC	冲突时间差	Time Difference to Collision
76	TT	行程时间	Travel Time
77	TTC	碰撞时间	Time to Collision
78	TTI	行程时间指数	Travel Time Index
79	V2I	车路通信	Vehicle to Infrastructure
80	V2P	车人通信	Vehicle to Persons
81	V2V	车车通信	Vehicle to Vehicle
82	V2X	车与外界通信	Vehicle to Everything
83	VANET	车载无线自组网	Vehicular Ad-hoc Network
84	VDN	值分解网络	Value-Decomposition Network
85	VICS	车辆通信系	Vehicle Information and Communication System
86	VII	车路集成	Vehicle Information Infrastructure
87	WANET	无线自组织网络	Wireless Ad-hoc Network
88	WCDMA	宽带码分多址	Wideband Code Division Multiple Access
89	Wi-Fi	无线网络	Wireless Fidelity
90	WLAN	无线局域网	Wireless Local Area Network
91	WSN	无线传感器网络	Wireless Sensor Network
92	WZW	施工区提示	Work Zone Warning

参 考 文 献

[1] 张毅,封硕,胡坚明.绿色园区电动微公交系统与应用[M].北京:化学工业出版社,2020.

[2] 张毅,姚丹亚.车路协同自动驾驶:交通系统呈现全面智能化走向[J].前沿科学,2019(2):56-60.

[3] 于雷,宋国华.城市交通流理论[M].北京:北京交通大学出版社,2016.

[4] 杨良义,陈涛,谢飞.车路协同系统功能实现的场景测试技术研究[J].重庆理工大学学报(自然科学),2018(5):7.

[5] 许惠乐.基于车路协同的典型交通场景群决策方法研究[D].北京:清华大学,2021.

[6] 徐宗本.计算智能—模拟进化计算[M].北京:高等教育出版社,2004.

[7] 项乔君.道路交通冲突分析技术及应用[M].北京:科学出版社,2008.

[8] 王云鹏.国内外 ITS 系统发展的历程和现状[J].汽车零部件,2012(6):036.

[9] 王兴举,杨磊,高桂凤.日本 VICS 及 ETC 的发展状况与实施效果[J].交通标准化,2010(15):65-68.

[10] 王小平,曹立明.遗传算法——理论、应用与软件实现[M].西安:西安交通大学出版社,2002.

[11] 陈虹,申忱,郭洪艳,等.面向动态避障的智能汽车滚动时域路径规划[J].中国公路学报,2019,32(1):166-176.

[12] 日本智能交通委员会.第四期中期计划(2020—2025)[EB/OL].https://www.its-jp.org/katsudou2014/tabid_210/.

[13] 日本国土交通省.智能交通系统研究[EB/OL].http://www.mlit.go.jp/road/ITS/.

[14] 秦严严,王昊,王炜,等.混有 CACC 车辆和 ACC 车辆的异质交通流基本图模型[J].中国公路学报.2017,30(10):127-36.

[15] 美国交通部.自动驾驶汽车 4.0[EB/OL].https://www.transportation.gov/av/4.

[16] 美国交通部.智能交通系统战略研究计划:2020—2025[R/OL].https://www.its.dot.gov/stratplan2020/ITSJPO_StrategicPlan_2020—2025.pdf.

[17] 美国交通部.车联网(Connected Vehicle)研究[EB/OL].http://www.its.dot.gov/conected_vehicle/connected_vehicle.htm.

[18] 刘锴,贾洁,刘超,等.车路协同环境下道路无信号交叉口防碰撞系统警示效果[J].中国公路学报,2018,31(4):222-230.

[19] 梁艳春,吴春国,时小虎,等.群智能优化算法理论与应用[M].北京:科学出版社,2009.

[20] 李珣,曲仕茹,夏余.车路协同环境下多车道车辆的协同换道规则[J].中国公路学报,2014,27(8):97-104.

[21] 李晓磊,钱积新.人工鱼群算法:自上而下的寻优模式[J].系统工程理论与实践,2002,22(3):76-82.

[22] 李卫霞.面向环保的在途动态出行诱导策略研究[D].北京:清华大学,2017.

[23] 李鹏凯,杨晓光,吴伟,等.车路协同环境下信号交叉口车速引导建模与仿真[J].交通信息与安全,2012,30(3):136-140.

[24] 李克强,常雪阳,李家文,等.智能网联汽车云控系统及其实现[J].汽车工程,2021,42(12):1595-1605.

[25] 李宏海,刘冬梅,王晶.日本 VICS 系统的发展介绍[J].交通标准化,2011(15):107-113.

[26] 吴剑.考虑人—车—路因素的行车风险评价方法研究[D].北京:清华大学,2015.

[27] 中华人民共和国科学技术部.国家道路交通安全科技行动计划启动[EB/OL].http://www.most.gov.cn/kjbgz/200802/t20080219_59136.html.

[28] 国务院.国务院关于印发"十三五"现代综合交通运输体系发展规划的通知:国发[2017]11 号[A/OL].http://www.gov.cn/zhengce/content/2017-02/28/content_5171345.htm?gs_ws =tsina_636239828998735315.

[29] 郭延永.基于交通冲突理论的信号交叉口安全评价技术[D].南京:东南大学,2016.

[30] 杜煜,上官伟,柴琳果,等.信号交叉口基于出发时刻预测的生态驾驶方法[J].中国公路学报,2021.

[31] 丁季时雨.车路协同环境下车辆群体典型场景协同控制理论与应用[D].北京:清华大学,2020.

[32] 陈山枝,时岩,胡金玲.蜂窝车联网(C-V2X)综述[J].中国科学基金,2020,34(2):179-185.

[33] ZHANG Z, LONG K, WANG J, et al. On Swarm Intelligence Inspired Self-Organized Networking:Its Bionic Mechanisms, Designing Principles and Optimization Approaches[J]. IEEE Communications Surveys & Tutorials,2014,16(1):513-537.

[34] ZHANG Y, CASSANDRAS C G. A decentralized optimal control framework for connected automated vehicles at urban intersections with dynamic resequencing[C]// 2018 IEEE Conference on Decision and Control (CDC). IEEE,2018:217-222.

[35] YANOWITZ J, GRABOSKI M S, RYAN L B A, et al. Chassis dynamometer study of emissions from 21 in-use heavy-duty diesel vehicles[J]. Environmental Science & Technology,1999,33(2):209-216.

[36] YANG H, RAKHA H, ALA M V. Eco-cooperative adaptive cruise control at signalized intersections considering queue effects[J]. IEEE Transactions on Intelligent Transportation Systems,2017,18(6):1575-1585.

[37] YANG F, GAO K, YAN D, et al. Conditional artificial potential field-based autonomous vehicle

safety control with interference of lane changing in mixed traffic scenario[J]. Sensors,2019, 19(19):4199.

[38] YAMAMOTO S,MIZUTANI K, SETO M. AICHI DSSS (Driving safety support system) field verification test[C]. Proc. 13th World Congress on Intelligent Transport Systems,2006 (1125).

[39] XU H,ZHANG Y,LI L,et al. Cooperative Driving at Unsignalized Intersections Using Tree Search [J]. IEEE Transactions on Intelligent Transportation Systems, 2020, 21 (11): 4563-4571.

[40] XU H, ZHANG Y, CASSANDRAS C G, et al. A Bi-Level Cooperative Driving Strategy Allowing Lane Changes[R]. Transportation Research Part C:Emerging Technologies,2020, 120:102773.

[41] XU H,FENG S,ZHANG Y,et al. A Grouping-Based Cooperative Driving Strategy for CAVs Merging Problems[J]. IEEE Transactions on Vehicular Technology,2019,68(6):6125-6136.

[42] XU H,CASSANDRAS C G,LI L,et al. Comparison of cooperative driving strategies for CAVs at Signal-Free Intersections [J]. IEEE Transactions on Intelligent Transportation Systems, 2021,307.

[43] WU M, Li K, KWONG S, et al. Evolutionary Many-Objective Optimization Based on Adversarial Decomposition[J]. IEEE Transactions on Cybernetics,2020,50(2):753-764.

[44] WEISS M,BONNEL P, KÜHLWEIN J,et al. Will Euro 6 reduce the NOx emissions of new diesel cars? -Insights from on-road tests with Portable Emissions Measurement Systems (PEMS) [J]. Atmospheric Environment, 2012, 62:657-665.

[45] WANG W G,CLARK N-N, LYONS D W,et al. Emissions comparisons from alternative fuel buses and diesel buses with a chassis dynamometer testing facility[J]. Environmental science & technology,1997,31(11):3132-3137.

[46] WANG A,GE Y,TAN J,et al. On-road pollutant emission and fuel consumption characteristics of buses in Beijing[J]. Journal of Environmental Sciences,2011,23(3):419-426.

[47] VIJAYAN A, KUMAR A, ABRAHAM M. Experimental analysis of vehicle operation parameters affecting emission behavior of public transport buses with alternative diesel fuels [J]. Transportation Research Record: Journal of the Transportation Research Board,2008, 2058(1):68-78.

[48] POL E V D,OLIEHOEK F A. Coordinated deep reinforcement learners for traffic light control [C]. In NIPS' 16 Workshop on Learning, Inference and Control of Multi-Agent Systems, 2016.

[49] TOULMINET G,BOUSSUGE J,LAURGEAU C. Comparative synthesis of the 3 main European projects dealing with Cooperative Systems (CVIS,SAFESPOT and COOPERS) and description

of COOPERS Demonstration Site 4 [C]. IEEE. 11th International Conference on Intelligent Transportation Systems,2008:809-814.

[50] TIAN Y, ZHANG T, XIAO J, et al. A Coevolutionary Framework for Constrained Multi-Objective Optimization Problems[J]. IEEE Transactions on Evolutionary Computation,2020, 25(1):102-116.

[51] SUTTON R, BARTO A. Reinforcement learning: An introduction[J]. IEEE Transactions on Neural Networks,1998,9(5):1054-1054.

[52] STEVANOVIC A. Adaptive traffic control systems: Domestic and foreign state of practice[C]. Transportation Research Board, National Research Council, Washington, USA, 2010.

[53] STANLEY K O, MIIKKULAINEN R. Evolving Neural Networks through Augmenting Topologies[J]. Evolutionary Computation, 2002,10(2):99-127.

[54] STAHLMANN R, FESTAG A, TOMATIS A, et al. Starting European field tests for Car-2-X communication: the DRIVE C2X framework [C]. Proceedings 18th ITS World Congress and Exhibition,2011.

[55] SONG G, YU L, ZHANG X. Emission Analysis at Toll Station Area in Beijing with Portable Emission Measurement System [J]. Transportation Research Record: Journal of the Transportation Research Board, 2008, 2058(1):106-114.

[56] SINGER B C, KIRCHSTETTER T W, HARLEY R A, et al. A fuel-based approach to estimating motor vehicle cold-start emissions [J]. Journal of the Air & Waste Management Association,1999,49(2):125-135.

[57] SABAT SL, ALI L, UDGATA SK. Integrated Learning Particle Swarm Optimizer for global optimization[J]. Applied Soft Computing, 2011, 11(1):574-584.

[58] ROSS S, GORDON G J, BAGNELL J A, et al. A Reduction of Imitation Learning and Structured Prediction to No-Regret Online Learning[C]. International conference on artificial intelligence and statistics,2011:627-635.

[59] RAKHA H, AHN K, TRANI A. Development of VT-Micro model for estimating hot stabilized light duty vehicle and truck emissions[J]. Transportation Research Part D: Transport and Environment,2004,9(1):49-74.

[60] RAHMAM A, MARSICO M, HOWARD K. New York City Department of Transportation Traffic Information Management System (TIMS)[R]. 2014.

[61] BERTINI R L, WANG H, CARSTENS K. Preparing Oregon for Connected Vehicle Deployment [J]. Transportation Research Record: Journal of the Transportation Research Board, 2017, 2615;1-10.

[62] PIERSON W R, GERTLER A W, ROBINSON N F, et al. Real-world automotive emissions—

Summary of studies in the Fort McHenry and Tuscarora mountain tunnels [J]. Atmospheric Environment,1996,30(12): 2233-2256.

[63] PELKMANS L, DEBAL P. Comparison of on-road emissions with emissions measured on chassis dynamometer test cycles [J]. Transportation Research Part D: Transport and Environment, 2006,11(4): 233-241.

[64] PEI H,ZHANG Y,TAO Q,et al. Distributed Cooperative Driving in Multi-Intersection Road Networks[J]. IEEE Transactions on Vehicular Technology,2021,70(6):5390-5403.

[65] PEI H,FENG S,ZHANG Y,et al. A Cooperative Driving Strategy for Merging at On-ramps Based on Dynamic Programming[J]. IEEE Transactions On Vehicular Technology,2019,68(12):11646-11656.

[66] PEI H, ZHANG Y, FENG S. Optimal cooperative driving at signal-free intersections with polynomial-time complexity[J]. IEEE Transactions on Intelligent Transportation Systems,2021.

[67] PASSINO K M. Biomimicry of bacterial foraging for distributed optimization and control [J]. IEEE Control Systems Magazine,2002, 22(3):52-67.

[68] OLIVEIRA D D, BAZZAN A L C. Traffic Lights Control with Adaptive Group Formation Based on Swarm Intelligence [C]. International Workshop on Ant Colony Optimization and Swarm Intelligence. Springer Berlin Heidelberg, 2015:520-521.

[69] ODA T T. Driving safety support system in UTMS'21 [C]. Proceedings of the 5th World Congres on Intelligent Transport Systems, 1998 (3085).

[70] MILANÉS V,SHLADOVER S E,SPRING J,et al. Cooperative Adaptive Cruise Controls in Real Traffic Situations [J]. IEEE Transactions on Intelligent Transportation Systems,2014,15(1):296-305.

[71] MENG Y,LI L,WANG F,et al. Analysis of Cooperative Driving Strategies for Non-signalized Intersections [J]. IEEE Transactions on Vehicular Technology,2017:2900-2911.

[72] MALIKOPOULOS A A, CASSANDRAS C G,ZHANG Y J. A decentralized energy-optimal control framework for connected automated vehicles at signal-free intersections[J]. Automatica, 2018, 93:244-256.

[73] MAKION H. Smartway project [R]. San Francisco: 12th ITS World Congress,2005.

[74] MAHMASSANI H S. The 50th Anniversary Invited Article-Autonomous Vehicles and Connected 2 Vehicle Systems:Flow and Operations Consideration [J]. Transportation Science, 2016, 50(4):1140-1162.

[75] LIU Z,GE Y,JOHNSON K C,et al. Real-world operation conditions and on-road emissions of Beijing diesel buses measured by using portable emission measurement system and electric low-pressure impactor[J]. Science of the total environment,2011,409(8):1476-1480.

[76] LIU Y, PASSINO K M. Biomimicry of social foraging bacteria for distributed optimization: Models, principles, and emergent behaviors [J]. Journal Optimization Theory Application, 2002, 115(3):603-628.

[77] LIU Y, GAO H, XU B, et al. Autonomous coordinated control of a platoon of vehicles with multiple disturbances [J]. IET Control Theory & Applications, 2014, 8(18):2325-2335.

[78] LIU C, LIN C, SHIRAISHI S, et al. Distributed conflict resolution for connected autonomous vehicles[J]. IEEE Transactions on Intelligent Vehicles, 2018:18-29.

[79] LIN P, LIU J, JIN P J, et al. Autonomous vehicle-intersection coordination method in a connected vehicle environment[J]. IEEE Intelligent Transportation Systems Magazine, 2017, 9(4):37-47.

[80] LI L, WANG F Y. Cooperative driving at adjacent blind intersections[C]. IEEE International Conference on Systems, Man and Cybernetics, 2005, 1: 847-852.

[81] LI L, LI X. Parsimonious trajectory design of connected automated traffic[J]. Transportation Research Part B: Methodological, 2019, 119:1-21.

[82] LEINMÜLLER T, BUTTYAN L, HUBAUX J P, et al. SEVECOM-Secure vehicle communication [C]. Proceedings of IST Mobile Summit, 2006.

[83] LEE S, HEYDECKER B G, KIM J, et al. Stability analysis on a dynamical model of route choice in a connected vehicle environment [J]. Transportation Research Part C: Emerging Technologies, 2018(94):67-82.

[84] LAI J, HU J, Cui L, et al. A generic simulation platform for cooperative adaptive cruise control under partially connected and automated environment[J]. Transportation Research Part C: Emerging Technologies, 2020, 121:102874.

[85] KENNEDY J, EBERHART R. Particle swarm optimization [C] Proceedings of IEEE International Conference on Neural Networks, 1995, 4(2):1942-1948.

[86] HO J, ERMON S. Generative Adversarial Imitation Learning[C]. Neural Information Processing Systems, 2016:4565-4573.

[87] HE K, YAO Z, ZHANG Y. Characteristics of vehicle emissions in China based on portable emission measurement system[C] 19th International Emissions Inventory Conference, San Antonio, Texas, 2010: 352-363.

[88] CHEN H, RAN C, Wen J, et al. Solving large-scale many-objective optimization problems by covariance matrix adaptation evolution strategy with scalable small subpopulations [J]. Information Sciences, 2020, 509: 457-469.

[89] GUO H, ZHANG Q, SHI Y, et al. Characterization of on-road CO, HC and NO emissions for petrol vehicle fleet in China city[J]. Journal of Zhejiang University Science B, 2006, 7(7):

532-541.

[90] GONG S, Du L. Cooperative platoon control for a mixed traffic flow including human drive vehicles and connected and autonomous vehicles [J]. Transportation Research Part B, 2018, 116, 25-61.

[91] FUKUSHIMA M, KAMATA K, TSUKADA N. Progress of VI cooperative safety support system, DSSS, in Japan-DSSS: Driving safety support systems using IR beacon[C]. 16th ITS World Congress and Exhibition on Intelligent Transport Systems and Services,2009.

[92] FREY H C, EICHENBERGER D A. Remote sensing of mobile source air pollutant emissions: variability and uncertainty in On-Road emissions estimates of carbon monoxide and hydrocarbons for school and transit buses[R]. Center for Transportation Engineering Studies, Department of Civil Engineering, North Carolina State University, 1997.

[93] ENGELBRECHT A P. Fundamentals of computational swarm intelligence[M]. New Jersey, John Wiley & Sons Inc, 2006.

[94] EBERHART R C, KENNEDY J. A new optimizer using particle swarm theory[C]Proceedings of the Sixth International Symposium on Micro Machine and Human Science. 1995, 1: 39-43.

[95] DING J, LI L, PENG H, et al. A rule-based cooperative merging strategy for connected and automated vehicles[J]. IEEE Transactions on Intelligent Transportation Systems, 2020, 21 (8):3436-3446.

[96] DING J, XU H, Hu J, et al. Centralized cooperative intersection control under automated vehicle environment [C]. IEEE Intelligent Vehicle Symposium, 2017.

[97] DEY K. C, RAYAMAJHI A, CHOWSHURY M. Vehicle-to-Vehicle (V2V) and Vehicle-to-Infrastructure (V2I) communication in a heterogeneous wireless network-performance evaluation [J]. Transportation Research Part C: Emerging Technologies, 2016, 68:168-184.

[98] DORIGO M, MANIEZZO V, COLORNI A. Ant system: Optimization by a colony of cooperating agents[J]. IEEE Transactions on Systems, Man and Cybernetics, Part B, 1996, 26 (1): 29-41.

[99] COUZIN L, KRAUSE J, FRANKS N, et al. Effective leadership and decision-making in animal groups on the move[J]. Nature, 2005, 433:513-516.

[100] COLORNI A, DORIGO M. Heuristics from nature for hard combinatorial optimization problems[J]. International Transactions Operational Research, 1996, 3 (1): 1-21.

[101] CHEN L, ENGLUND C. Cooperative intersection management: a Survey [J]. IEEE Transactions on Intelligent Transportation Systems,2016, 17(2):570-586.

[102] CHEN D, AHN S, CHITTURI M, et al. Towards vehicle automation: roadway capacity formulation for traffic mixed with regular and automated vehicles [J]. Transportation

Research Part B:Methodological, 2017,100, 196-221.

[103] CHAN T L, NING Z, LEUNG C W, et al. On-road remote sensing of petrol vehicle emissions measurement and emission factors estimation in Hong Kong [J]. Atmospheric Environment, 2004, 38(14): 2055-2066.

[104] BECHMAN W, W SRARSUA, HALLMARK S, et al. Randall Guensler. Modeling regional mobile source emissions in a geographic information system framework [J]. Transportation Research Part C:Emerging Technologies, 2000: 205-229.

[105] BARTH-M, AN F, NORBECK J, et al. Modal emissions modeling: A physical approach[J]. Transportation Research Record: Journal of the Transportation Research Board, 1996: 81-88.

[106] AHN H, VECCHIO D D. Safety verification and control for collision avoidance at road intersections [J]. IEEE Transactions on Automatic Control, 2018:630-642.